华夏英才基金学术文库

肝胆相照
邓文钊与饶彰风合传

谭元亨 敖叶湘琼 著

中央编译出版社
2013

原广东省副省长邓文钊

原广东省委统战部部长饶彰风

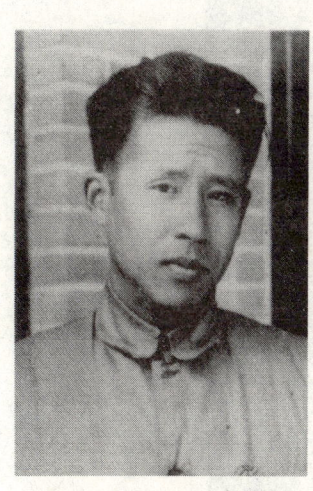
饶、邓共同的好友廖承志

后为邓文钊,廖梦醒(前排左二),
宋庆龄(前排左三),廖承志(前排右一)

邓文钊（后排右一）与宋庆龄、何香凝

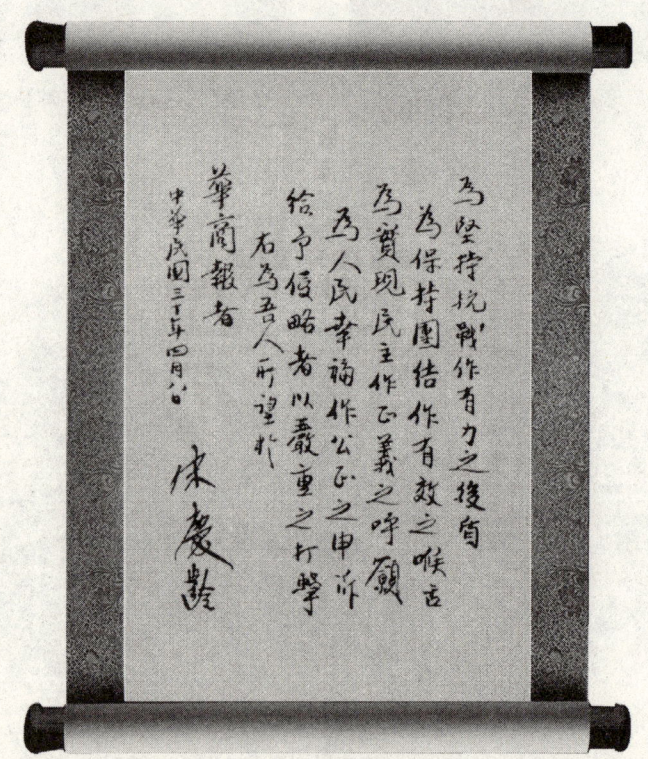

宋庆龄为饶、邓主办的《华商报》题词

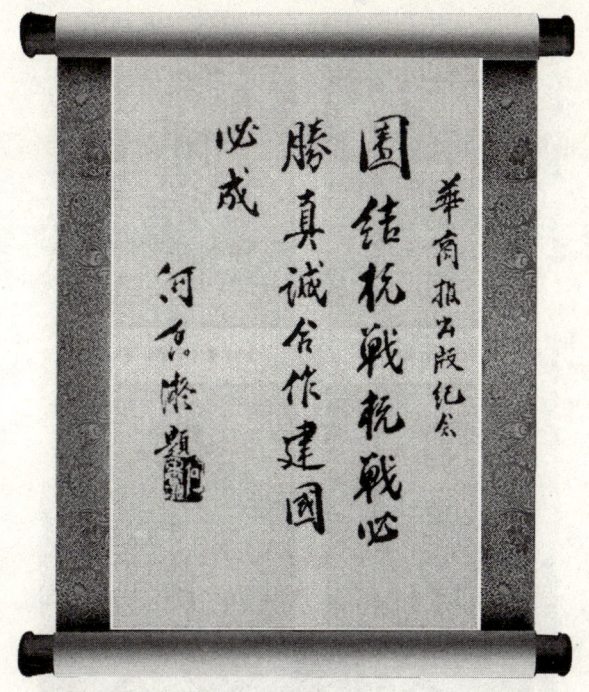

何香凝为饶、邓主办的《华商报》题词

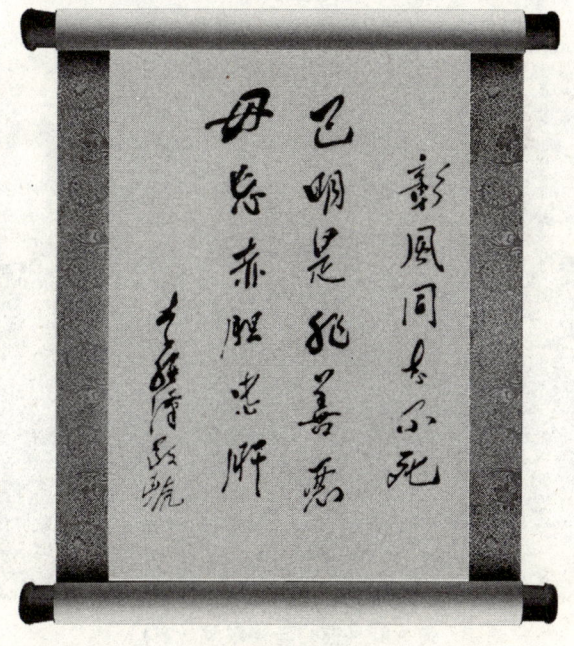

李维汉为饶彰风题词

饶彰风

何香凝(前)与饶彰风(右)

前 言

"同心相亲,照心照胆寿千春。"

——〔宋〕赵令畤《侯鲭录》

一

我们,与这部作品中的两位主人公未曾谋面。

但是,在最后下决心写这部作品之际,他们早已经出现在我们的不少作品中,且已有近30年了。而曾与他们共同奋斗过的战友,已成了我们的忘年交。在战友们的追述中,两人的音容笑貌宛在。令我们无法忘怀的他们那些战友中,最早的当是老剧作家陈风,他在轮椅上仍不时给我打电话。我们也曾与两位主人公的战友夏衍、杨奇、杜宣、李门、赵元浩、华嘉、杜埃、许实、胡希明、霍英东等人或多或少有过交往,有的甚至有过深谈。他们大都已不在人世,而他们同属一个"历史群落"——于香港沦陷前夕创办、又在抗战胜利后复办的《华商报》所聚集起的一批有识之士,但他们身份却有所不同。如同这两位主人公一样,一个是中共地下党人,后来的执政党的高层干部,另一个是民主人士、工商界翘楚、华侨。

在一个又一个的历史风暴中,这些不同身份的历史人物,无论他们原来的生活经历如何不同,他们的政治主张又如何不一样,甚至信仰亦各异,可他们风雨同舟,荣辱与共,每每让我们后人闻之动容,并视为楷模。那是最艰苦的岁月,却有最美丽的故事;那是最悲惨的时刻,却有最动人的记忆;那是最血腥的日子,却有最温馨的情谊;那是最诡异的瞬间,却有最坦诚的心地;

那是最恐怖的惊涛骇浪，却有最肝胆相照的难忘历程……中国，不正是有他们这样一批人，才撑过了血雨腥风的 20 世纪吗？

就这样，邓文钊、饶彰风两人，在笔下呼之欲出！

他们从相识到几乎同时罹难，也就 20 多个年头。但从一相识，两人的命运就被 20 世纪中国这一部历史，紧紧地焊接到了一起，同生死，共患难，百折不挠，义无反顾，万死不辞。

当他们猝然辞别这个世界时，历史并不曾还给他们任何公正，种种的污名、罪状，如铁枷一样加在他们的身上。是怎样的覆盆之冤，令他们死去时也看不到任何希望的曙光——两人，都几乎在死后 10 年，才得到平反，才被人们集会追悼。只是人死了，公正又有何意义？也许，是为了追记他们的一生，颂扬他们之间感人的亲密无间的情谊以昭后人，这比迟到的公正更有意义：让他们得以复活，以归还人们乃至历史应给他们的全部敬意！

我们笔下的两位主人公，在肝胆相照之际，彼此照出的当是百分之百的人，大写的人！

不是吗？一位倾尽整个家产，不惜帮助一个又一个本来素不相识的仁人志士，只因为信得过另一位——地下工作者，把头颅系在裤腰带的理想主义者！

不是吗？在波诡云谲之际，于闭关锁国之中，一位最早创立第一个合资企业，为人民共和国的最终开放而甘冒天下之大不韪，只因为已成为执政者的另一位——已是党的高层干部，与他一同栽下万丈深渊！反过来，当后者要被划成右派，前者却仗义执言，历数他为共和国事业所立下的奇勋，使之脱了一难，而到后来自己却成了右倾机会主义者，向资产阶级投降的典型，被流放到了边远山区。

于是，在中国的一场浩劫中，他们也一同在劫难逃了！就在 1970 年秋、冬，两人相继死于非命。一位 60 刚过，一位才 57 岁，上苍安排他们在世界上的时间，也未免太短暂太仓促了。

但是，生命的长度，只能以岁数来计算吗？

更何况彼此心心相印的容颜中，永远都青春不老！

今天，他们从历史深处，向我们走来……

他们，自会成为当代历史一道永远的风景！

而他们肝胆相照的历史，更成了今天的镜鉴！

前言

邓文钊虽然是资本家，但面对国家的危难，人民的痛苦，他尽了作为华夏儿女应尽的责任，积极配合共产党及其他爱国党派的爱国行动，毫无怨言。也正是因为他的这份真诚，令本书的另一位主人公饶彰风动容。饶彰风则是忠诚于信仰的共产党员，长期以来他一直从事统战工作，因此在工作中结识了邓文钊。经过工作的磨合，饶彰风被邓文钊的正直人格和爱国情怀所深深触动，而邓文钊同样被饶彰风的办事魄力和对华侨及其他党外人士和各民主党派的真诚态度所打动，两人就这样结下了深厚情谊，成为中共与民主人士肝胆相照的典范。纵然日后各自的遭遇是那么悲惨，可他们却至死不悔！

有些人相识一辈子也永远走不在一起，可是有些人只需短短的接触便可彼此吸引。饶彰风和邓文钊就属于后一种。两人虽然出生背景、成长经历截然不同，并且之前也没有多少关系，可是在历史命运的引领下却成为了好友，而这友情也随着历史车轮的前行而不断延续着。

其实，任何事情的发生及演变进化都有其原因，这便是因果关系，饶彰风与邓文钊二人之间的互相吸引，也不是毫无缘由的，然而真要说出个中原委来，也许就要溯源到二人都是客家人的大背景了吧。

二

客家是一个充满传奇色彩的民系，一个与众不同的汉族民系，一个经历了犹太人似的大迁徙，经历了种种的历史磨难，经历了各个时代的潮起潮落，"处处无家处处家"的族群，一个始终以"客"的心态在天南海北顽强生存的族群。不管处于什么环境，他们始终没有忘掉自己身上流淌的中原士族的血液，始终延续着千年的悠久华夏文明。也正是因为这样的坚守，这份执著，世界各处的客家人都表现出同样的精神特色，地域上的距离也无法阻挡这种精神上的融合。

生于忧患，行于忧患，兴于忧患。一路的悲情，一路的哀恸，却只是一路的奋发，一路的风光……

是的，客家更是一个悲情的民系，且不说在千年迁徙中，背井离乡，翻山越岭，九死一生，多少人倒在漫漫征途上，只要列举出几个客家人的名字，客家人的悲情即跃然纸上。古代，文天祥、袁崇焕铁骨铮铮，其命运却令人扼腕叹息。近代，陈宝箴、刘光、黄遵宪，还有丘逢甲，无不在风刀霜剑严相逼下，被赐死，被杀头，被贬被整；而现代，仅举一个坚守四行仓库而殉身的谢晋元便足够了。而与本书相关的众多历史人物，上至叶剑英，下至方方、尹林平、古大存等人，在"地方主义"的罪名下，无不遭到种种厄运，有些人至死也未得昭雪平反——这也许是这个民系的宿命！

饶彰风和邓文钊便同是这个民系中的一员，他们虽然生长在不同的环境，但是骨子里却都包含着传承下来的客家人的文化品格。由于经历了几次迁徙，千年岁月，万里征程，毒蛇猛兽，丛莽激流，风霜雨雪，溽暑严寒，客家人不仅在艰难的漂泊中锻炼了生存能力，更是形成了坚忍的性格及危机意识，这自然促使他们具有一种与生俱来的对国家民族危亡的敏感；由北向南，由中原内陆向东南沿海，海洋文化促使客家人多了一份开放心态，使得他们在困难危机面前多了一份勇敢与闯劲。

客家的文化精神在无形中深深地影响着邓文钊和饶彰风，也许他们自己并没有明显地意识到，但是在当时那种特殊时代，关乎国家民族存亡的危急时刻，他们内在的特质像磁石般将他们吸引在一起。仿佛是冥冥中早已注定，注定了中国历史的发展有客家人的身影与足迹相伴，文天祥、袁崇焕、陈璘、洪秀全、洪仁玕、孙中山、廖仲恺……如果仅仅只有个别存在，这当看做是偶然性，可是从古至今这么多客家爱国名人的存在证明这绝非巧合，这当是客家的一种历史特征，也当是其一个悠久的传统。

当然，客家人的悲情也笼罩在两人交往之中。这种扎根于一个族群中悲天悯人的情怀，当是客家人独有的文化特质。两人的相互扶持，相互"包庇"，无不显现出这一人道的光辉，直到生命的终了。

三

一个当年在国内外求学，是中山大学激进的学生刊物《天王星》的主持人，而另一位则远渡重洋，到了英国剑桥，学的并非文科，而是经济——这里面的差异，是显而易见的。

20世纪上半叶的风云激荡，无论是革命救国，还是实业救国，其目的与核心只有一个：救国！

国家兴亡，匹夫有责！

他们就这么殊途同归了！

在中国，如果没有中国共产党的高瞻远瞩，及时地建立了民族民主爱国统一战线，在不同的历史时期——无论是抗日战争，还是新民主主义革命，抑或社会主义建设——团结一大批爱国民主人士，形成一支浩浩荡荡的革命与建设大军，我们历史的辉煌与今天的成就也就无从谈起。为此，毛泽东非常英明地指出，"中国无产阶级应该懂得：他们自己虽然是一个最有觉悟和最有组织的阶级，但是如果单凭自己一个阶级的力量，是不能胜利的。而要胜利，他们就必须在各种不同的情形下团结一切可能的革命的阶级和阶层，组织革命的统一战线。"统一战线，正是共产党的三大法宝之一。中国共产党是依赖这三大法宝才从胜利走向胜利，建立了新中国，让我们这个古老民族再度焕发生机，跻身于世界先进民族之林。事实上，统一战线不仅仅是我们中国的法宝，更是世界无产阶级革命的法宝。马克思、恩格斯曾指出，"无产阶级在革命进程中要努力同其他可以参加革命的阶级和社会力量结成联盟"；列宁也曾经提到，"无产阶级要尽最大的努力联合同盟军，建立党与非党的联盟"。显而易见，统一战线思想有着悠久的历史渊源，而且也是经过历史经验证明可行的、有效的无产阶级革命法宝，正因为它的这种特性、实用价值，才使得其在中国近现代的革命舞台上大放光彩。而中国的经济腾飞、文化复兴，所有的一切都预示着：中华民族的未来无可限量。

抚今追昔，我们应更为当日统一战线的成功而感奋，也应更坚定地将统一战线继续下去的信念。

因此，写出邓文钊与饶彰风二人的肝胆相照、生死相托，当更有历史的震撼性——中国是这么走过来的，中国共产党与爱国民主人士是这么走过来的，今后，我们更应当这么走下去！

也许我们的笔力有限，也许我们所掌握的材料还远远不够，但是，只要我们能向今人、向后人传递上述历史信息，并从中获得必要的教益，我们就很欣慰了。

饶彰风、邓文钊，这不仅仅是两个人名，也远非代表两种社会力量，而是一页至为丰厚的历史。

◎ 肝胆相照——邓文钊与饶彰风合传

在彼此的肝胆相照中,所照出的不正是人,伟岸的人,大写的人吗?他们在生与顽强中完成了自己,使自己成为真正的百分之百的人!叩问历史,方知人生;深知人性,方为历史!

目 录

上篇 1
1. 硬打硬的五华人 4
2. 硬骨头的大埔人 13
3. 苦命的祖母曾灶娇 22
4. 与何家联姻 29
5. 难忘的1927年春天 34
6. 邓文钊：剑桥岁月 43
7. 南国《天王星》 48
8. 筹办《华商报》 63
9. 保卫中国同盟的成立 73
10. 粤北岁月 82
11. 大营救 89

中篇 95
1. 邓饶复办《华商报》 96
2. 化解经济危机 102
3. "总管大老爷" 111
4. 穿梭南洋 118
5. 传奇故事与历史遗产 125
6. 第二次"大营救" 136
7. 送行酒 140

下篇 147
1. 统战部长非他莫属 149
2. "华企"惊涛 155
3. 邓饶：风云变幻 161
4. 饶彰风：仗义执言 171

5. 香港行 177
6. 亲友们 181

终曲 199
1. 非常岁月 200
2. 人心自有丰碑在 208

后记 215

上 篇

　　两人的生命轨迹之相交,并不是很早就发生的。

　　毕竟一位是在广东省大埔县出生的贫苦家庭的子弟,而另一位虽说原籍广东省五华县,与大埔仅咫尺之遥,可却是出生在香港的名门望族;一位是早早投身革命,出生入死的东江纵队的宣传部长,另一位则是毕业于英国剑桥大学,在香港富甲一方的实业家、金融家……

　　早在20世纪30年代,饶彰风就因在中山大学出版《天王星》刊物而被通缉,不得不流亡香港几个月,靠卖文为生,而后到上海去找党组织。邓文钊那时却还在剑桥大学攻读经济学。两人不可能有相遇的机会。而到了1941年,邓文钊与廖承志合作创办了《华商报》,但仅八个月后香港沦于日寇之手。邓文钊在东江纵队的帮助下,与茅盾、邹韬奋等人一道脱离了虎穴,乘船经过香港荃湾,绕过香港大雾山,进入了深圳宝安,到达了东纵的游击区白石龙——这便是震惊天下的文化人"大营救",是东纵名垂青史的著名一页!

　　正是在东纵,邓文钊结识了威震南天的司令员曾生,还有政委尹林平。东纵虽然队伍不大,但因为这次大营救,尤其是救出了众多的国际人士,包括美国飞行员,而在世界上颇负盛名。虽然最强盛时才几万人,可在中共的编制上,它是独立于八路军、新四军之外的第三支抗日劲旅。而它的成员更是华侨子弟尤其是客家子弟为主。邓文钊被营救出来后,他的兄长及其他家人,也及时被营救出来。来到东纵的游击区时,他们听到久违了的乡音——客家话,这让他们更是感到亲切,又有了家的感觉,逃亡的仓皇、恐惧随之消失。

◎ 肝胆相照——邓文钊与饶彰风合传

曾生本就是宝安坪山的客家人，是留学澳洲的归侨，在华南抗日斗争中名扬四方。尹林平呢，是赣南人，那里本就是客家摇篮，一口客家古音与五华音几乎没什么差别。当然，主持这次大营救的廖承志，同样是广东惠阳县的客家人，他与邓家本就是世交。由于这次大营救，连美国的《美亚杂志》后来都发表了题为"东江纵队与盟国在太平洋的战略"的文章，高度评价了东江纵队在太平洋的战略地位与意义以及创建的辉煌成绩。可以说，邓文钊就因为与东江纵队，与廖承志、曾生、尹林平这些客家乡亲的关系，从此深深地卷进了一部惊天地、泣鬼神的历史。

后来，邓文钊的儿子邓广殷在回忆录中讲道："邓文钊是从香港铜锣湾下船，转到深圳宝安，到达东江纵队游击区白石龙，再几经风险到广东省河源市龙川县老隆镇，然后又想办法往复辗转，才上了广东韶关。"

也就是这个时候，饶彰风正好也到了韶关。

广州沦陷后，中共广东省委派遣尹林平、饶彰风到东江地区，首先在河源领导"抗先队"东江办事处的工作，不久，在紫金县古竹镇召开了代表大会，选举尹林平为中共东江特委书记、饶彰风为宣传部长、余慧为妇女部长、饶璜湘为青年部长。1940年秋，广东省委为了适应新的形势，分为粤北省委与粤南省委。1941年春，饶彰风调任粤北省委统战部任部长。粤北省委设在韶关近侧的曲江市郊，饶彰风办起了一个樟油工业合作社，解决了省委财政困难。

1942年春，东纵营救文化人进行得十分紧张，大批文化人先期转到老隆后，再分别到韶关，或辗转到江西、福建等地；当然，走韶关的人不少，如前所述，廖承志、何香凝、邓文钊等人便是走韶关一线，而后撤到桂林等地的。其时，饶彰风正在粤北省委负责统战部的工作，营救文化人当然是他分内的事。

不过，邓文钊一行到达韶关也已近5月份了。不到一个月，便发生广东党史上的"粤北事件"。由于江西省委内部出了叛徒，与南方工委联络的电台被国民党所控制，中央察觉后及时警告了南方工委。由于南方工委秘书长郭潜叛变，广东省委书记李大林等人被捕，5月26日，廖承志也在乐昌被秘密逮捕，10天后，南方工委副书记张文彬等人在大埔被捕。

广东党组织因此遭到了严重破坏，饶彰风、严重等人立即电告中央，并及时疏散隐蔽。

当特务赶到饶彰风住地进行搜捕时,他已安全转移了。

由廖承志、张文彬、尹林平组织的大营救,当时得到了中央的通电表扬。而身在粤北的饶彰风,无疑亦参与了这次大营救。那么,在邓文钊到达韶关后,至饶彰风被迫转移前,两人有过怎样的交往,饶彰风是怎样利用他所筹措的经费支持这次大营救在粤北的运作,在双方的历史记录中均已很难找到了。

但是,在抗战胜利之后,尹林平与饶彰风一道在香港找到了邓文钊,他们复办了《华商报》,其间饶彰风和邓文钊之间已相交甚厚,并从此结下了生死情谊,直到生命终止……

1. 硬打硬的五华人

现在隶属于广东省梅州市的五华县是个客家人聚集的地方——纯客家县，自古以来则有"五华阿哥硬打硬"的美誉。这"硬打硬"，简单来说便是五华阿哥以打石著称，五华石匠名扬天下。

五华客家人，如今已超过100万，全国超过百万人口的客家县并没有几个，一个便是就近的兴宁，另一个则是远在粤桂边界上的博白，究竟谁是第一大，迄今未有定论，不过，五华则是其中当之无愧的纯客县，则无可置疑。它现在是中国著名的足球之乡、华侨之乡、工匠之乡和文化之乡。这里有着独特的人文景致，常年吸引无数游客前来观光，而它的魅力不仅于此，其魅力更在于客家人的悠久历史文化风情。

五华县，战国时为百越地，秦汉西晋时为南海郡龙川县地，东晋时为东官郡兴宁县地，南齐属齐昌县，梁初废齐昌县，属兴宁县。北宋神宗熙宁四年设长乐县。据史籍记载，西汉时，南越王赵佗曾筑台于五华山下，称长乐台，因而得名，县治亦名长乐（今华城镇），属循州。明洪武二年，撤循州并入惠州。明洪武二十一年始筑城墙。清雍正十一年（1733年），长乐改属嘉应直隶州。民国三年（1914年），因与福建省和湖北省的长乐县同名，遂改称五华县，以境内五华山取名，1954年迁治水寨镇。五华全县有华侨和港澳台同胞30多万人，有石匠、铁匠、木匠、雕刻匠、泥水匠10多万人。可以说，梅州或古嘉应的任何一个县或地域，客家人都各具鲜明的个性，而"五华阿哥硬打硬"体现的便是一番豪气。五华人为何"硬打硬"说起来还更是有声有色。

位于客家地区腹地的五华，重峦叠嶂，溪流交互，可耕地不足10%，一半是山，40%为丘陵。这里盛产石材，更有属世界一级品的非金属萤石，国际大名为"中国文萤石"，还有钾长石。这么一说，"硬打硬"的来历便明白了，因为这里的石头出名，而且资源丰富，这里的石匠阿哥也就出名了！

上篇 1. 硬打硬的五华人

五华传统的手工石雕工艺，蜚声中外，无论在南粤还是东南亚，一见有人在打石，上去一打听，必为五华人。而今，他们的作品，无论国内的北京、上海、广州、深圳，还是海外的新加坡，甚至欧美、亚非等地，都无处不在。他们的石锤下有栩栩如生的山水人物、花鸟虫鱼、飞禽走兽，抑或匠心独具的碑文牌标、亭台雕饰……石头到了他们的手中，便获得了生命，更赢得了天下。不妨举几个例子，广州的解放纪念碑、深圳的开荒牛、珠海的渔女，无一不是五华石匠手中的杰作，一个个巧夺天工、活灵活现、摄人魂魄，让你惊叹不已。

五华与兴宁接壤，与梅县也近在咫尺，是当年"嘉应五属"中的长乐县主要区域。作为纯客县，五华客家人自有客家共同的气质、精神，特立独行、敢作敢为，可又有相对独立的个性。"硬打硬"便是上千年民间对五华客家人精神气质的高度概括，"五华阿哥"便是凭此而名扬天下。"硬打硬"中的第一个"硬"形容的是五华阿哥的坚忍性格，顽强品质，强大的承受力，十足的硬汉形象，而这往往又最具男人魅力。而第二个"硬"则是强调所处的环境，可以指代那些坚硬的矿石。试想要是没有一个强壮的体魄，没有坚忍的性格，一个文弱的人岂能将顽固的矿石打造成精美的造型呢！如果往远处想，这个"硬"也可代表那艰苦的生活环境，山区的生活毕竟有山区的艰难，要是没有一个坚强的性格，怎能世代生存下去。这便是五华的"硬打硬"，其打出来的不仅是美妙的石物，更多的是在昭示五华阿哥的硬朗品格，而这种品格却也正是客家人千年迁徙万里流走而累积下来的传统精神。

此外，和所有客家县一样，五华人杰地灵。这里曾经走出过古大存等很多著名将领，本书这里就不再一一叙说了，这毕竟不是本书的重点所在，但是需要指明的是，本书中的邓文钊，其祖辈便是出自这个盛产"硬打硬阿哥"的五华县。邓文钊的祖父邓阿六，便是五华有名的石匠，这将在后面具体介绍，他的传奇故事可以说从某一方面预示了邓文钊之后的人生。而对邓文钊产生影响的不仅仅是他的祖父，他的祖母曾灶娇同样在邓文钊的成长中处于一个不可缺少的位置。而曾家同邓家一样，祖辈也是石匠，因此，在一定程度上可以说，邓家是出名的石匠世家之一。尽管由于家族事业的发展及搬迁，邓文钊并没有土生土长在五华，但是这并没有泯没邓文钊内心中的客家人精神，因为在其祖辈父辈们的熏陶下，五华阿哥"硬打硬"的精神已经潜移默化地进入他的心灵深处，让他在其他方面将这种精神发挥得淋漓尽致。

五华也好，大埔也罢，虽然仅仅是小小的一隅，却孕育着时代的弄潮儿。客家人的精神将永远绽放光芒。

"哇啊、哇啊、哇啊……"一阵阵清脆的婴孩哭啼声从一个小小的土房里传出。

"恭喜啊，恭喜啊，是个小子哎！"接生婆小心地将刚刚出生的婴儿包裹好，高兴地递给在门外等得心发慌的邓石匠。

"好啊，以后又有一个得力助手了，咱水寨乡又多了一个石匠。"邓石匠用他那强有力的平常打石的双手轻轻地抱着孩子，温和地看着怀中的孩子，喃喃地说着。

这个小生命诞生在这么一个特殊的地方，这么一个拥有着深厚历史使命感的客家族群中，这么一个有着独特历史背景的地域中，冥冥中上苍就已经为他的生命涂上不平凡的色彩，他的人生将是不一样的。而之后他的人生经历也的确验证了这一点。

这个新生的孩子即是本书主人公邓文钊的曾祖父——邓元昌，原名邓怀清，号鹤溪，又名邓焦六、邓阿六、打石六。本书中我们以邓阿六来称呼他。

从小生活在打石的环境中，邓阿六早已习惯了这种生活，并且从心里喜欢打石，他将那单一的"铿锵、铿锵、铿锵"打石声当做美妙的音符，将那一块块石材当做是富有灵气的精灵，将那一件件打造成的作品当做自己的孩子。可以说打石就是他的一生，就是他的依托。可是，阿六并没有满足于现有的生活，他的心是大的，也许是体内客家人的血在作怪，让他虽然生活在偏远无人问津的小小山区，却同样"坐立不安"。他关注一切变化，他并不满足现在所有的，他要闯荡，然而这种闯荡却又不是冲动的、一时的兴起，而是一种内心经过理性思考、等待时机成熟后的举动。也正因为有了这层准备，邓阿六十分善于把握一切机会。人们不是常说，机会常常光顾那些时刻准备的人吗？邓阿六可以算是那"时刻准备"中的一员吧。

19世纪40年代，英国殖民者登上香港，打开香港门户，使得原本只是一个靠打鱼为生的小渔村，变成了一个繁茂的商埠。而这一开埠，使香港吸引了大量临近的广东乡下农民来港谋生，昔日人烟稀少的香港人口翻了几倍。邓阿六看到这一景况，自然也不会错过这个发财的机会，于是他随同乡邓阿五一起从五华县步行来到香港，希望在香港能打拼出一片天地。

那时的香港并不像我们现在所看到的这般繁华、这般先进，那时的香港是个人烟稀少、土地荒芜的小渔村，和广东其他地区其实差不多，唯一不同的是，它被殖民者打开了，与内地相比有了更多与外界交流往来的机会，而这种交流往来往往是一个地方兴旺发达所必要的开始。

随着人潮的涌入，自然需要修建足够多的房子等基础设施，以安顿这些前来香港发展的人们，而这就需要一大批修建者。而当时还没有钢筋混凝土，石块是筑坝盖房等的主要材料，所以石匠在当时是十分吃香的。邓阿六身为石匠可以说正好符合了当时社会的需求，于是乎，在香港他继续进行着自己的打石生涯。在不断的实践中邓阿六的打石技术与日俱增，他逐渐从一个普通的石匠变成修建水塘的石匠工头。所以常说，不管做哪行，只要是满足社会需求的，那么就一定会有作为，而这"作为"也并非是一朝一夕的事，同样是一个积累的过程。话说台上十分钟，台下十年功，这无非是强调要想做一件出色的事情，要想一鸣惊人，作出一番成绩，之前都是需要很长一段准备时间和实践阶段的。邓阿六在香港的头几年，恰恰为他今后的惊人之举打下了坚实的基础，时机一旦成熟，他自然会在舞台上大放光彩。而这一天实际上也已经不远了！

饮水问题历来是香港的一个"老大难"问题。开埠之前，由于香港本地居民人少，问题还不算特别突出，人们还可以靠水井和山泉维持，人们也不是十分重视；可是随着香港开埠，人口急剧增加，相应地饮水问题也愈演愈烈。香港政府为此开了多次会议进行探讨，后来找出一个解决办法——修建水塘。虽然原来香港天然的饮用水不多，但是雨季时的降水量比较丰富，要是可以将这些水加以利用的话，足可以解决居民饮水的困难，于是政府决定修建水塘蓄水。可是这毕竟只是一种设想，而好的设想往往需要通过实践验证之后才能知道其是否可行。方案想好后，水塘便开始动工修建，经过努力，水塘终于建成了，并且后来水塘通过自身的功用向世人证明了这一想法是正确的，香港市民的饮水问题得到了一定程度的缓解。

虽然薄扶林水塘的修建使香港人民看到其解决饮水问题的效果，但是光靠这一个水塘是不能完全解决问题的，这仅仅是暂时缓解了饮水困难，并没有从根本上解决问题。于是政府决定在大潭修建另一个水塘。然而，新的问题来了。大潭可不是一般的地点,这里有非常猛烈的山洪,要想在这里修建水塘,首要就要想办法挡住山洪的侵袭,而且要想在这修筑石堤可是一件比登天还要艰难的事情。因为以前已经有人尝试修建,可都是无功而返。从前两家英国承包公司在此修建石堤失败之后,就再也没有第三家公司愿意担此任务。就这样,大潭水塘工程陷入难产。

正当人们无计可施、一筹莫展时,邓阿六自告奋勇地站了出来。这个客家男儿在香港这几年,一直秉持着客家祖先的精神,勤奋耐劳、兢兢业业,并且时时关心着社会局势的变化,人民生活的状貌。香港地区饮水的问题他很早就注意到了,而且对于政府所提出的修建水塘的事情也十分关注,经常去实地调查,勘探适合的石材,观察天气变化影响等等。虽然当时政府并没有叫他这样做,但是这对于他来说不是义务而是一种与生俱来的使命。正是这样,他凭借多年打石的经验及对地形了解的纯熟度,思考出了解决石堤在猛烈洪流的冲击下也不会产生裂缝的方案,那便是用一种S形的麻石石块代替以往传统的方形石块来筑堤。

邓阿六找到工务司管理人将自己的想法说了出来,并画了一幅详细的方案图进行说明,工务司的人听后大悦:"邓阿六,你可真是雪中送炭,及时雨啊,要是你的构想可行的话,那真的是为香港众多百姓解决了一个天大的难题,那将是造福几代人的事呵!"

"呵呵,我倒没有想那么远,只是做点自己力所能及的事情罢了,只想把现在的问题解决掉,以后会怎么样那自然看后人怎么办啦。"

"可是你能保证,你的方案可行吗?真的可以抵挡住这来势胜过猛兽的洪水?"工务司管理人紧锁着眉头,带着疑虑的口吻问道。

"我相信我的方案是可行的,而且一定能解决饮水问题!"邓阿六用一双炯炯有神的眼睛望着管理人斩钉截铁地说道。

从他那犀利的眼神中,可以看到他的信心与决心。不过眼下情况紧急,也顾不了这么多了,只能死马当活马医,而且这或多或少还是存在一些希望的。于是,工务司请邓阿六承包这项工程,按照他的方案进行。但是,承包工程可不是嘴上说得那么轻松,对于一个小小的石匠工头来说,他不具备承包工程的资金。于是邓阿六对工务司说:"我可以承包工程,可是你们必须帮我解决资金问题,并且工程的全部费用实报实销,亏损我不负责,收取费用的5%作为我的报酬。"工务司管理人思索片刻后，说道："好，可以。"在与工务司协商好一切之后，邓阿六便带领着一帮石匠开始筑堤。

　　这个筑堤工程可不比以前那些小石小样，这毕竟是一个"大工程"，不仅在于它动用的资金劳力多，还在于它承载着重大的社会责任，具有非常重要的意义。不管邓阿六是否承认，这个工程做好的话将会有利于今后几代人在香港的饮水问题，并且倘若邓阿六此次将这个工程做好了，那他自己也会名扬四方，假若失败，他也将成为一个远近闻名的失败者，更甚者会影响他今后石匠事业的发展。因此，接这个工程其实是一个挑战。邓阿六接受了挑战，不为别的，就因为他的勇气和自信。这份勇气与自信从哪里来，主要在于他心中那份历史使命感，那种宽大的胸怀，那种超越个人一隅蔓延至对整个广大民众的关心，而这却也正是客家人传统的浓厚的社会使命感的体现。

　　邓阿六十分重视这项工程，他亲自请石匠按照图纸认真仔细地凿打出一块块S形石块，并且小心翼翼地互相连接起来。他天天和工人们待在修建场地，常常是一大早出门，三更半夜也还未归，就这样一日复一日。功夫不负有心人，经过几个月的辛苦工作，大潭水塘的石堤终于修筑好了。看着竣工的石堤，邓阿六感慨万分——

　　石堤，不仅是要挡住肆虐的山洪；

　　石堤，维系的是石匠邓阿六的信誉与名望；

　　石堤，更显示的是客家人的志气与梦想！

　　无论修建时如何环环紧扣、一丝不苟，无论邓阿六把工艺说得如何头头是道、滴水不漏，可人们对这里的水患心存恐惧，不相信一道石堤足以解决这么多年的困厄，一个个都对石堤将信将疑……

　　邓阿六再信誓旦旦，说再凶的洪水也冲不开这S型石块机巧的结合，石堤万无一失，也还是有人直摇头，你能让石头生根么？就算生了根，山洪也能把它连根冲掉，到时好戏可就收不了场了！

　　你赌咒发誓，也不会有人听。

　　有人还反过来赌：要是冲不垮，我倒过来头立地走回村子去！

　　唯有事实，才是最有力的辩护。

　　这一年，雨水来得凶猛，像是憋足了劲儿与邓阿六的石堤过不去，天上像开了一道口子，雨水"哗啦哗啦"地倾盆而下，浅浅的溪流变成滚滚的波浪,从山上奔腾直下,大地也轰鸣了起来,与雷声相应和。

而此时打赌的人,都不去看打赌的结果了——还用看吗?还不一样一冲就塌,一冲就化,用不上一个时辰,到几里路外寻石材好了!他们早早躲上了高坡,躲进了洋楼,等着垮堤的一声水吼。

邓阿六却异常冷静,一个人披上蓑衣,要迎着风雨出去。

"你去哪里?"

"上堤!"

"你不要命了?"

"堤溃了,我这命还要它干吗?"

家里人怎么也挡不住他。

屋外大雨瓢泼,飓风四起,仿佛是想把这个小城连根拔起。

他果然一个人屹立在石堤上面,风雨不动。

洪水一番又一番地扑来,他在石堤上照旧站得笔直,仿佛整个人已经与石堤结合为一体。

一番"恶战"下来,洪水退下去了,邓阿六与石堤照样岿然如山!

后来,包括台风来袭与山洪暴发两相紧逼,石堤仍安然如常。

那位要头倒立回村的赌咒者,终于甘拜下风了。

奇迹就是这么发生的!

修筑好的石堤也和之前所设想的效果一样,坚固无比,无论大潭山洪怎样强烈地冲击都没有使石堤产生一丝裂缝。邓阿六所设想的 S 形麻石石块石堤一改以往石堤的历史,成为了一个传奇神话,至今这 S 形石块仍旧在大潭水塘下完好无损地存在着。

大潭水塘石堤的成功修筑不仅使得邓阿六从中获得几万元的收入,同时也使得他美名远扬,从此生意不断。邓阿六赚了些钱后,开办了元昌营造厂。他除了开采石矿,还从事建筑及承包工程,他先后修建了西环三多里大石渠、油麻地避风港、水坑口堤坝、街道下水道及一系列政府工程。就这样,邓阿六逐渐发达起来。

修筑石堤仅是邓阿六的一个故事,而邓家后人认为,邓阿六发家是始于修建西环三多里大石渠。得到这个修建工程完全出于一种有趣的巧合。传闻,邓阿六一次上公厕时,正巧碰上工务司的管理人。那时,邓阿六由于他那高超的技艺已经颇具名气，自然这位管理人也知道。当时，这位管理人正在负责一条大石渠的工程，说来也巧，刚好在这时碰上邓阿六，他便不假思索地想请邓阿六筑大石渠。于是，他说道："邓先生，对于您的修筑手艺我们已经都知晓，希望你帮助我们修筑一条大石渠。至于工钱我们可以商量。"

此时的邓阿六并没有意识到外面这个"自言自语"的人是在同他说话。原来这位管理人是位老外，邓阿六根本就听不懂他说的是什么。工务司管理人见邓阿六没反应，以为是自己没有说明价钱显现不出诚意，于是主动开了个价，可是等了片刻还是没有听到邓阿六的回应。正当这位管理人苦恼于不知对方心意时，突然邓阿六打了个尿震，摇了一下头，工务司的人以为他是嫌钱少了，于是又主动加价。就这样，在莫名其妙的情况下，邓阿六接下了这个工程，由此赚了一大笔。当然，对于这个传闻的真假我们不用太过于较真，但是，有一点我们是可以肯定的，那就是邓阿六当时已经是十分有名的石匠师傅了。

邓阿六帮助政府承包了很多工程，可以说是香港基建的大功臣。政府自然是对他给予了奖励，当时给他的报酬是以地偿工的。因为香港当时还有很多地区没有开发，那些荒地不值几个钱。政府负责人让邓阿六随便选地，于是邓家拥有了一些地皮。之后邓阿六又花钱买下香港其他地方的地皮。随着香港人口的不断增多，他将房子租赁给人，慢慢地成为一个大的地产商。后来事业越做越大，于是他给自己的家族起名为"邓元昌堂"。

邓阿六从一个平凡普通的石匠变成巨富前后不过30年，所以许多老香港人都知道他的故事。对于邓家的发迹还有其他种种传说，在其子所写的《我的父亲邓文钊》中提到这么一个传说：邓阿六买下荷里活道地皮盖房子时，从地下挖出许多金银财宝（另一说法是挖出许多鸦片烟），而据说这些财宝是海盗张保仔埋下的。经查证史料，在历史上的确存在张保仔这么一个有名的海盗。张保仔是广东新会县人，原本只是清朝嘉庆年间一个靠捕鱼为生的渔民，一次出海捕鱼被郑乙掳去。郑乙是郑成功的部将郑建的后裔，领导着"反清复明"的红色帮。郑乙发现张保仔很机灵，于是收留下他，就这样张保仔开始了他的海盗生活，郑乙死后，张保仔成为了首领。张保仔成为海上霸主，虽然名为海盗，但是他们却又都是一批明辨是非的侠义人士。他们行侠仗义、劫富济贫，因此颇得穷人的拥护。他们对来往给清廷进贡的船只一一检查。据说一次张保仔带领海盗们于上川海面拦截了清政府的武装商船"鹏发号",获得安南王进贡清朝的大量金银珠宝,从此更是声威大震。他们控制了上川岛、下川岛、赤溪半岛、沙咀沿海,东至香港西至广州湾的许多岛屿,并在上川岛北端和赤溪半岛南端设炮台控制了这一重要航线。凡有船只过往,就通令靠岸查验然后放行,若是对方不从,张保仔就升起用薄铁片制成的三角令旗,旗尖指着哪个方向,其手下的船队就往哪个方向出击。红色帮以上川岛为根据地,劫夺了许多清廷的进宝船和过往的商船,截获了大量的金银财宝,张保仔将这些财宝分为三份,天一份、地一份、人一份。天一份,用于资助当地贫民;地一份,挖地为牢埋藏起来以应急需;人一份,嘉奖有功将士。这些金银财宝张保仔花不光用不完,其根据地上川岛理所当然成了主要的藏宝区。张保仔的藏宝地点都记在手抄本上,但手抄本失传已久,连副本也只是口头流传。张保仔的藏宝绝大部分仍"深藏闺中"。相传公湾的"倒吊人头"、背子迳的"鬼仔上桅(即迎客石)"、浪湾的"七星伴月"、七盘山的"石手指"、乌猪洲的"半边月"石刻、扯旗山的"金井"、竹旗山的"银顶"……这些地方都有张保仔的藏宝,因为人们不知道藏宝图,这些宝藏尚且未被发掘。朝廷拿张保仔也没有办法,于是用招降的方式处理,封张保仔为二品武官。不管传说怎么说,不管是否真有其事,但是有一点是可以肯定的,邓阿六的确是从一名石匠变成了巨富。再加上邓阿六一直以来关心慈善事业,在社会上享有很好的声誉,因此,邓元昌堂很长时间内在香港极富知名度。而我们所要说的主人公邓文钊便是邓阿六的儿孙之一。可以说有了这么一个不平凡的祖父,注定邓氏的血液里有着不一样的因子。而这一家族的故事也随着子孙后代的繁衍而继续谱写着。

2. 硬骨头的大埔人

  笔架峰高，印山渺小，狮扼咽喉。忆茶阳风物，缅怀故旧。清泉鹤唳，夕照星桥。大坝枪声，城隍鼓应，多少英雄硬骨头。换天志，命韩江怒吼，遍地燃烧！

  残阳暮霭深秋，三河坝三千白骨收。立红色政权，太宁屹起，高陂百侯，旗树高丘。北出坪砂，直通闽赣，赤色江天撼五洲。歌红日，照青峰小道，史迹长留。

——《沁园春·忆故乡大埔》

  如果从飞机上俯视华东南大地，在闽粤交界有一片神奇的土地，与五华近在咫尺的大埔。那里地处东南丘陵地带，却有奇峰突起，山势连绵，河川纵横，梯田粼粼，海拔高达千米的大山遍布县域。大山脚下以及山间的平原田野间，一座座围龙屋端居其中。晨昏之际，炊烟袅袅；山野之中，歌唱互答；城乡学堂，书声琅琅。这里就是广东唯一的"苏区县"、客家人的香格里拉——大埔县。同时，也是一个纯客县，有"大埔无潮，澄海无客"一说，即大埔没潮人，澄海无客家人。

  大埔县历史悠久，秦汉时属揭阳县地，东晋义熙九年立义招县，属义安郡。隋大业三年（607年）改为万川县。唐武德四年（621年）废万川并入海阳县，属潮州。宋、元及明前期仍属海阳县光德乡。明嘉靖五年（1526年）改名大埔县，属潮州府。1949年新中国成立后，先后属兴梅专区、粤东行政区、汕头专区、梅县地区。1988年起属梅州市。

  1913年5月，也就是民国二年，大埔县的县城还在茶阳。现在的茶阳城是省界附近安逸而寂静的小镇。在80多年前，这里非常繁华热闹，因为我们现在方便使用的公路和铁路网开通以前，茶阳以北的很多城市，比如汀州、瑞金等地，与出海口潮州、汕头的交通完全依靠韩江水道。这里是客家人生活的大本营，无数的客家人由于历史的原因远赴南洋诸地谋生、创业——"客人开埠"。他们也把外地的信息、财富不断带回家乡，给留在家乡的妻子儿女以及老年的父母带来幸福。不断长大的客家男子，也勇敢地跟着父叔辈坐着小火轮从韩江顺流而下，从汕头转船，去香港，去新加坡，去马来西亚，去遥远的南洋。所以，韩江是一条非常繁忙的交通要道。

茶阳地处闽赣交界，是韩江水道行船的终点。从船上卸下来的货物，必须要在茶阳转用人力畜力才能运到福建和江西内陆城市。也正因为如此，当时的茶阳是各种信息和物流非常密集的地方。这里的人民革命觉悟非常早，本书开篇概括的就是一部大埔县早期的革命史，同时也是客家革命先辈的精神写照。

词上阕所描述的笔架山、印山、狮子口、清泉寺、星桥、大坝、城隍庙，都是"茶阳风物"。词的下阕所描述的"三河坝"、"太宁"、"高陂"、"百侯"、"坪砂"等都是大埔县的其他镇圩，三河坝在茶阳之南，高陂在三河坝之南，太宁在茶阳之北，百侯在茶阳之东。这些地方遍布于大埔的各地。无数大埔革命先烈为新中国诞生作出了巨大牺牲。

1927年3月12日，时值孙中山先生逝世纪念日，大埔农民自卫军1000多人，齐集到县城参加示威游行，其组织之有序，其声势之浩大，使得国民党当局和地主恶霸都感到胆战心惊，惶惶不可终日。

同年秋天，朱德、贺龙率领"八一"南昌起义大军，由赣取道闽边直指潮汕，计划扫除那里的敌军武装并建立根据地，途中由于闽粤边境山多地险，林深水急，几乎无路可行，就在起义军陷入困境之时，农民自卫军接到上级指示，立即派人前往引路，大部队很快便摆脱了盘回曲折、谜一样的山谷。8月25日，先头部队抵达青溪。26日，自卫军先期进驻县城。伪县大队长齐乃光等已闻风丧胆，急忙召集人马连夜而逃。次日，起义大军浩浩荡荡，不费一枪一弹，便收复了大埔。

在隆重热烈的欢庆声中，朱德、彭湃召集农民军，在城东养育堂作了打倒地主豪绅、解放劳苦大众的动员报告，当场发给农民军汉阳造"七九"五响步枪150支，此举大大地激发了农民的革命斗志，战斗实力也得到了进一步加强。会上，经彭湃亲自批准，由农民军执行，枪决了反动头目谢钜生。

当时，随大军同来的有周恩来、邓颖超、郭沫若、林祖涵等同志，他们亲自主持召集了大埔党团员及骨干力量代表大会，讲述了南昌起义的伟大意义和建立工农武装的重要性。这是大埔人民在革命斗争史上第一次取得的伟大胜利，宣告大埔政权正式由红色苏维埃掌管。

不久，贺龙、叶挺大军进攻潮汕失利，国民党头目钱大钧纠集重兵，转而围攻三河坝朱德部队。经过三天三夜浴血奋战，终因敌众我寡而不得不撤兵，我军一路且战且退，迂回迎敌，后经饶平入闽，又从永定大溪、下洋进入离大埔县城仅五公里的排头坝（朱德就在那里的永泰昌烟店阁楼里住了一夜），次日又由农民军星夜带路，经永定峰市转道入赣，与毛泽东同志进行后来举世闻名的井冈山会师。

因潮汕失利，三河坝撤兵，我党不得不放弃大埔。从此，敌人的气焰更加嚣张，白色恐怖四处笼罩，苏维埃政权只得退到各个乡村。邻近埔城的太宁、恋墩村，此时已组织了自己的苏维埃，由江弼群同志任主席，继续与敌人展开斗争，保卫秋收。同时还与永定金砂30多位农民组成战斗队，由张鼎丞同志亲自指挥。

现在的太宁、恋墩村，过去统称太宁，东距永定县境不足十公里，西往埔城仅五公里，村中有小街叫排头坝。那时，从闽西到大埔，必经过这里，只有五六十间店铺的村街不算长，但人来人往还是很热闹。可这里地少人多，加上地主豪绅的残酷剥削，太宁人真的是很难过上一天温饱的日子，正因为如此，这里的人民革命热情尤为高涨，对地主恶霸尤为痛恨，所以，太宁也最早成立了苏维埃，建立了自己的武装力量，大家团结一心，同仇敌忾。尽管国民党伪军大队在县城虎视眈眈，看到全村人这样心齐，配合得这样密切，把守得又这样严密，也就不敢贸然进犯。

就在太宁农民军不断壮大之时，国民党反动派已经感觉到无一日安宁。以恶霸地主肖雨史为首的土豪劣绅，勾结伪县大队长齐乃光等，对太宁苏维埃发起多次疯狂进攻。自1927年9月至1928年4月，农民自卫军就连续七次击退了敌人的进犯，击毙了伪军连长等一批敌人，取得了很大的战果。由于敌人不断调兵，终因双方力量悬殊而失守。当时，那些匪兵就像一群恶狼般猛扑过来，对村民实行惨无人道的三光政策，许多群众无辜被杀，许多妇女遭受蹂躏，光牺牲的就有：饶文秀、郑均贤、黄文、黄汗、曹讼修、刘德和金砂等数名革命战士。据统计，烧废楼屋13座、店铺12间，猪鸡牛羊、衣被谷物被掠去无数,其余的人逃的逃、散的散,全村700余户,两个月不见炊烟,一片怆然凄楚,惨不忍睹。

经过一年的苦斗,人们已经看清了敌人的狰狞面目,认识到只有跟着共产党走,才是唯一的出路。从此,太宁人民擦去脸上的眼泪,擦干身上的血迹,掩埋好亲人的遗体,重整起破碎的家园,化悲痛为力量,又与敌人展开游击战,积极参加漳溪、百侯、岩上、高陂等地的武装暴动,并密切配合闽西游击队作战。

1929年夏,在县党委领导下,在太宁演下片召开了一次党的扩大会,并成立埔北区,江弼群同志任区委书记。此后,为传达中央指示,叶剑英也来过大埔。伍洪祥(新中国成立后任福建省副书记)曾亲自前来太宁指导工作。从此,全县苏维埃得到进一步巩固,武装力量已经逐渐壮大。1930年春,大埔工农军配合闽西游击队,一举攻克了高陂,继而攻打埔城。此后,在参加漳溪、埔北、永定、湖雷、下洋、中坑等地的武装暴动中,大埔工农军表现得极为出色,已经打出了声威。

1931年1月24日,刚成立不久的饶和埔政府所在地遭到西河反动头目张悟真带兵突袭,不得不转到太宁团村和塔坑,后又移往太宁北坎片。在这个时候,群众的斗争情绪仍然非常炽烈,在一次集会上,500余人一致表示,坚决支持红色苏维埃,把革命斗争进行到底。

在革命队伍中,最阴险毒辣的就是叛徒。1931年5月8日,当时许多革命同志正在北坎开会,已经被敌人收买了的钟乃匡(后伏法),偷偷引领埔城和埔北团匪把开会地点团团包围,但同志们临危不惧,奋力抵抗,在激烈的突围战中,张球贤同志壮烈牺牲,谢汗新、钟义祥、谢勉英、张文缎、丘云露五同志因弹尽被捕。敌人用尽各种手段对其进行威逼利诱,却丝毫也动摇不了革命者的坚强意志,最后,敌人惨无人道地用钢针刺破他们的眼睛,刺穿他们的乳头。在种种酷刑面前,英雄们宁死不屈,决不低头,一齐高呼"共产党万岁",为革命流尽最后一滴血。

同年7月的一个晚上,跟往常一样,江弼群身边跟着两个人,正从团村往塔坑的山路上走着。见路边有潭泉水,江弼群正俯下头去饮水时,后面的两个叛徒黄哲兴(游击连连长)、饶棒昌(副连长),随即拔出驳壳枪,对准他的后脑"砰、砰"两声,一位优秀的革命组织者就这样倒在了叛徒阴险的枪口下。

太宁苏维埃遭受到惨重损失,党员和组织不得不转入地下,区委也秘密移到角莲塘,此时曹壬元任支部书记。1933年8月,在曹壬元同志的带领下,在排头坝击毙了叛徒黄哲兴,顿时人心大快。第二年又击毙了饶棒昌,太宁苏维埃又逐步得到巩固和发展。

1934年秋末,太宁党支部派赖济华出席中央苏区全苏大会。

1935年1月,太宁党支部派曹日初等到永定金砂见张鼎丞并请示工作。

同年2月,埔永区负责人到太宁指导工作,在排头坝汪屋与伪警察队发生遭遇战,张祥同志英勇牺牲。

6月,埔北反动首恶钟崔贞勾结永定匪帮,大肆清剿埔永边区,因叛徒告密,太宁支部又遭破坏,沈春华(支书)、朱宜昌、曹钮夫被捕,临刑前三人谈笑自若,高呼"共产党万岁",英勇就义。

所谓"大埔英雄硬骨头",上述便是一些具体的例子。正是这样一片有着"硬骨头"传统的土地,赋予了当地人非凡的骨气与勇气。

书归正传,饶彰风便是地地道道的大埔县人,生长在这么一个"硬骨头"的地方,注定他日后也成为铁骨英雄。

1913年5月,饶彰风出生在大埔县城茶阳郊区一个叫下马湖的村子。他的父亲叫饶仁山,母亲叫张枫,西河人。

说起茶阳的饶氏,在大埔县是无人不知、无人不晓的。明嘉靖五年(1526年)大埔县建制以来,科举极盛,文化异常发达。至今在茶阳大埔中学门口,还屹立着一座有近400年历史的"丝纶世美"牌坊,也称"父子进士"牌坊,纪念明嘉靖年间当时茶阳饶相(江西按察副使)、饶与龄(中书舍人)父子同中进士,这"父子进士"在下面还有细说。整座牌坊为花岗石预制件叠架而成,高12.5米,宽4.65米,共为三层檐顶。四根正柱、八根副柱并列四排,支撑石梁、石匾、顶盖,形成中间大门、两侧对称小门的布局。坊顶亭盖为仿木古雕凿件。中间一横匾,正反面分别雕刻"父子进士"、"丝纶世美"。亭盖、横匾石梁饰以"双龙腾云"、"双龙戏珠"、"双龙衔花"等图案。两侧小门顶端饰以"双狮滚球"、"花鸟动物"图案。石梁顶端均镶有一块麒麟石雕匾。整个牌坊结构严谨精致、造型美观大方、雕刻工艺精湛,具有浓厚的民族风格,是不可多得的石雕艺术精品。

在"二饶"以后,大埔科甲鼎盛。从饶相开始,到1905年废除科举制度这 375 年间，大埔偏偶一县，共考出 51 名进士（其中清朝 49 名），其中 15 位进翰林（都是清朝）。梅州（嘉应州）为全国著名的人文秀区，有文史工作者统计，梅州在清朝共中进士 61 人，钦点翰林计 14 人。大埔和嘉应五属虽然同操客家话，但是明清之时，并不隶属嘉应州，直到 1988 年大埔县才正式隶属梅州市。大埔以区区一县，其科举成绩几乎与整个嘉应州相当。到了民国以后，大埔之教育更加昌盛，不仅境内学校遍布、规格高级、名师荟萃，而且影响遍布全省、全国。今日广东的著名高校，如中山大学、广东民族学院、广东外语学院，其开山之鼻祖，都是大埔人——分别为邹鲁、罗明以及饶彰风。如果追溯到晚清，韩山师范大学的前身韩山书院的创始人何如璋，也是大埔人。可见大埔人文之盛。而从那制作精美的牌坊及饶家的人文传统可见，饶氏家族自然是大埔人文兴盛之中重要的一部分。

而这一切都不是偶然的，茶阳饶氏可以说开风气之先。据史料记载，在明、清二朝出了八位进士，这样的历史过往使得这一家族血脉具备良好的基因传统。作为客家人，大迁徙的历史经历使得这一传统在苦难中、逃离中非但没有消失，反而越加坚固。

现今客家人分布全球各地，而在大陆主要集中在岭南一带，而若追溯渊源，这一族群实际上是中原贵胄，也许也因为身上流淌着贵族血统，所以无论身处何方，那股精神气一直存在。

饶姓起源于春秋战国时代，赵国长安君有功于国家，赵国王敕封地于长安君（今河北饶阳县），当地民众以封地名为姓氏。在秦朝饶姓也在朝中居官任职。到了汉高祖统一天下，在当时尧阳都（今山西临汾县一带）饶裕任安都长（相当于太守），饶氏族人尊其为开族高祖，并建立宗祠堂，堂号为"平阳堂"。

朝代的更迭动乱，总会带来无数的变数与动荡！

客家人便是在朝代更迭中，离开故土，不断地迁徙，流走他方，四处为家。

从中原向南方，客家人经历万难只为寻一落脚之处。饶氏作为客家一员自然也不能避免这迁徙的命运。

从北至南，饶姓迁移到江西饶州（今鄱阳一带）生根定居。由于本是中原士族，故而身上一直留有浓厚的文化气息，崇文尚武，以仕为荣。在唐朝，中南五省的饶姓大始祖元亮公（也是大埔饶姓的大始祖）于天宝年间任浙东安抚，再迁任浙西安抚，为政有声，朝廷赐紫金鱼袋，诰封光禄大夫。二世祖汉宁公，也在朝任职，官至散骑常侍郎。三世祖饶植公，16岁中进士，官累渔阳太守、都司兼承旨（其弟饶方公也是唐朝进士，官任左拾遗）。四世祖怀英公，官至大理寺寺丞。五世祖饶信公，官任抚州刺史，由于抚州征寇有大功诰授紫金光禄大夫。五世祖生四子，依次为勋、烈、熊、罴。而饶熊公（六世）则是传大埔饶姓直系上祖，公累官浙西提刑诰授亚中大夫。七世祖孟玉公，官任后唐浙东县俞，升浙西太守提刑，诰授亚中大夫。八世祖饶绪公，官任西院侍郎，诰授通议大夫。至此大埔饶姓直系上祖连续八代在朝廷任官，是名副其实的仕门望族。之后朝代变迁，社会动乱，九世到十九世大埔饶姓上祖未再有仕官，其时饶姓已迁徙至闽长汀八角楼一带。二十世祖日明公，宋宝佑年间中式江西乡试举人，特授任闽汀州府推官。二十一世祖济宇公，也官任闽汀州府推官，生四子，时值宋、元朝代交替，兵荒马乱，四处奔散。长子一郎公传武平，二子二郎公传龙岩红坊，三子三郎公传嘉应松口铜琶，四子四郎公传潮属饶平神泉，即今茶阳。

从汉代饶裕公传至唐朝元亮公共为四十一世，从元亮公再传至四郎公为二十二世，大埔饶氏族人尊四郎公为大埔开山始祖一世。以上描述在《平阳堂中南饶氏族谱》中有明确记载。

四郎公在神泉开居已是元末明初，一到三世均单传，至四、五、六世人丁开始兴旺，时政微为稳定，饶氏一族崇文尚学耕读传家的本色再现。当时的杰出代表人物就是七世祖饶金公，字廷，锡号茶山。据族谱记载：公十三岁补郡庠生，明成化丁酉科中式举人，初授闽汀州府通判。由于清正廉明政声斐然，升任四川剑州正堂。在任爱民勤政，治政卓著兼任军务，因州政纷繁，日久积劳成疾，遂告病还乡。其时大埔属饶平县管治，民众赋粮纳税，路途遥远诸多不便，贼寇经常出没，政治管治鞭长莫及。公以创县为己任，竭心就绩，并上书广东巡抚熊兰疏请置设县。嘉靖五年，经朝廷批准析饶平恋州、清远二都为大埔县，县治设于茶阳。公为设县尽心尽力，立下汗马功劳，身后芳名牌位被供奉于"先贤祠"。

而此后饶姓子弟亦寒窗苦读，勤学争先，继而科甲蝉联，人才辈出。佼佼者是十世祖饶相，字志尹，号三溪。饶相自幼聪颖，6岁入社学，15岁首补郡庠生，17岁首拔食廪饩，23岁以礼经中式广东乡试第四名经魁，24岁以书经连捷龙榜第72名进士授中书舍人，27岁时升户部云南司员外郎，奉敕督漕运京储，曾向朝廷申奏改善漕运四策且全被采纳，事竣进广西司郎中。32岁时因病未假误谪无为州同知，34岁升任山东兖州府通判，35岁时升任淮安府同知，后又迁任南京户部福建司郎中，38岁擢升江西南昌府知府，42岁时晋为江西按察副使，整饬饶、南等处兵备，时任三载，后因奸臣严嵩专权，公不愿同流合污，遂辞官谢病归田。公是大埔饶姓中历官最久（20余年）、官阶最高、任职最多之上祖，每任均爱民勤政，政声籍籍，对本邑也作出一定贡献。大埔建县之初，人丁粮稀少，行政难以运转，公向朝廷题奏添拨，缓解燃眉之急。归乡次年，县内盗匪大发，饶相组织力量协同地方官员防卫，才使大埔县转危为安。并向督抚建议在三河这个交通要道建城，且得以实施。饶相以其十分之三的财产捐赠先人所立各祖烝尝，创小宗祠堂，置义田、义学以赡济宗人，教育子姓，年80多岁才在家无疾而卒，著有《三溪文集》。

其子饶与龄公是明万历17年进士，与饶相公是名噪一时的"父子进士"，初授观察院侍养，后因父母先后去世在家守孝六年，礼尽复竭选授中书舍人，到任只二月就卒于任所，著有《椿桂集》。族人与下辈为纪念先祖功业，经朝廷恩准在学前街兴建"父子进士"石牌坊。整个饶氏乃至整个大埔县从此以励志读书仕进为荣。饶与龄五个儿子三个是举人，均在朝廷居官任职，长子克庠拔廪，选例贡入太学，后授光禄寺监事，四子也是克庠拔廪补岁贡生。饶堪公十个儿子七个考取庠生。根据族谱粗略统计，饶姓明、清二朝有文庠生210人，武庠生35人，增生28人，国子监生、太学生共81人，廪生51人，各种贡生40人，举人29人（其中武举人1人）、进士8人，其中翰林2人。

至于西河张氏，也是大埔县内鼎鼎有名的大族，可能是大埔县第一大姓氏，人才辈出。现在我们在大埔县西河镇黄堂乡车轮坪村，还能看到一座三堂四横一围的大屋"光禄第"。光禄第共有18个厅、13个天井、99个房间，是罕见的大型客家围龙屋。其飞檐斗拱、雕梁画栋的建筑气派不亚于山西"乔家大院"。院门前有清政府御赐"乐善好施"、"急公好义"牌坊，正门上的"光禄第"匾额为清代名臣李鸿章手书。大屋的主人是国人耳熟能详的张裕葡萄酒的创始人张弼士。张弼士（1841—1916年），1841年生于广东大埔县。16岁渡海到印尼的雅加达（原称荷属东印度巴达维亚），曾当过帮工，开过商行，采过锡矿，成为当时海外华侨中首屈一指的巨富。从此，他亦商亦官，走上仕途。先后任清廷驻槟榔屿领事、新加坡总领事等职。为了振兴祖国工业，他先后投资兴办粤汉铁路、广三铁路等，并创办山东烟台张裕酿酒公司。1898年间，他集资在巴城、亚齐办了两家远洋航运公司。在辛亥革命期间，他大力资助孙中山先生的革命事业，深得后人敬仰。可见张氏也同饶氏一样是典型的关心国家民族，有着沉重历史使命感的客家人。而客家人的精神不仅在男子身上体现，客家女同样也不逊色。

客家女子皆有厚德载物之天性与修养，饶彰风的母亲便是一个典型的代表。其母是非常谦和、善良的劳动妇女，是千万客家妇女中很普通的一位，但在普通与平凡中却显现了其不凡。她一生淡泊名利，追求自然恬静的生活，但是明理谦逊，所以，即使在新中国成立后，饶彰风同志做了党和国家的"大干部"，她依然居住在故乡简陋的家中，而正因为她的好性情，认识她的人们都非常亲切地叫她"仁山伯母"。

饶氏，张氏，无论哪一家都强烈地渗透着客家人典型的文化精神品质，在这样的环境中成长，饶彰风日后光辉勇敢的作为自是有了基础。

饶彰风，排高字辈，本名叫饶高评。和当时所有革命者一样，他在漫长的革命经历中曾经使用过很多笔名、化名。彰风，可能是他在革命过程中化用了他母亲的姓名"张枫"流传甚广而成了他的正名。他的一生，所彰表的是大丈夫富贵不淫、威武不屈、贫贱不移之古风，典型客家人的民风，党的优秀干部的亮节高风。

饶彰风尽管出身非常普通，但是其身上流淌的是客家人的血液，又是饶氏和张氏的后代，这些就使得他当与众不同。其祖父饶福田是个秀才，其父亲饶仁山是普通的商贩。饶彰风在孩提时候，几乎都是在河源龙川县贝岭镇他父亲的店铺里度过的。那时候很多大埔人都在东江流域做生意。大埔高陂出产的陶瓷，在民国时候其名气可以和景德镇相媲美。大埔的商人们把这些精美的瓷器贩运到四方……

3. 苦命的祖母曾灶娇

如果说邓文钊的曾祖父邓阿六为他们这一辈的成长创立了优越的成长环境，那么他的祖母曾灶娇更是在其成长过程中扮演着举足轻重的角色，甚至可以毫不夸张地说，要是没有曾灶娇，邓文钊出生后很难过上那般殷实的生活，也没有与何家千金结合的缘分。这在后面还会说到。

话说经邓阿六一手创办的"邓元昌堂"，很长时间内在香港一直有着很好的声誉名望。可是随着时间流逝，随着社会时代发展，邓家的事业也发生着变化，而这一变化却是走向下坡路。

邓阿六妻妾一共生有四子，四子各拥有"邓元昌堂"一部分，各成一个支系。老香港都知道在荷里活道有一个邓元昌堂，在湾仔道也有个邓元昌堂。邓阿六去世之后，邓元昌堂就由这几个支系各自分别延续发展着，可是后来，除了三宅这一支系还能继续保持住上层社会地位，其他支系后来都一一家道中落了。三宅当时继承了荷里活道旧居，而邓文钊就在那里出生。

邓文钊出生于1908年12月1日，在家里排行最小。姐姐苏女早年夭折，长兄文枢亦在17岁时刚订婚不久便病逝，家中只剩下二兄文田和邓文钊两兄弟。这两兄弟从小由祖母曾灶娇一手带大，备受其宠爱。两兄弟从小过着锦衣玉食、娇生惯养的生活，饭来张口、衣来伸手，上学定当是坐轿子上山下山，倘若碰到刮风下雨的天气，两人除了身穿雨衣，轿子外面还要加一层帆布帘。可见，曾灶娇是多么溺爱她的两个孙子。不过也正是因为有曾灶娇的存在，才让这一支系的邓元昌堂还能在香港上层社会上占有一席之地，也正是因为她才促成了邓文钊之后的一段美好姻缘。

在还未嫁入邓家之前，曾灶娇其实已经小有名气。她本是当时香港"曾家大屋"创始人曾贯万的长女。"曾家大屋"也是一个在香港几乎无人不知的望族。曾贯万和邓阿六一样，原本也是广东五华县的石匠，后来到香港发展谋生，逐渐发财成为香港的望族。不过据说那是由于他的家址风水好，背靠着山，面对着田，还有一条河。这可是一个绝佳的风水：山是"龙头"，河是"龙尾"，而屋正好建在"龙脉"上，住在这里后代会人丁兴旺。果然后来曾贯万一连生了五个儿子，三个女儿，于是才有了后来"曾家大屋"的美名。曾灶娇就出生在这么一个名门望族，自然从小也是过着衣食无忧、舒适自由的生活。但是，在这样一种物质富足的环境中，曾灶娇并没有形成懒散懈怠的做事习惯，反而具有一种坚强、干练、泼辣的个性。这是为何？这取决于她是客家女的传统身份，她是这支古老民系中的一员。客家女人有着她们自己的特色，她们虽然不像客家男子那般在外闯荡、打拼，但是却巾帼不让须眉，当客家男子在外闯荡时，她们便自觉地承担起家中一切事务。她们去田中耕地做农活，很少待在闺房中做女工，当然这并不表示她们不会，而是因为家中需要靠她们来维系，男人都已外出奋斗，自然她们要成为家中的管事者。就因为这样，客家女人吃得苦、耐得劳。曾灶娇就是这么一个客家传统女人，虽然她已无需为家中生计去下田做活，但是那种从远古时代流传下来的精神品质并没有随着时代变迁而消失，而是随着种族的繁衍一道传承下来，因此，在曾灶娇身上还是可以很明显地感受到客家女那股泼辣能干劲。

曾家一共有姐妹三人，曾灶娇是老大，她的二妹在很小的时候就夭折了。二妹死后葬在肖箕湾极乐洞，但是，当时有外人前来找茬，硬是不让曾家人给二妹的坟头上立碑，而仅仅让曾家人种一株黄皮树，每当曾家人前来祭祀时，就拜这黄皮树。

"这算什么啊？怎么能这样呢？"曾灶娇看着那脆弱的黄皮树，愤愤地说道。她仿佛从这株瘦小的树苗看到了自己那可怜的妹妹。妹妹生前就已经饱受病魔的残害，痛苦不堪，死后怎么还能这样被人欺负呢？

她越想越气："不行，我不能让二妹死后还这么苦，我定要为她坟上立碑，为妹妹讨回公道。"

她明白这件事是全然不可能请父亲兄弟们来帮忙的，不是他们不愿帮，而是他们要去应对外面更多更复杂、关系整个家族命运的事情；这种立碑的家事自然是落到她这个长女的肩上。

她思考了片刻，立刻想到一个主意。

曾灶娇花几日时间四处串联，她将全族的妇女全部发动起来，带领着她们一齐同外人打官司。在拉动人手的同时，她也积极准备打官司用的材料和事实，所以在打官司当天，她底气十足，气势宏大。外人一看到这架势，早就心知肚明这场官司定当败下阵来。就这样，在曾灶娇的带领下，全族妇女发挥出强大的集体力量，最终获得胜诉。曾灶娇终于实现了自己对妹妹的诺言，为她夺回了立碑的权利。

这种敢于挑战的勇气并不是人人都具备的，尤其是在以前那个复杂动荡的年代。由此可见，曾灶娇非等闲之辈。曾灶娇嫁入邓家后所经历的事情更可以说明这个女人的不平凡。

邓曾两家联姻结合，在当时可以说是非常自然的事。曾贯万和邓阿六有着类似的发家过程，又是同乡，自然有份亲切之感，所以很自然地曾灶娇嫁入了邓家，嫁给邓阿六的三子邓荣泰。成家之后，曾灶娇一如既往，本着客家女人的传统，勤劳能干、善于持家，一家人过得和和气气。可是幸福的生活总是短暂，正当曾灶娇沉浸于自己幸福的家庭生活中时，她的丈夫却撇下她和年幼的儿子走了。对于一个女人来说，早年丧夫，该是多么大的打击。曾灶娇的确为丧夫而痛苦，但是她没有消沉，而是马上恢复过来，选择了向前看，选择了积极的生活态度。曾灶娇非常坚强，她时常鼓励自己，虽然丈夫离去了，但是还有儿子啊，这是她和丈夫生命的延续，是未来的希望，更是她生活的寄托。从此，曾灶娇将所有的爱都倾注于儿子的身上，更加宠爱儿子，将对丈夫未释放完的爱加倍地给予儿子。然而，老天并没有放弃对这个女人的考验，死神再一次从她的身边将她年轻的儿子带走了。白发人送黑发人，这对于一个女人来说是一件多么悲惨的事情。早年丧夫、中年丧子，在短短的半辈子，她就经历了两次人生的生死大事。

"为什么？为什么？为什么要这样对我？"曾灶娇仰头问天，"老天爷，难道你给我的苦难还不够吗？为什么一次又一次从我身边将我心爱的人带走，为什么要留下孤单的我，难道我做错了什么，要惩罚我？"

不管多么坚强，曾灶娇毕竟只是一个普通的女人，有什么事情比亲人离去更让人伤心欲绝呢。

经历过两次亲人从身边离去的打击，一般人都很难再站起来。可是曾灶娇没有被打倒，她又一次从痛苦中站立起来了。丈夫、儿子先后离去，的确给予她沉重的打击，从她那日渐消瘦的面庞就可以看出，可是她依然对生活充满了希望，她相信老天不会对她这么残酷，她相信老天爷还是为她开了一扇窗，一扇希望光明之窗。

是的，老天的确为她留着这么一扇窗户。虽然她的儿子早早地离她而去，但是却为她留下了邓家的骨血，两个活泼可爱的孩子，这足以帮助她减少孤单。"对，为了孙子们，我也应该坚强地生活下去！"

为了孙子们，曾灶娇坚强地活着。此时的邓元昌堂已经不如当初那般兴旺了，各个支系都开始走下坡路。随着邓元昌、邓荣泰先后去世，曾灶娇分到一部分遗产。她并没有打算一辈子就仅仅靠这些遗产生活，反而是尽力发挥她的理财天赋，让这些遗产成为活物，让它不断成长。也许是小时候受到家族生意的影响，让她具有这种意识，更或者说是客家的危机意识使她明白继续奋斗的重要性。再加上，她深深地明白，她现在不仅仅是为自己活着，她还要照顾邓家的这两个小兄弟，邓家的骨血，她生命的希望。

每个人身上都或多或少存在着某种天赋和潜力，只不过很少有人发现罢了。要是没有管家理财的机会，曾灶娇也许一生都不会知道原来自己是如此具有理财天赋。邓家留下来的遗产是一些死资金，那么该如何让它"活"起来并且创造更多的价值？这些问题一直困扰着曾灶娇，后来她发现娘家放款的做法很有效，于是她便模仿起来。

她将手中的钱借贷出去，让对方用房屋做抵押，到了期限要是对方不能将款还清，那么就没收对方的房屋。就这样，不知不觉中她通过放款的方式变相地得到了很多房屋，她手中的遗产已被她翻了一倍。由于曾灶娇的努力，邓元昌堂这一支系还继续在香港保留着上层社会的地位，而其他的支系已断断续续地一一中落。也正是因为她，邓文钊、邓文田兄弟才可以过着少爷式的生活。

虽然曾灶娇对于孙子们很是舍得花费，可是于己她却十分苛刻。邓氏后人在书中有写道："每次从半山家宅去湾仔，都步行下山，从来不坐轿子；晚上点油灯写租单；收藏钱也用土办法，把钞票用报纸卷成一卷，放在家里。"这是作为客家女人的天性啊。家庭于她们来说永远是第一位的，她们永远是先考虑到丈夫孩子，最后才想到自己。也许有人会觉得客家女人傻，但是我们宁愿相信这是一种宽容博大的牺牲精神的体现。客家女人并不傻，她们只不过是选择了一种在她们看来更值得的生活方式——奉献。

在祖母的呵护下，邓文钊和邓文田兄弟俩度过了快乐、舒适的童年、少年，并且还顺利结婚，成立了自己的小家庭。

看着邓氏两兄弟都已长大成人并且都各自组建了新的家庭，曾灶娇的心里不知有多么欣慰，她终于还是看到她的生命之花绽放了。但是，正当憧憬未来幸福的晚年生活时，一切却突然停止不前。她再也没有机会去宠爱她的孙儿，再也没有机会去享受那幸福的晚年，她的离开，也许是因为她的生存任务完成了，也许是她的命运本身就是要这样一波三折，也许这仅仅是个也许……

当时邓文钊他们所住的地方在西摩道，这是一套由前后两栋楼组成、中间以天桥相连的楼房。从外面一看便知道这是一个大户人家，而且非常有钱。正所谓树大招风，邓家这等气派，自然会引来灾祸，甚至是杀身之祸。

一夜，月朗星稀，房外没有一丝凉风，一切显得那么安静，静得让人有些害怕……

和平常一样，邓文钊、邓文田两兄弟领着妻子一同前来跟祖母道"晚安"。

"奶奶，天晚了，您老早点休息吧！"

"哎，好的好的。"

兄弟二人边说边将曾灶娇扶上床，看着老人安静地躺下后，他们悄悄地走出房门，朝楼上个人的卧房走去。

夜静悄悄的，一切显得那么平和、宁静，静得让人恐惧！

这是半夜时分，正是人们睡得最香最熟的时候，可是这也是突发事情容易发生的时刻……

邓家的楼房里同外面一样，死一般的寂静。这时的曾灶娇正在梦中甜甜地睡着，她怎么会意识到天大的灾祸即将发生在她的身上，她怎么会知道这将是她最后一个美梦，最后一个夜晚呢！

本来好好的夜晚，突然被两个人的身影给搅乱了。这两个身影从墙上纵身跳进邓家住宅大楼里。他们是两个盗贼，他们打算趁着夜深人静时刻，潜入邓家，从中好好捞一笔。在行动之前他们已经想好了整个计划，可是，事情却往往喜欢背道而驰。

两名盗贼蹑手蹑脚、小心翼翼地一步一步朝邓家大楼行去。他们的目标是曾灶娇——邓家财产的掌管人。在行动之前，两名盗贼已经对邓家大楼的里里外外进行了仔细地考察，所以现在对于他们来说，要想找到曾灶娇的住房是件不费吹灰之力的事。

邓文钊、邓文田两兄弟成家之后，便住在楼房的二层，而曾灶娇自己则跟一个内侄女住在楼下一层的同一房间。不用几分钟，这两盗贼就已经来到了曾灶娇房门前。他们并没有急切地进入房中，而是将自己的耳朵轻轻地贴在门板上，确认房内一切正常后，二人相互使了个眼色，接着轻轻地推开房门，蹑手蹑脚地走进去。房内静悄悄的，偶尔可以听到几声轻微的酣睡声。两名盗贼此时开始工作了。盗贼甲轻快地挪步到近房门的一个小床边，用事先准备好的洒满迷药的手帕捂住床上正熟睡的少女的鼻子，片刻，少女便昏过去了；而另一边，盗贼乙轻轻地来到房内一个大床边，上面睡的正是曾灶娇，盗贼乙拿出和盗贼甲一样事先准备好的洒有迷药的手帕，也想将曾灶娇迷晕，可是偏偏在这个时候，曾灶娇突然从睡梦中醒了过来，还没等到她张口呼喊救命，她的口就被盗贼乙用一个橙子给堵上了。

"哼，老不死的，想叫，我看你这下怎么叫！"

"嗯——嗯——"曾灶娇口含橙子不停地挣扎着，可是这会儿无论她怎么用劲都没有用，因为她早已被盗贼们用结实的绳索捆绑了起来。

"大哥，这下怎么办，她这一醒可把我们的计划给搞砸了。"

"他奶奶的，真是麻烦，这个老东西可真会多事。好吧，既然是这样，那咱们就一不做二不休，把她给咔嚓了！"

"大哥，真这么做？"

"那要不怎么办，留着她等她日后好去报案揭发我们吗？"

两名盗贼商量之后，盗贼甲恶狠狠地看着曾灶娇说道："您老休怪我们无情，今天这个结局是您自己找的，要怪就怪你自己没事半夜要醒过来。"

曾灶娇此时还能说什么呢？是啊，自己为何半夜会醒来呢？以前都很少会这样啊，老天真会捉弄人啊，唉，如今到这一步也只能认命了，也许这是上天对自己的安排吧，这也许就是命吧！她轻轻地摇了摇头，而后慢慢低下头来。她想着楼上睡着的孙儿们，他们已经长大成人，并且也成家了，想着自己的任务也都完成了，已无任何牵挂，如今自己也可以没有遗憾地离去了。她慢慢地闭上了双眼，仿佛又安静地睡去……

不知何时，东方已露鱼肚白，一丝耀眼的阳光射进邓家大楼内。

清晨一切都还处于朦胧状态中，人们都还在被窝里挣扎着不愿起来，然而只听见一阵阵凄惨的尖叫声从邓家大楼里传来。

"啊，来人啊，来人啊，姑妈您怎么了，姑妈、姑妈——"

睡在二楼的邓文钊、邓文田两夫妇被这大清早的尖叫声惊醒，他们迅速跳下床，三步并两步地跑下楼，冲进曾灶娇的房内。他们一进去就被眼前狼藉凌乱的场面给吓了一跳，再看到亲爱的奶奶被人五花大绑，嘴里塞着一个橙子，早已气绝身亡，更是吓得一句话都说不出来。半晌，邓文田才意识到他的奶奶被人谋害了。他立马跑过去，跪在曾灶娇的脚下，失声痛哭着："奶奶，奶奶，您怎么了，醒醒啊——醒醒啊！"此时，曾灶娇再也听不到孙子的喊声了。

看着邓文田在哭喊，邓文钊却依然立在门口一动不动，他已经被眼前的一切吓得魂不附体，头脑一片空白，险些昏厥过去。

经过曾灶娇这件事之后，邓文钊便得了神经衰弱，精神再也不能经受任何刺激与惊吓，否则就会头痛万分、难以入眠。

曾灶娇谋杀案在当时轰动了整个港九，可是由于证据不足，警方始终都没有破案。

就这样，命苦的曾灶娇离开了邓氏两兄弟，生前她已经受了人间最苦的丧亲之痛，没想到还不能善终。她的一生是悲苦的，但正是有了她邓氏家族的家业才得以延续下去，也为邓文钊今后的革命事业发挥了一定的基础性作用。

邓家自从来香港发达之后，便成为香港上层社会的大户人家，但是尽管如此，他们依然没有忘记祖辈的优良传统。从小娇生惯养的邓文钊，在家庭遭到变故后，一夜之间成熟起来。他在听取了何香凝的建议后，选择出国留学，以增长见识，开阔视野，回来更好地为祖国建设出一份力。后来邓文钊认识了廖承志和廖梦醒两姐弟，而革命的启蒙则更要归于邓文钊与何家的联姻。

4. 与何家联姻

邓家在曾灶娇的打理下有条有序地运行着。日子一天天过去，邓文钊也长大成人。到了婚配的年龄，他的婚姻大事自然成了曾灶娇这个做祖母的心头上的一件大事。为了给孙子选个好妻子，的确没少费老人家的心思。

1927年，是邓文钊的喜庆之年。这一年邓文钊与何家小姐何捷书结为夫妻，开始了他的新生活。说起这段姻缘，还全靠其祖母曾灶娇的安排。香港是个弹丸之地，望族间的联姻已经是习以为常的事了。

1927年，邓文钊年满19岁，长得英俊高大，也到了该谈婚论嫁的时候了。于是乎曾灶娇四处帮孙子物色妻子。邓家虽然此时已不比邓阿六那时风光，但是不管怎样也算得上是个名门望族，在香港社会上还享有很高的声誉。虽然邓家的其他几个支系早已中落，但是邓文钊他们这一家在社会上依然保持着往日的风光。因此，嫁入邓家的媳妇，也自然要是门当户对的才行。

正当曾灶娇忙着为孙子邓文钊相亲时，恰巧碰上香港摩罗街富商何家也正在为女儿何捷书选择夫婿。这个何家也是香港一个老家族。如今何家拥有自己的地产，并且自营生意。最初他们主要从事的是茶叶生意，后来由于生意越做越大，慢慢地发展到做地皮生意。何家的发家始于何捷书的祖父何载，他原本只是广东南海县一个小商人的儿子，19世纪中叶香港被英国人开埠后，他也随着来港大军一起到香港谋生。初到香港时他只是一个店员，后来自己开店，经营茶叶生意，随着时间的累积，生意越做越大，成为最早经营中国红茶出口生意的商户，何家也慢慢积累了一些家产。

当时香港很多有钱人都投身地产生意，何载看到朋友们都在地产生意上越做越好，于是自己也参与进去。一开始地价很便宜，只要赚点钱他就拿去买点地，不知不觉中土地越积越多。而此时香港商业发展迅速，大量人流涌入，使得香港人口增加，他便将土地、房子租借给他人，随着房价、地价的不断提高，他逐渐成了一个大地产商。

◎ 肝胆相照——邓文钊与饶彰风合传

何载共有12个子女，何捷书是何载的第11个儿子何季海所生的女儿，而何香凝则是何捷书的亲姑妈。由于是嫡亲，何香凝对这个亲侄女也特别照顾和关心。因此，何捷书从小受到姑妈的影响，在为人处事上显得十分得体。

其实早在曾灶娇为孙子邓文钊向何家提亲之前，何家已由媒人介绍与香港另一户富商马家订了婚约。可是后来何家发现马家兄弟之间不和，经常闹矛盾，而且在香港上层社会中的名声也不好。对于这样一个矛盾冲突不断、不和谐的家庭，何家人是万万不愿把女儿嫁去受苦的，于是没过多久就解除了与马家的婚约。恰巧邓文钊的祖母曾灶娇听闻了这一事，觉得这是一个难得的好机会，为了邓文钊的婚事亲自登门去何家说亲。

在一个风和日丽的清晨，曾灶娇带着几个家仆拿着一些精美的礼品、布匹、瓷器，前往摩罗街的何家。一路上，曾灶娇心情异常激动与开心，因为今日前去登门拜访可是为了孙子邓文钊的婚姻大事。来到何家门前，何家家仆进屋通报一声后，曾灶娇马上被人领进大厅。不一会儿，何老板从里屋走了出来。

"啊，曾老板，您好啊！难得您大驾光临鄙舍，快请坐！"

"呵呵，何老板，您太客气了，一大早就来打扰您，还请您见谅啊。"

"哪里，哪里，瞧您这话说的，太生分了。不管怎么说大家也都算是朋友，哪里算得上打扰啊，哈哈——"

这时，何家家仆从里屋端上一杯清香的上等乌龙茶放在曾灶娇面前。

"曾老板，请品尝一下这上等乌龙茶，这是我托一朋友从内地带来的，味道极其清香。"

曾灶娇慢慢地拿起茶杯，一手托着杯垫，一手拿着杯盖，用嘴轻轻地吹了吹，而后稍稍抿了一小口。

"嗯，不错，果真是好茶，清新淡雅。"

曾灶娇轻轻放下茶杯，用手绢擦了擦嘴角，接着笑着说："何老板，我今日前来是无事不登三宝殿呢。"

"哦，那请问曾老板，是为何事前来呢？"

"哈哈，是好事，喜事。听闻何老板正在为何小姐寻找夫婿？"

"是的，是有此事。可惜，到如今还没有找到一个合适的人选哪！"

"何老板，不要着急啊。"

上篇 4. 与何家联姻

"曾老板莫非有合适的人选介绍给何某?"

"呵呵,有是有,就要看何老板是否同意了。"

"那就请您快说说看,是哪家的少爷啊?"

曾灶娇整了整衣衫,微笑着说道:"正是我家的孩子,叫邓文钊,今年19了。"

"哦,原来是邓家少爷啊。早就听闻邓家小少爷聪明过人,一表人才啊,好啊,这门亲事好啊。"

"何老板,那您的意思是咱们两家可以做亲家啦?"

"哈哈哈,是的是的,曾老板,咱们以后就是亲家了。"

就这样,邓文钊的亲事就在这欢声笑语中说成了。

那个时代男女的婚姻大事还是由父母做主,再者当时香港的望族也都喜欢互相联姻,这样有利于家族的发展。

与何家说好亲事后,曾灶娇回来将此事告诉邓文钊。对于祖母的安排,邓文钊没有表现出半点不愿意。从小生活上大大小小的事情几乎都是曾灶娇帮这对兄弟张罗的,邓文钊相信祖母的安排都是为他着想。他后来打听到祖母帮他说亲的这何家小姐的姑妈何香凝同其丈夫廖仲恺竟然是跟随孙中山先生进行民主革命的人士。而孙中山先生恰恰是邓文钊近来特别崇拜的偶像。一想到与何捷书结婚,仿佛与自己的偶像孙中山的距离拉近了许多,邓文钊心里就十分开心,他也就更加愿意接受这门婚事了。孙中山是如何成为邓文钊的偶像的呢?这就要把时间倒回四年前,也就是1923年。

1923年,邓文钊正在拔萃中学读书,而这一年孙中山正好粉碎了陈炯明叛变,由上海经香港往广州就任陆海军大元帅。孙中山在香港华人心目中的地位很高,因为早期孙中山的革命活动都是在香港开始的,且他曾在拔萃书室和皇仁书院读中学,1892年在香港西医书院取得医科硕士学位。1895年孙中山组织广州起义,将兴中会的总部设立在香港中环士丹顿街;1911年筹划辛亥革命,革命军统筹部又设在香港跑马地。不难看出,香港在中国民主革命中发挥着重要的作用。而香港的华人,由于生活在殖民地社会中,受到洋人的歧视,因而特别爱国,他们明白只有国家强盛,他们才能真正不受到歧视,所以非常支持孙中山先生的革命活动,而这也正是孙中山三番两次将革命总部设在香港的重要原因之一。

肝胆相照——邓文钊与饶彰风合传

这次孙中山过境，香港大学特别为他举行了欢迎会。孙中山在会上发表演说，他号召香港学生读好书，将来回内地为国家建立一个良好的政府而努力。国父孙中山的这番话使邓文钊特别振奋，他第一次在内心中意识到原来自己的价值可以有这么大，意识到原来国家民族的发展才是更为重要的事情。也正是这个演讲在少年邓文钊的心中埋下爱国主义的种子。从此，邓文钊开始成为孙中山的追随者。

邓文钊万万没有想到，一直觉得遥不可及的偶像，现在居然因为自己的婚事而与其拉近了距离，所以结婚当日他是异常的开心。他的开心仿佛并不仅是因为可以和何家联姻，更多的是因为这种联姻将让他有机会知道更多偶像的生活，知道更多有关革命的事情。他已经完全"迷上"了革命。

但是，无论邓文钊是为什么而开心，对于他的祖母来说，看到孙子可以高高兴兴地结婚，她终于可以放心了。在她看来，何家强大的经济基础，令她相信她心爱的孙子将来一定还可以继续过着他那少爷般的生活，她相信她为孙子的选择是正确的，至少在她离开人世之前她都是这样认为的。可是，人生往往是充满变数的，正是因为与何家的联姻，改变了邓文钊之后的命运，让他走上崎岖的革命道路。虽然邓文钊没有像曾灶娇之前所预想的那样继续过着少爷式的生活，但是她当初的这个选择的确是正确的，因为邓文钊真正找到了自己，找到了自己想过的生活。

邓文钊结婚的时候，廖仲恺已经遭到国民党右派暗杀，而孙中山先生也因为生病而与世长辞。何香凝继承了廖仲恺、孙中山的遗志，在各地为革命事业而奔波。当时何家还没有分家，所以每当何香凝回香港时，便住在摩罗街，她的一对子女廖梦醒、廖承志也跟随着她一起住。而正是这一对廖氏姐弟让邓文钊对社会对人生产生出新的看法。

时间是一个不受控制的东西，不管愿不愿意，它总是悄然无声地流逝着。1928年，邓文钊新婚后第二年，何香凝因奔母丧，带子女返港，于是邓文钊便有了与廖氏姐弟相处的机会，并且相处一段时间之后，邓文钊与廖氏一家结成莫逆之交。在与廖氏姐弟的接触中，邓文钊渐渐被他们那丰富的阅历和宽广的见识所吸引。虽然在年龄上他们差不多大，但是在社会经历、阅历上，邓文钊远远不及廖氏姐弟。在交流中，廖氏姐弟也毫不保留地将他们所经历、所知道的一切告诉邓文钊，他们向邓文钊述说在日本的生活，讲述陈炯明叛变，讲述他们在 1925 年参加的"五卅"示威大游行，在广州沙面租界遭英法武装开枪射击，险些送命。他们所说的事，都是邓文钊闻所未闻、见所未见的，完全与他童年、少年那种少爷生活有天壤之别。他们所说的仿佛在邓文钊的眼前勾画出了一个崭新的世界，这个世界里人们不是为自己而活，而是为国家、为民族、为更加有价值的事情而活。邓文钊越来越好奇新世界的生活，他想知道更多，甚至他也想亲身去体验那种生活。而这样的生活也逐渐离他越来越近了。

5. 难忘的1927年春天

1927年，这一年对于远在香港的邓文钊来说，是其人生的新起点。与何家的联姻，与廖氏兄妹的相识，让他心灵上得到洗礼，让他真正成长起来，也让他真正认识了他所生活的社会。而对于饶彰风来说这一年也是非比寻常的一年，是其人生的一个转折点，他更加认识到国家社会的现实，更加深刻地领悟到革命的意义，形成更加坚定的革命信念。1927年对于他们二人来说，都是十分有意义的一年。

又是一年开春时，万物更新，一切重新恢复生机，给人带来新的希望。

大埔县中学迎来了又一个新的学期……

"放榜了！放榜了！"

一群孩子叫叫嚷嚷地从药店前跑过，紧接着，又有好些大人放下手中的活计急急跟在后头。这是在大埔县城茶阳镇上。

虽说这只是一个小镇，但是却拥有重学的传统，因此，学校每年春天新学期开学放榜，总是这个小镇中极为重要的事情。

一说"放榜"，人们便知道，这是城里的"最高学府"——大埔中学公布录取名单。那年月考上中学，非同小可，算得上是个小秀才了。因此，这自然算得上是县城里的大事，县城的人几乎人人都关注，就算不是自家孩子考学，只要是认识的人的孩子参加了，其他人都会关心。而恰巧这家药店里的一个店员的儿子就参加了这次大埔中学的考试，可是当他听到吆喝声时，却表现出与其他人截然不同的反应，他没有像其他人那样马上放下手中的活儿，急急地跑去看个究竟，而是呆呆地站在药店里的一个角落，照旧机械地拿着抹布来回擦拭放在角落里的桌子。旁边其他的店员见这状况，急切地叫道："仁山，仁山，还不向老板告个假，看看你儿子中了没有？"

被叫做仁山的人缓了缓神，迟疑了片刻，摇摇头："要去，就让孩子自己去好了。孩子没读完高小就失学了，这去考中学的全是读完高小的，他再用功，只怕……还欠火候呢。"其他店员听他这话言下之意便是说，自己的儿子应该是不会上榜的。于是大家也就不好意思再说什么了。仁山说罢又继续擦起桌子来，岂不知他手下的桌子已经被他擦拭得如镜子般发亮，他毫无知觉，只是这样重复着动作，一边擦一边出神地想着："终于放榜了，也不知道儿子考得怎么样呢？他能考上吗？高小都没读完，能上吗……"此时仁山的头脑中一直盘旋着这个问题，想了想他还是决定去大埔中学门口看个究竟，省得自己在一边瞎猜。于是仁山便趁着休息时间去看榜。

虽然之前嘴巴上表现得对看榜不关心，可是这会儿双腿仿佛是上了轮子般飞快地往前行。还没等他走到中学，就远远看见那中学门前早已人头攒动。仁山挤进人群，便听人在议论：

"这饶高评是谁家的孩子？怎么没听说过？"

"是啊，很少听到这个名字。"

"饶高评，这不是儿子的名字吗？"仁山听到众人正在议论着自己的儿子，心"怦怦"乱跳了起来。

"上百之众，考了个第一，不简单！"

这会是说自己儿子吗？仁山再次紧张起来。

仁山急忙快步上前几步扒开人群，挤到了前边，他几乎不相信自己的眼睛：那新生录取榜上，第一名是用大字写出来的，红纸黑字，分外醒目，写的正是他儿子饶高评的名字。

"呀，果真是我的儿子，是我的儿子……"仁山在心里默默地念着，他的双眼不知什么时候早已湿润，泪水不由得扑簌簌地掉了下来！

往事一幕幕犹如电影般一一浮现在他的脑海中，他沉浸在往事的追忆中……

是呀，儿子这一路走过来是多么不容易呀！虽说祖上也有过功名，父亲饶福田也中了前清秀才，可是却是地地道道的穷秀才，入不了仕途也不愿入仕途，靠一手丹青与书法维持生计。仁山依旧清晰地记得，那时他仅十三四岁，由于家中生活太苦，仅仅靠父亲那点收入根本无法生活，他便不得不背井离乡，去闯世界。可当时正值清末民初，山河破碎，外患不已，内乱迭起，全国上下哪有个安身立命的地方？末了，只好在龙川县贝岭镇一家店里当学徒，勤恳干活攒了几个小钱，才独立做点小本生意，到了而立之年才回到老家娶亲。

可是办完亲事后，没待上几日，便又撇下勤劳、贤惠的妻子——让她留在家中侍奉双亲——照旧上外地去挣钱谋生。每次离别仁山都万分痛苦，很舍不得离开自己的家乡，离开亲人，可是，现实生活的窘迫压得他不得不如此。这仿佛是命中注定客家人必须适应这样一种离别之痛，必须外出奋斗。

时间飞逝，一晃又是六七年。一天，仁山一如往常去店里做活，突然看见妻子张枫带着五岁的饶高评及两岁的弟弟来到了龙川找他。当妻子儿子一起出现在他面前时，他是又惊又喜。他立刻向老板告假，带着妻儿回到他的住处。

原来，家中父亲已经病逝了，妻子在家中又艰难维持了一年，最后实在无能为力，只好带着孩子投奔丈夫来了。看着多年来由于照顾双亲、抚养孩子而越显疲累消瘦的妻子，仁山心疼地紧紧抱住她，两眼早已淌着泪花。要是没有妻子的支持料理，仁山也不可能这么放心外出做活呵——而这一拥抱胜似千言万语，足以让多年来照顾家庭的张枫得到安慰。

现在好了，妻子和儿子都出来找他了，那他也就少了一份牵挂，以后就可以安心定居在这里了。

"让孩子去读书吧——别误了他的前程。"仁山自知读书的好处，虽然自己没有上过几年学，虽然父亲只是一个两袖清风的穷秀才，但是他知道读书对于一个人的成长来说还是十分重要的，再者，身为客家人的仁山深知祖宗的传统：对在千年流徙中只寻得山野栖息的客家人来说，唯有读书才可能争得自己的前程，否则，一辈子也就埋没在深山里。为此，无数客家人努力学习，四处拼搏，在社会上作出一番事业。而这一传统对于饶家来说，又显得特别重要。

于是，高评就这么念上了小学。

可军阀混乱，整个中国都在风雨飘摇之中，社会动荡不安，人们的生活也没有定数，没几年，仁山的小生意便一再亏本，万般无奈，唯有返回祖居。

这一来，才读了几年小学的饶高评，便再不能上学读书了。殊不知，高评自从进入学堂接触书本以后，便一发不可收拾，求知欲十分旺盛，回老家就意味着他要放弃心爱的书本。可是，小小的高评却格外懂事，他乖乖地跟着父母回到祖居，并且小小年纪就抢着帮父亲干农活，但尽管这样，他也从未放弃过读书求知的机会。除了帮忙干农活，只要一有时间他就一定会看书。

作为父亲，儿子的一举一动他都看得清清楚楚，他心疼儿子，担心儿子的身体，又因儿子这种惊人的毅力与执著而自豪，儿子不愧是客家男儿。仁山的泪眼中接二连三地浮现出这些年间儿子的身姿。

深山里，他背负着比自己个子还高的柴捆，一步一步地走下崎岖的羊肠小道，砍刀就扎在腰间。

水边，他挑起一担一担的清水，走上山坡，倒在缸中，那矮小的个子，给压得更低了——这正是他长身子的时候。

田里，他插秧、收割，没有一样农活不抢在前面。

每天高评都要做很多农活，然而只要有那么一星半点的时间，他便抱上书本，在田头、在林中、在门口埋头读了起来。而且一读就忘记时间，忘记一切，仿佛他周边的一切都定格了，他的眼中只有书本的内容，他的脑子里存在的也只是书本的故事，他是多么渴望获得知识啊！

日子久了，父亲竟发现他在读《诗经》、《水浒》、《三国》等著作。仁山看出自己的儿子是块读书的料，他不想埋没了儿子的天分，为此想方设法也要让儿子再次上学。

1926年的冬天，仁山终于在大埔县城谋到了一份差使——在一家药店当店员。

就这样，一家人再次从祖居搬迁出来，来到大埔县城生活，饶高评又可以上学了。

高评盼望这一天的到来已经很久了！

他内心的喜悦是无法形容的。

"我给你找个高小，先把之前落下的课程念完吧。"父亲这么对儿子说。

"马上就开春了，大埔中学就要招生了。"儿子却这么回答。

"怎么，你要考中学？"父亲大吃一惊，"你还没读完高小呀！"

"我自己学完了。"

"可马上说考就考，没几天了。"

"没问题，我能考上。"

见儿子说得这么斩钉截铁，当父亲的也就没理由阻止了，就让他去试试吧。于是仁山让孩子参加了大埔中学的考试，根本就没奢望孩子能考上，更不用说考第一名了。可是谁知道惊喜却常常存在！

看着榜单，仁山开心地笑了，从来没有笑得这么开心，这么轻松过。

饶高评——后来的饶彰风，就这么迎来了1927年的春天。

这是一个令他终生难忘的春天！充满希望的春天！

在人们的眼中饶高评是一个幸运的人。

的确，饶高评是幸运的。

他的幸运，不是考了第一名，而是来到了一个充满革命气氛的学校，一个革命大熔炉。

他的幸运，更在于他迎来的是一个风雷攒动、万物萌生的辉煌的春天——在这个春天，就似他祖父笔下的《百蝶图》一样，五彩缤纷的蝴蝶沐浴在灿烂的阳光下，一只只栩栩如生，给新春带来无限风光——这幅《百蝶图》在大埔可是有口皆碑的！

广东大埔县是粤闽交界的地方，紧靠福建的龙岩、汀州一带。这里是第一次国内革命战争的老根据地，这里蕴含着深厚的革命气质，这一特质注定了将培养出不一般的革命人才。

饶彰风是大埔中学特十四级的学生，一进学校马上觉得耳目一新——不再是蜷缩在穷山坳里的不知世事的小书童，许多进步书籍、革命刊物纷纷流入他手中，令他手不释卷，过目难忘。

这是《少年先锋》！

这是《向导》！

还有……原来这大埔中学，早已是大革命时代有名的左派学校；此际，北伐正搞得轰轰烈烈，一路上势如破竹，令军阀们吓破了胆。此际，前锋已临长江，打下了半壁江山……

所以，学校办学风格也与旧学堂完全不一样，欢迎新思潮，尤其是更能振奋年青一代昂扬斗志并点旺他们的求学欲——各种书刊可谓供不应求。

校方亦不拘一格提拔人才，只要有才华，都会受到校方的重用。因此，才华横溢的彰风进学校没几天，便受到全校师生的注意。由于以前大量的阅读、思考及写作，彰风写得一手好文章，初一时，他就写了本脍炙人口的小说《荷花》，广被人赞，此外，他的数理化也是数一数二的，经常解出一些数学难题，使得老师也赞叹不已。他还喜欢音乐，拉得一手好风琴，每当学校有什么文艺演出时总少不了他的身影。也许是出于祖上基因遗传，彰风在美术方面也显得很有天赋。他还是一个体育能手，是学校篮球、排球队队员。同学们都称赞他是个"全才"。加上他在考生中名列榜首，开学后各门功课成绩都十分优异，于是个子矮小但才华横溢的他，几乎以全票当选为班长。

当选为班长的饶彰风，除了感谢老师和同学的支持鼓励，更加感受到身上的责任，他有信心不负众望。正当他想着如何好好带领同学们努力学习进步时，社会环境的改变对饶彰风产生重大影响。

晴天一声霹雳。1927年发生了"四·一二"反革命大屠杀。

对于此次屠杀，大埔中学怒火燃烧，学生会派出了一支支宣传队，走上街头控诉蒋介石背叛革命、屠杀共产党人的血腥罪行。小小的彰风也加入到了这一行列。没几天，广东的反动派也按捺不住了，开始了血腥屠杀。

好些受到彰风尊敬和佩服的有骨气、有学问的老师，也在一夜之间失踪了。

没多久，便传来其中几位的噩耗。

整个粤东笼罩在一片白色恐怖之中。

面对着眼前发生的一切，小彰风内心万分伤痛。

小彰风含泪远望长天，何年何月太阳能重新升起，冲破这漫天阴霾！春风哪日能再生，驱逐这砭骨的严寒！

老天没有响应，时间照旧流逝。

就是在这样的环境中，在这样的亲身感悟中，彰风受到了革命的熏陶，感受到了革命的重要性，然而这一时期，他也是在不断摸索中一直寻找着光明。

终于，南昌城头一声枪响，震惊了整个中国与世界！

这一声枪响，仿佛音乐会的前奏，它意味着美妙的音乐即将开始进行。

小彰风在大埔城头迎来了南昌起义的队伍！

9月，义军攻下了大埔县城。

旋即，大埔县工农革命政府成立。

农民协会又恢复了，反攻倒算的土豪劣绅又一个个抱头鼠窜，只恨爹妈少生了两只脚！大埔中学的宣传队在县城里如火如荼地开展宣传活动，小彰风忙得都顾不了回家。虽然不能上前线与敌人面对面地交锋，可是这后方的工作同样可以让小彰风乐此不疲，他已经在不知不觉中相信党相信革命，相信总有一天新生活会到来。

一夜，小彰风睡不着，听着房外枪声时骤时稀，时近时远，内心惋惜自己才14岁，不然也去扛上一支小马枪，狙击敌人。

反动派又重新占领了大埔。这一次，反动派变本加厉地进行惨绝人寰的杀戮！

三河坝一带，血流成河。朱德、周士第的队伍寡不敌众，被迫撤出大埔向福建转移，而后便不知去向了。残阳褪尽，苍穹黯色，乌云再一次笼罩着大埔县的天地。

大埔中学又一次遭到了反动派的严酷清洗，又有好些进步教师莫名地失踪了……

在恶劣的环境下，共产党人和革命志士并没有屈服，他们大义凛然，为革命流尽最后一滴血。

在起起伏伏的革命过程中，无数英勇的革命烈士的光辉形象无形中在小彰风的心中留下深刻的印记，那时他就开始以先烈为榜样，也要做个"英雄硬骨头"！

小小的彰风，虽经历了几度失败的洗礼，但对革命的胜利仍充满信心。他相信失败只是暂时的，风雨过后总会看见阳光，胜利最终会到来。当时社会形势十分紧张，地下党的活动也格外小心，由于彰风年纪小，没引起当局的注意，所以能一直坚持活动。

夜晚时分，昏暗的学生宿舍，本该到了入睡的时间，可是众多充满革命激情的学生仍在追怀当日扬眉吐气的情景，久久不能合眼，他们是多么怀念革命活动的时刻，甚至有人感叹："假如今天还能读到《少年先锋》该多好哇！"

"早给抄光燃掉了。"另一位学生说。

"不！我还留着！"

一个小矮个突然跳起来，站在人当中。

"怎么，你还留着，不怕杀头哇?!"有人惊叹。

"怕什么？谁还愿看，我可以拿出来。"还是那个小矮个在说。

"看！有什么看不得的，给我一本！"

"我也要一本……"

"我也要……"

"还有我……"

一时之间，无数只手伸向这个小矮个。

小矮个看着大家那积极的样子，开心地笑了，一下子便捧来了一大沓——不仅有《少年先锋》，还有《向导》……

同学们如饥似渴地阅读着，仿佛是得到了什么宝贝似的，两眼放着光芒。就这样，革命的火种又在小小的心灵间传递、燃烧，越来越旺……

那小矮个，便是饶彰风。

一年多过去了，同学们光传递阅读这些地下刊物已经觉得不过瘾了，他们已经有了自己的思想，也想发出自己的心声，就算不可以直抒胸臆，含蓄点也行。于是，彰风与大家一起商量——干脆，出一个我们自己的刊物。

大家击掌叫好。

"叫什么名呢？"有人问。

大家陷入沉思中。

彰风沉吟了片刻，说："我看——就叫做《曙光》好了！"

"为什么？"

"长长黑夜，总有黎明到来，何况今日，离曙光初露的明天已不久远。我们痛恨黑暗，渴望光明，我们要冲破长夜，迎接新的太阳——一句话，要鼓励大家：黑暗总有尽头时，明亮曙光即在前！"

"对，这是我们信心所在！"

"对，说得好。就叫《曙光》。"同学们兴奋了。

于是，在同学们的努力下，在同学们的渴望下，在同学们思想心灵的一次次碰撞下，《曙光》诞生了。经饶彰风精心主编，自初中二年级下期至初三上期，一期一期地不断送到同学们的手中。那是渴望光明的文学，映亮了大家的心！虽说仍在重重黑暗的高压下，而革命的萌芽却在不断生发……

三年级时，饶彰风又被选为学生会会长。不知不觉中，同学们已经喜欢上了这个个子矮小却思想丰富、具有个人魅力的男孩，慢慢地也已经习惯在他的带领下进行一系列的活动。

◎ 肝胆相照——邓文钊与饶彰风合传

　　大埔县所经历的一切让小小年纪的彰风感触颇多，尤其是反动派血洗三河坝，更是让彰风触目惊心，一条条的人命就这样被反动派残害了，仿佛在反动派的屠刀下，他们杀害的不是人而是牲畜。彰风对反动派恨之入骨，这使得他更加坚定为人民为国家解放而革命的决心。他感叹，他悲伤，但是更多的是对革命的期望与信心。不能上前线直接抗击反动力量和日本侵略者，他便以笔当利剑，在精神上不断地打击反动势力。

　　"残阳暮霭深秋，三河坝三千忠骨收。"在饶彰风这首临终遗诗中，可以看出这一段历史是怎样深深地镂刻在他的心上，并影响了他整整的一生！

　　可以说，饶彰风是在战火中成长起来的，革命战争使他对革命的意义有了比邓文钊更直接更形象的认识，也使他意识到国家民族解放是人民革命的大业。不过，正如俗语所说"条条道路通罗马"，只要有共同的目标共同的信念，不管其中经历的过程与采取的措施有多么大的差异，都不会对最后结果的生成产生影响。

　　国家民族的解放已经成为那一时期所有中国人共同关注的焦点，也正因如此历史上才会留下饶彰风和邓文钊的故事。

6. 邓文钊：剑桥岁月

1927年对邓文钊来说是不寻常的一年，不仅仅是因为与何家联姻的喜事，更是因为后来的留学成为他人生的重要转折点！

人生很多时候是无法预测的，人在很多情况下也是没有选择的。就像当初饶彰风读小学时，社会的动荡使得他不得不退学跟着父母重返故里。邓文钊的人生也是这样充满了变数，而且是由不得人去选择必须得接受的变数。

1927年大革命失败，国内政治局势十分不稳。许多革命人士不得不相继出国。那时，廖仲恺早已牺牲了很多年，何香凝一人带着儿女东奔西跑搞革命。可是在乱世下，在严酷的环境下，国内已经没地方可以再待了，于是何香凝便将一双儿女送往国外学习。廖承志去往德国，廖梦醒则去了法国。

这一时期，曾灶娇也早已辞世。邓家的家产已经传给邓文钊、邓文田和邓文枢的遗孀胡氏。此时，邓文田开始过起花天酒地的生活，邓家的亲家、邓文钊母亲的娘家周家的长辈们怕邓文钊在金钱的诱惑下也形成不良嗜好，不忍心眼看邓家就此沦落下去，于是提议让邓文钊去欧洲留学。对于周家长辈的建议，邓文钊一时拿不定主意，自从祖母离开之后，他还没有适应这种自己决定事情的生活方式。他对自己的未来感到很苦闷，不知道该何去何从。何香凝察觉出了他的困惑，于是一天傍晚吃过晚饭，她找到邓文钊对他说："文钊，我觉得你表舅他们的建议很好啊，你现在这么年轻，应当抓住时间好好学习，发展自己。现在国内时局这么动荡，待在这里你是不可能有什么好的学习机会的，而且社会风气不好，与其这样在家浪费时间和金钱，还不如将这些都花在更有意义的事情上。去国外深造，可以学习吸收西方先进的思想文化，从而增长见识，这于你来说是非常好的。等到你学有所成之际，回国为祖国作贡献，这也是当初孙中山先生对于你们年轻人的期望啊！"听了何香凝这一番话，邓文钊仿佛突然间醒悟了。是啊，1923年孙中山先生在香港大学作演讲时对香港学生的寄语他还谨记在心啊，现在不正好是他应该行动的时候了吗？

"好的，姑妈，我去欧洲留学。谢谢您的鼓励与支持，我定当在国外好好求学，回来再报效国家。"邓文钊真诚地望着何香凝说道。

何香凝看着眼前这个热血青年笑了。

一切准备好之后，邓文钊在长辈们的提议下，携带新婚妻子何捷书与廖氏兄妹一同赴欧洲留学。与他们同行的还有香港教育司资深督学余芸的长子余伯泉，澳门世家子弟蔡惠全、蔡惠棠两兄弟等。

邓文钊留学的地点是伦敦。刚到伦敦时，为了租房子邓文钊夫妇受了不少气。他们从报纸刊登的广告上收集房屋出租的消息，而后一一上门去拜访，同房主商谈，可是每次他们都还没有说清楚来意，就被房主拒之门外，因为当地很多屋主都不愿意将房子租借给黄色肤色的亚洲人。一连几天下来，邓文钊夫妇吃了很多闭门羹。以至于在一开始没有找到房子的一段时间里，他们俩常常露宿街头，饱受风吹雨打，甚是可怜，但是邓文钊夫妇并没有放弃，最后，也许是他们的诚心与毅力打动了老天，终于让他们租下了一套房子。

经过这次租房的经历，邓文钊成熟了不少，同时他也深深地领会到了英国严重的种族歧视问题，对这种现象十分不满。也正因为这样，年少的邓文钊对英国殖民者所说的"民主"产生了怀疑……

抵达伦敦后，邓文钊首先读了一年的预科。同一时期，在大洋彼岸，中国的社会局势正发生着翻天覆地的变化。蒋介石开始明目张胆地显示出他的狼子野心，他的言行举止公然背离孙中山先生所立的三民主义，积极推行独裁专政；此时，在国内工作的何香凝由于反对蒋介石的政治主张弃官而走，前往欧洲看望儿女。她先到法国与廖梦醒住了一段时间，又到德国探望廖承志及当时居住在柏林的宋庆龄。其间，她还来到伦敦与邓文钊夫妇小住了一段时间。在这些日子里，邓文钊夫妇带着何香凝参观了伦敦一些有名的景点。而同时，何香凝则如同导师般关心邓文钊一家的生活，并在思想上引导邓文钊，与他谈国家兴亡，使得这个热血青年逐渐关心起国家的命运，他的思想觉悟得到不断提高，爱国热情与日俱增。

由于经常受到何香凝和廖氏姐弟的爱国精神熏陶，邓文钊慢慢地也成为爱国主义大家庭中的一员。

一年预科学习结束后，1931年，邓文钊开始在剑桥大学伊曼纽尔学院经济系学习。进入剑桥后，为了方便学习，他把家也搬进了剑桥。

在这所学习圣殿里，对于邓文钊来说，他最大的收获不是学习到了最权威、最新的经济学方面的专业知识，而是接受了最新的思想潮流。邓文钊在剑桥大学就读的政治经济学院是当时伦敦社会上各种思潮的温床，这里经常开办各种辩论会，人人各抒己见，这使得邓文钊可以接触到各种思想，从而不至于那么死板短见。尤其是他接触到了马克思主义思想，第一次听到"共产党人"这个词，第一次受到共产主义的熏陶，了解了什么是社会主义思想；他参加了学校的左翼读书会，逐渐增强了对政治的兴趣。据邓文钊的剑桥同学、瑞士裔英国人塞克列坦所说，剑桥出过几个鼎鼎有名的左翼分子，可能是他们同期的同学。对此，虽然现在很难考证，因为那一时期的很多人早已作古，但是有一点可以肯定，是剑桥开启了邓文钊的革命思想，使其接受了马克思主义，而这为他后来参加革命事业打下了坚实的思想理论基础。

邓文钊在剑桥学习的这几年，遇上了很多与他一样富有爱国热情的中国留学生。由于当时邓文钊家里经济条件比较好，自从他的家搬进剑桥之后，便自然而然地成为中国留学生们聚会的天然场所。当时在伦敦的中国留学生组织了一个叫"中国学生协会"的团体，仅仅是联谊性质的，没有政治性质。邓文钊也是其中的一员。而组织的聚会地点常常设在邓文钊的家中。每次聚会邓文钊都会十分大方地接待每个留学生。由于他热情好客、性格豪爽，以及乐于助人，他与许多中国留学生结下深厚的友谊。同时，邓文钊也常常慷慨帮助那些生活困难的留学生，因此，在当时很多中国留学生的眼中，虽然邓文钊出生资产阶级，但却是一个慷慨大方、正直的人。

正是在这一次次聚会中，邓文钊结识了很多意趣相投的青年。这一批意气风发的青年留学生，常常聚在一起诉说个人的爱国情怀及回国做一番事业的梦想。

又是一周一次的协会聚会日，邓文钊早已将家中一切安排妥当，就等着他那帮朋友们上门了。邓文钊身着一套深色西装，脚上一双皮鞋擦得黑亮黑亮的，他轻快地走到阳台，望着房前那条干净的小道，一双深邃的眼睛中流露出无尽的渴望……

邓文钊的心情是激动的、兴奋的，是啊，又可与那班好友相聚、畅所欲言，这种精神上的契合怎能不让人激动呢？

屋内墙上挂着的时钟滴滴答答运转着，突然，门外传来一阵阵欢快的脚步声。

"文钊，我们来了——"

开门领头进来的这位衣着朴素、鼻上架着的一副黑框眼镜的人，看上去更具学人风范。此人便是与邓文钊几乎桃园结义的余伯泉。余伯泉先在英国伍尔维奇军事学院攻读炮科，毕业后又到牛津深造，取得大状师资格，成为香港罕有的军事人才。紧跟其后的有蔡惠棠、潘恩恺、唐绍苑、周焕年、周鸿年等人。

"伯泉、惠棠、恩恺，我早已在家中等候大家呢，大家快进来坐吧！"

邓文钊边说边将事先准备好的茶水点心拿出来放在茶几上。

"文钊，不知不觉咱们来伦敦留学也有一两年了，你想好以后回国做什么了吗？"

发问的正是余伯泉。他曾在一次与邓文钊的交流中表明自己想成为中国的拿破仑，成为一名优秀的军人。对于余伯泉的提问，邓文钊思考了片刻，答道："我想当外交部长，为国家的外交事业作一番贡献。"

"这个想法不错啊，通过与国际交流，促进我们国家的发展。"

"那么你呢，惠棠？"

"我啊，我想做财政部长，哈哈！"

"好，就为大家的伟大理想，干杯！"

这时，余伯泉举起手中的茶杯，兴致高昂地说道。众人亦都举起手中的杯子，高呼"为理想奋斗"。

青年人在一起气氛总是会这样高昂兴奋，这也许就是青年人本身具备一种青春气息所致吧。这帮青年留学生，他们当年的远大理想不管之后是否可以实现，但起码可以促使他们不断地积极进取，不断为之奋斗，也最终铸成他们日后的事业成就。

据了解，潘恩恺毕业归国后到香港法院裁判司工作，其子潘祖尧是现今香港著名建筑师、全国政协委员；周鸿年是邓文钊的长期法律顾问，抗战时不幸在贵州逝世。

在剑桥求学时结识的这班好友，日后在邓文钊的革命事业上都给予了他一定的帮助。

从某种程度上来说，邓文钊对在剑桥所接受的马克思主义、社会主义思想的认识是相当深刻的,他更加深入地看待社会现实,关心国家大事,关心人民的生活,更加理性地分析问题。这种影响即便是在他的日常生活中也能从不同侧面表现出来。这正是人们常说的不同的心态决定不一样的人生。

由于受到社会主义思想的影响,在生活中邓文钊表现最为突出的是平易近人的态度,他与当时其他富家子弟的为人截然相反。一般富家子弟趾高气扬,看不起下层社会的人,而邓文钊却不同,尽管他在香港有着丰厚的遗产,是香港的名门望族,但是他并不嫌贫爱富,而是一视同仁地对待所有的人。这从他友善地帮助贫困的留学生的态度可以看出。同时他为人朴实诚恳,热情友好,因此,邓文钊在众人的心中是一个具有高尚人格的人。

邓文钊在对子女的教育中也是如此。对于当时家庭富裕的邓文钊来说,他完全有能力将自己的儿子送进贵族学校,和其他富家子弟一样接受贵族式的教育,但是他没有这么做,而是将儿子送进一家相对贵族学校而言思想开明的学校——彼得莱斯。这所学校实行男女合校,不穿制服,尊重学生的自由发展,而不像一般贵族学校那么死板。邓文钊相信在这样的学校中,才能真正实现一个人的自由发展。

对人的自由发展的追求,是人类一直在探寻的一个话题,对此马克思、恩格斯在其著作中已有明确的论述,并在分析资本主义社会的基础上预言未来共产主义社会是一个以实现人的自由全面发展为目的的社会。这一超越之前空想社会主义的新的科学社会主义观便自然地成为全世界社会主义者共同努力的方向。直到现今,人们还在为这一目标而奋斗着。

邓文钊虽然没有大声表明自己正是一位社会主义者,但是他的行动已经为其证明,而绝大多数时候,实际的行动往往比口头的空话要更具有说服力与价值。

五年的伦敦留学生活,对于邓文钊来说是他人生中最为重要的一页。

每个人的人生中都会有那么一两个重要的时期,是其人生的转折点,是其人生新旅途的开始。

然而,无论是怎样的经历都不及思想精神上所受到的洗礼与升华深刻,让人刻骨铭心。

剑桥岁月的思想洗礼,促成了一个富有爱国主义精神、社会主义思想的革命者的诞生。

7. 南国《天王星》

    火山找着地壳的弱点爆发了，
    喷出了光亮的火花！
    这火花一直到现在还没有停止，
    地壳的弱点将延长到全个世界。
    ……

  这是一首署名为"普特"的新诗《时代的号角》。"普特"者，即"无产阶级"。

  这首新诗，发表在中山大学秘密出版却公开发行的进步杂志《天王星》上。它的末尾——

    虽然，暴风雨是袭击着不停；
    但，时代的车轮仍将向前冲进；
    它冲入一个世界又一个世界，
    那边充满了大众的欢呼的歌声！

  犹如高尔基笔下的海燕一般呼唤与渴待着暴风雨与火山的爆发，这是对无产阶级革命的一曲壮丽的颂歌。在这个刊物的发刊词《革命者应走向何处》中，作者更大声疾呼中国的青年：走向光明，走向革命！

  鹰犬们马上嗅到了火药味。

  很快，仅出了三期的《天王星》被摆在了反动当局的案桌上。他们只凭文章的内容，便立即定为了"共产党嫌疑案"，采取紧急行动。

  于是，中山大学周遭便出现了形形色色的魑魅魍魉，窥测着每一个重要场所。反动派将整个中山大学监控了起来。

一日，"普特"接到一张便条，约他到中山大学球场见面，说是看了他的文章后大受鼓舞，希望可以当面与他畅谈理想、革命，末了无署名。"普特"拿着这张过分热情的纸条，心中疑虑重重，为何在这样紧张的情形下，居然唯独会出现这样一张纸条？很显然这是反动派们故意设下的圈套，意在请君入瓮。"普特"识破了反动派的阴谋，自然是没有上当。而相约的当天，在中山大学球场边上的确站着一位身着黑色对襟衫的人，看来这位便是约"普特"出来的信使，他低耸着头，鬼头鬼脑，眼珠子滴溜溜四处乱看——来者不善——"普特"远远地望了一眼黑衣人的猥琐样，便蔑视地走开了。自然，这个黑衣人没有等到所约的人。

反动派并没有放弃对"普特"的追捕。他们接二连三地使出不同的招数，目的就想揪出"普特"到底是何方神圣，致使反动当局如此头疼。可是，纵使他们使出浑身解数，依然拿"普特"没有办法。

中山大学大门口传达室的信架下，掉了一封写有"普特收"的信，一位姓戴的同学路过看见了，弯下腰想把此信捡起来放回信架。可没等他的手挨到信，说时迟，那时快，两边飞也似地闪出了几名特务，三下五除二迅速地把他抓走了。戴同学还没有反应过来出了什么事，人已经被关押进了牢笼中。很快，曾借过《天王星》给这位同学的另一位姓肖的学生，也在宿舍里被抓走了。只看到突然间几个身穿制服的凶猛大汉"砰"地推开宿舍房门，吼了一声"谁叫肖某某"，当时待在宿舍内的学生们都不约而同地将眼光投向肖同学，大家都不清楚发生了什么事。正在纳闷中，便看着这几名大汉架起肖同学，押着他朝外走去。其余的学生被眼前的一幕吓住了，怎么回事？这到底是怎么啦？肖同学为什么会被抓呢？他们怎么可以随便抓人呢？

中山大学原本宁静的校园，被反动派犬牙折腾得人心惶惶。

没过几日，公开发行《天王星》的现在书店的王寄舟，也被拘捕了。王寄舟被捕时也很突然。据目击者言，王寄舟当日与往常一样去书店上班，正当他推开店门准备进去时，突然间就被闪出的两个特务快速抓了起来，王寄舟一直在挣扎抵抗："你们干什么？放开我！你们怎么可以随便抓人，还有法吗？"可是任凭王寄舟怎样反抗都没用，他被特务硬抓上车。

印刷《天王星》的梅花印刷厂也难逃此劫，被查封了，股东江穆由于一早听到风声，被迫潜逃。

此时，国民党广东省政府已经正式秘密下令捉拿"普特"，通缉《天王星》的全体编辑人员。

国民党西南政务委员会还专门对此案进行了讨论，并且作出了结论：这必定是中共的重要机关，否则不会出版规模如此之大、观点如此之激进的杂志，所以务必严肃追查，一网打尽。

耗费了好几个月，派出了大批人马，花了心血力气，还惊动了那么些大员与政府机关，到头来他们万万没有想到，被他们视为"规模巨大"的《天王星》只是几个并没有什么背景与来头的青年学生所办，根本不是什么中共重要机关。所要缉拿的"普特"只是粤东来的一位十多岁的穷苦青年。

"普特"是谁？他便是从大埔中学初中毕业后，因学费无着来到广州读公费学校的饶高评——饶彰风。在这之前他都用化名"普特"，而后来当彰风成为正式党员后，他选取了与"普特"谐音的"普特"为名进行革命活动。从此，"普特"这个名字，这个无产阶级想象性的符号，就像强烈反射太阳光热的天王星一样，绽放光芒。

不过，这时他用的名字是饶守焰。

因为他只是初中毕业，没读过高中，可要上中山大学预科，必须有高中的学历。刚好那一年他的同乡饶守焰高中毕业，于是这位没读完高小便上了初中的少年，凭着同乡饶守焰的成绩单，考上了大学预科。

在中山大学这几年里，饶彰风又继续以往在大埔中学读书时代的作风，秉承客家祖先尊师重教的文化精神，如饥似渴地学习着，而中山大学也为他的求知欲提供了一个很好的平台。由于彰风的勤奋刻苦，他的各门成绩都名列前茅，但是与以前初中时不同的是，他的思想进一步成熟了，由看进步的文艺作品转而研究文艺理论，再进一步迷上了社会科学……激情日炽，他常以"追光"的笔名在广州《民国日报》的副刊《黄花》上发表文章，以抒发自己追求光明的胸臆。他的文章字字句句表现出与当时反动当局相反的看法，反对蒋介石"不抵抗主义"和"先安内后攘外"的反动主张，洋溢着热情的革命思想。

反动当局见了《天王星》如临大敌，当时的共产党员却把"追光"视为知己，认定是自己的好战友好同志，并传出一段佳话。那是方方在五六年之后，在香港见到已经成为中共党员的饶彰风说起的一段往事：

当时，方方正领导着游击队在闽西南坚持游击战争，无意中读到报纸上署名"追光"的文章，喜出望外——因为游击队已经与党中央失去联系多时了，一下子无法接上头，他心想，这个"追光"一定是与党有联系，并且带有任务的同志，要不然怎么可能写出如此富有革命激情的文章来，当时便肯定"追光"一定是自己人，还打算派人去找作者，再通过作者与党中央恢复联系呢。

可那时，饶彰风其实还只是个青年学生。

传奇归传奇，但这充分说明，饶彰风在未入党之前，就已经具有了一名共产党应当有的革命意识和政治思想觉悟。文如其人，文章可以反映一个人的思想。从他所写的文章中，便不难看出那颗革命的赤子之心。

饶彰风除了通过发表文章抒发自己的革命胸襟，还积极投身到许多实践活动中，通过实际行动进一步展现自己的革命精神。每次活动中他都表现突出，全身投入，展现出极强的革命热情与激情。在中山大学，他参加了大埔同学会主席的竞选，积极团结广大进步同学。

紧接着，"九·一八事变"后，他毅然参与了中山大学驱逐校长金曾澄的斗争，声援马占山抗日的募捐活动，声援永汉惨案、惩办杜宣泰的游行示威。他还深入农村，宣传抗日活动，赴京请愿，要求政府对日宣战，拥护十九路军淞沪抗战，反对蒋、汪"中央"于5月5日同日本签订的丧权辱国的《停战协定》，并投身于在上海以鲁迅为旗帜的"左联"及在广州由欧阳山、草旺、易巩组织的"广州普罗作家同盟"。

《天王星》正是这一系列斗争的产物。开始饶彰风与楼栖等人打算成立一个文学社，并游说广州各报给他们出一个文学半月刊，当时的恐怖环境使很多报社还是不敢犯险，最后终于有一家报纸被说动了，可惜才出了一期，这家报纸便停刊了。"与其这样被动地求他人出版发行，还不如干脆我们自己来做。"面对停刊的报纸，彰风对他的同伴们说道。于是，他们又联系了杜埃、邝达芳（邝明）、张直心、江穆等一批进步青年，由他们自己来办一份刊物。经过几番认真研究，他们最后决定出两份文艺刊物，一是《南音》，公开的，无政治色彩，以便向华侨募捐；二是《天王星》，秘密的，作为革命文艺印发。

饶彰风担任主编。

这一群热血爱国青年说干就干，可是办刊需要资金，对于当时仍是学生的他们来说，这钱从哪儿来？天无绝人之路，其实这时彰风已有倾慕他才华的女朋友了，这女友家是华侨，而且早已准备了一笔费用给他们结婚用。女友是个知书达理、深明大义之人，她大力支持饶彰风办刊，于是义不容辞地将家中准备的嫁妆全都拿出来交给饶彰风去办刊。同时，她还主动找了一位同是华侨的朋友，让她也出一笔钱资助，这样出版费用得以解决。

这位女友即饶彰风第一任妻子张黎明，她投身革命后在东江游击区壮烈牺牲。这不是本书叙述的重点，总之在多方的帮助下，刊物终于出版了。而这早期的创刊，无意中为彰风后来团结华侨华人的统战工作打下基础。从这时起，彰风身上就表现出了适合做统战工作的天赋与才能。

刊物以小说、散文、杂文、诗歌为主，兼发文艺评论以及抨击反动统治的专论。刊物仅出三期就把反动派吓坏了，弄得他们日日如坐针毡，立马采取压制措施，因此才会有之前所描述的中山大学恐怖的"抓人"情景。

姓戴的同学被抓后，江穆先听到消息，立即通知了饶彰风，他自己只身逃往了香港。

饶彰风与杜埃闻风在广州先躲了几天，之后也悄悄去了九龙，在深水埗汝洲街租了一层二楼的新房子。紧接着，《天王星》编辑部的其他同仁们也陆续躲到了香港。

幸好，只过半月，反动派弄明白是一场虚惊，并非之前他们所设想的什么中央重要机构，于是《天王星》案便不了了之，有关人员被陆续保释，其他人也就大摇大摆地回了广州。

但是，饶彰风却回不了广州。

他毕竟是"罪魁祸首"，学校把他开除了。没办法，他只好滞留九龙，从此结束了学生生活，靠微薄的稿酬勉强度日。可是即便是过着这种清贫的艰苦生活，彰风内心深处的革命火种并没有熄灭，一直燃烧着，等待着新的时机到来。外在世界的各种苦痛与灾难都不曾把他打倒，因为他心中有着坚强的精神支柱。

此刻，上海蓬蓬勃勃的抗日救亡运动和日益壮大的革命文化声势已吸引了饶彰风。"我应该到上海去，到革命运动需要的地方去！而且说不定还能碰上我日夜所思的党。"于是，他抱着"我以我血荐轩辕"的雄心壮志，来到了当时中国的文化中心上海。

来到上海，他仿佛是长期流浪的孩子重新回到母亲怀抱般，让他心情澎湃不已。因为上海的革命气氛让他振奋，让他激动。

在那里，他经同学介绍，在暨南大学附中暑期班教数学，有了栖身之处。在那里他认识了暨大"左联"小组的成员何家槐，并经何介绍参加了"左联"组织。何家槐是鲁迅称之为"七个东北救亡青年作家"之一。

全新的工作环境，以及新认识的革命人士，使彰风感到一切都那么带劲，之前被压抑的情绪在这里又得到了释放，感到一身轻松。

"彰风，我们这里需要像你这样的人才，你就尽管在这里好好干吧，革命需要你！"

这样的支持与鼓励，使彰风欣喜万分。为革命活动而忙碌奔波，他本来就乐此不疲，再加上上海现在这种朝气蓬勃的局势，为其创造了一个良好的环境，彰风定当是不会推辞了。

从此，他如鱼得水，不仅写"遵命文学"，而且遵命——

到工人中去活动、宣传；

上大街贴标语；

上高楼顶上撒传单；

参加"飞行集会"和示威游行……

为邹韬奋主办的《救亡三日刊》奋笔撰稿……

1933年8月1日，上海人民举行了反战反法西斯示威集会。国民党政府凶相毕露，出动军警、特务大加镇压，四处搜捕。中共闸北地下区委被破坏，暨大"左联"也没能幸免，并与上级组织失去了联系，小组成员也给打散了。

彰风住到了租界亭子间，一边读世界语的夜校，一边为报刊撰稿。

不到三个月，震惊华东、波及全国的"福建事变"爆发了。曾在上海浴血奋战的十九路军等部队，在李济深、蒋光鼐、蔡廷锴的领导下成立了福建人民政府，高举反蒋抗日的旗帜，并同红军达成了联合抗日的协议。一时间，也盛传广东同样会发生大的变动，与"福建事变"相呼应。饶彰风深知，广东向来是革命的策源地，一旦发生大变动，自己作为一名革命青年，势必大有用武之地。上海尚在一片白色恐怖之中，可南方已初露红色的曙光……

于是，他又打定主意回广东去，回家乡去，赶上革命的潮头，当时代的弄潮儿！

于是，在又一次经受了血与火的洗礼之后，饶彰风踏上了新的征途！

革命事业没有地域时间的限制，哪里需要，哪里就会发生……

1934年，饶彰风南归之时，正值"福建事变"功败垂成，徐名鸿等义士喋血闽江。红军在艰难地抗击着敌军的又一次围剿，并在第二年10月，踏上了二万五千里长征之路……

大埔山城，又是一片死寂。

大敌当前，国破家亡迫在眉睫，但是国民党统治集团却采取不抵抗政策，那些贪官污吏不管人民死活，只顾搜刮民脂民膏，满足其私欲。疾恶如仇的饶彰风对此非常愤慨。

面对当时的状况，他一个手无寸铁的学生并没有放弃反抗抵制的机会，虽然不能上战场面对面地与敌人对峙，但是他用笔写下一篇篇脍炙人口的革命文章，以此来表达心中的愤恨与不满，宣传积极的革命思想。

早在中山大学读书之际，饶彰风曾于1932年夏天回过县城，这个古城当时已变得死气沉沉，土豪劣绅再度横行乡里。他随即约了当年几位中学好友，自行出版了一份叫《小小》的油印刊物，以揭露当局反动统治的黑幕，揭开官场藏污纳垢、尔虞我诈的丑行为宗旨，公然指名道姓，刊登文章，暴露该县公安局长罗锡兰伙同其兄弟敲诈勒索的卑劣行径，谴责县政府恢复"花捐"（公捐）的罪恶……一时间，老百姓们拍手称快，大大出了一口恶气，可反动当局却如芒在背。

《小小》刚出了两三期，县长梁若谷赶紧派人把饶彰风的父亲找去，胡萝卜加大棒，软硬兼施，说："叫你儿子回广州读他的书去，别回老家来胡闹。如果他好好读书，我梁某人可以出学费。"

利诱不成，公安局长罗锡兰就派出他的爪牙满城抓捕饶彰风。在大埔中学的同学们的掩护下，饶彰风得以安全离开。

到了广州，饶彰风仍气愤不已，又编印一期《小小》寄回大埔，揭露了国民党大埔县党部一次选举的丑闻，把反动当局气了个半死。

物换星移，两年过去了，彰风又归来了，他依然朝气蓬勃，依然充满着革命热情，但是这次回到家乡就不仅仅是创办一个《小小》刊物这么简单了，彰风的心中有着更大的计划。

此时全国上下抗日救亡运动已经全面展开，各地都呈现出一片革命气象。彰风回到大埔县后决心重新开启昔日大埔朝气蓬勃的局面，再次唤起民众们的危机意识，让大埔再一次成为革命的根据地、大本营，成为抗日救亡运动的新阵地，以全新的面貌迎接全国抗日高潮的到来。彰风暗自为自己的想法而激动着，鼓舞着，他冲劲十足，可是要实现这一愿望，该从何处入手呢？

其实，在他的脑中一直盘旋着一个想法——办书店！

不错，就是办书店。当年在上海逗留时期，彰风十分有幸拜访了伟大的思想家及文学家鲁迅先生，并且与先生促膝而谈，这次谈话胜读十年书，受益匪浅。从先生那里，彰风得到启示："鲁迅先生不也是借助一个又一个书店，开创了他的业绩吗？为何不效仿先生，也办书店呢？"

于是，他激情陡起，奋笔疾书，向鲁迅先生诉说衷肠，并请鲁迅先生亲自为大埔"文化书店"题字。

鲁迅欣然接受为粤东山区一个小县城的书店题上了"文化书店"四个大字。

饶彰风欣喜万分，有了先生的大力支持，剩下的事情就好办得多了。大埔是一个有着革命历史的地方，它本身就已经有了革命因素。在大革命前后我党曾在此领导群众运动，特别是南昌起义部队到达县城，建立过革命政权，在三河坝同反动派激战数日。虽然如今起义部队撤走了，但是革命种子却植根于群众之中。在那血沃中原、寒凝大地的岁月里，大埔人民并没有屈服。1934年以来，进步青年日趋活跃，抗日情绪相当高涨。这么一个景况，对于彰风归来开展一系列抗日救亡工作是十分有利的。

鲁迅先生为书店题名后，彰风马上说动了一位从海外归来的有钱又有身份的亲戚，在县城里共同开设了一间文化书店。

当日在县城里横行霸道的恶棍们此时已不敢造次，只躲在阴暗角落里窥测风向。县里第一区区政府、县教育局、民众教育馆、大同报社、民众剧团等，都已一一掌握在进步的知识分子、包括当年大埔中学的同学手里。彰风的书店一办起，便成了粤闽边境宣传抗日与传播革命思想的秘密据点。后来，还成了共产党的交通站。在文化书店的掩护下，同志们可以自如地进行活动。

虽然这极大地影响了反动派的政权统治,但是在当时的情况下,地方上的反动当局是心有余而力不足。

由于饶彰风多方努力,文化书店还与沪、穗等生活书店、中华书局、世界书店、商务印书馆等取得了非常密切的联系,丰富了图书的种类和内容,使得大埔县这么一个小县城在思想文化上毫不落后于大都市,使得这个小县城也上升成为一个文化中枢站:《资本论》、《国家与革命》等经典著作以及鲁迅、茅盾、巴金、蒋光赤、叶圣陶、艾思奇等人的著作,源源不断地从大都市流入"文化书店",《生活》、《大众》、《中国妇女》、《中国农民》等进步杂志也常常出现在柜台上。

文化书店可以说是大埔县一大创举。它不同于以往老书店没有性格特色,文化书店是极具革命精神的。虽然仅仅是一个书店,但是它凝聚了彰风等众多爱国人士、革命志士的心血与精神。与普通的书店相比,更具有价值与意义,也更具有凝聚力与号召力。

一时间,顾客潮水般涌来,让店员应接不暇。

"伙计,这本鲁迅先生写的书还有吗?我要两本。"

"伙计,我要本《国家与革命》。"

"伙计,《资本论》什么时候还会再进货啊?我可等了很久啦!"

"伙计,我要……"

而与此形成鲜明对比,县城里另两所老书店,本来人气就不怎么旺,现在更是骤然间萧条冷落,门可罗雀。

面对这样的状况,地方上的反动势力按捺不住了。尽管抗日救亡运动已经风风火火地发展着,可是他们仍蠢蠢欲动,不断挣扎。面对反动势力的压制,20出头的饶彰风不惊不慌,镇定自若,筹划着斗争的策略:"争取地方派,要求抗日,宣传抗日,反对蒋介石的不抵抗主义,驱逐蓝衣社势力,展开国难教育,提倡抗日联合战线,避免一切过于刺激西南派的行动。"

凭此策略,彰风所办书店得以继续运行,而大埔的抗日救亡运动逐步走向了高潮。

彰风寻找光明的道路是曲折迂回的,而这也正象征着中国革命的前进发展趋势,中国的革命也是几经波折才逐渐看到曙光。而这也正如马克思、恩格斯的唯物主义辩证法否定之否定定律,与曲折发展观一致。也正因为中国革命党人认识到这一点,接受并学习了马克思主义,所以在面对各种困难时,甚至遇到革命倒退时,都没有放弃,而是勇往直前,因为他们坚信最终的目的地是光明的。而彰风也同样是这样认为的,所以他一直没有放弃,一直忍辱负重,一直向前。

彰风从学生时代开始,就一直支持革命事业,并且竭尽全力尽自己的一份力量。然而事实上,当时的他并不是中共党员,而仅仅是一个胸怀国家天下、黎民百姓的进步青年,但他的所作所为却早已远远胜于一个中共党员。彰风所做的一切就是希望国家民族获得解放,希望人民过上幸福的生活,而这一最终的愿景也正是中国共产党革命奋斗的目标。也正是为了这一共同的理想,彰风在寻找着光明的党组织,希望有朝一日可以加入,成为其中的一分子。皇天不负有心人,这一天到底还是来了。

1935年,在办好书店的同时,饶彰风来到了溪南埠福良学校教书,从而更好地接触广大下层群众,向他们宣传抗日。第二年春天,他出任黄砂村梧冈小学的校长。

这一时期,党中央号召白话文,一改以往的文言文。在职期间,饶彰风积极倡导新文字,研究出一种客家话拉丁化方案,并且在学校中试行,他的这一举动积极推进了新文字运动。这是他根据鲁迅对新文字和拉丁化的见解,研究客家方言后最终写出的"客家话拉丁化方案",而这至今仍为语言学家们所称道。

他热心进行国难教育,直接对学生进行家访,把抗日救亡的思想灌输到学生及学生家长的心中。许多学生由于受到彰风的影响,后来都走上革命的道路。

他还组织师生在球场和村口演抗日救亡新戏。这些活泼多样、短小精悍的剧目十分形象地将抗日救亡运动思想潜移默化地传达到每一个群众的心中。每当节假日时,当地的群众就三三两两地相邀着到球场和村口等着看戏,这几乎已经成为当地群众的一个习惯,大伙把看新戏当做生活中的一部分。

他还办起了妇女夜校,宣传抗日和扫盲。后来,这些学员成为当地的得力干部,有的还成为地下交通线上有名的红色交通员。总之,在这一段时间,彰风从事了很多富有意义的活动。

在家乡活动的这两三年，从开书店到办教育，进一步传播了革命思想，极大地推动了大埔的抗日救亡运动。对于这一段让他印象深刻的斗争生活，他回忆道："这样的环境，能在大埔坚持达二三年之久，确是一件不容易的事。这一方面是因为抗日高潮中一般青年要求进步，不满现实，要求革命；另一方面得益于西南地方派与蒋介石中央派的矛盾。"彰风十分明白当时的复杂形势，但是他并没有因此畏惧，相反能够冷静下来想策略应战。

同时，他笔耕不辍，继续用"追光"的笔名在汕头的《星华日报》副刊上发表杂文、评论，以及小说与诗歌，宣传抗日，抨击不抵抗主义。

正在他干得起劲之际，"西南事变"爆发了……

1936年6月1日，"西南事变"爆发，广州的几位国民党元老萧佛成、邹鲁、古应芬、邓泽如等人不满蒋介石的不抵抗主义，力主抗日而举事，孙科亦应邀南下，陈济棠第一集团军与李宗仁的第四集团军欲出兵湖南反蒋……

同年6月10日，广州举行了全市抗日学生大会，广州街头出现了大革命时期的盛况。

这时饶彰风又回到了中山大学——这所富有革命传统的母校。当时中山大学的进步秘密团体"突进社"办起了刊物《在抗战的旗帜下》，继《天王星》之后重新擎起进步的大旗！由于当时突进社的负责人大都是彰风的老同学，他们都还在读书，于是饶彰风义不容辞，成为突进社的中流砥柱，办刊组社的重任落在他的肩上。

这项任务担子不轻，可以说很重，彰风的工作十分繁忙。饶彰风犹如上了发条的钟表时时刻刻转动着，仿佛他的体内有着使不完的精力，每天他都以极大的热情投入到工作中，在抗日的路途上不辞辛劳地忙碌着。

也许在他人的眼中这份工作太辛苦了，可是在彰风看来，这份辛劳是一种幸福。在多年的革命斗争的锻炼中，彰风更加坚定了自己心中的信仰。他无时无刻不在渴望自己有朝一日可以加入中国共产党，成为其中一员。为着心中的理想，他不断努力、不断探寻着，他坚信只要一直这么做下去，总有一日他会找到光明——

饶彰风不知道，他日夜所渴望找到的共产党此时就在他的身边，并且无时无刻不在关心他的成长。

突进社的指导、名教授何思敬其实早已是中共党员。

饶彰风回中山大学后找到的第一位老同学张直心也早已是中共正式党员。

张直心的"表哥",那位神秘地借宿在中山大学的"老孔",就是奉中共南方临时工作委员会的派遣,从香港来到广州,直接领导中山大学的地下党组织,并积极着手发展党员和建立支部的一名党员。

"老孔"的真实姓名叫薛尚实。

"老孔"来到中山大学,何思敬教授就向他介绍了几个中大进步学生的情况,其中就包括"普特"。

其实,"普特"这个名字薛尚实早已不陌生了,在没来中山大学之前,他就经常在香港的报纸上看到署名为"普特"的文章,十分欣赏,并且非常赞同其在文章中所表现出来的进步思想。之后,他又在张直心的介绍下与"普特"亲自交谈,进一步了解了他的思想情况,更加对这个青年充满好感。"蒲特,我在香港很多报刊上读到你的文章,写得很好啊!现在抗日救亡运动进展得非常好,但是宣传力度很不够,广大群众尤其是港澳同胞、海外侨胞们更是对此不甚了解,而他们作为我们中华民族的一分子,又是一股十分强大的力量。现在反动派为了打击我们的势力,也在积极采取行动,想切断我们和广大侨胞的联系,所以很需要你们这样的文章,让更多的侨胞了解中国革命的实际情况,只有这样才能进一步扩充我们的力量,而这也是中国革命战争自身的需求。"

"孔先生,您分析得很对,作为一名中华儿女,我也是希望能够通过自己笔杆子的微薄之力让众多中华儿女觉醒。只有大家团结起来,才能更好地把革命运动进行到底,才能坚持到最终的胜利。"

"对,这就需要更多像你们这样的人,需要你蒲特再多写些激动人心的文章,将抗日救亡的思想宣传到底啊!"

听到"老孔"的鼓励与支持,彰风顿时感到浑身热血沸腾,更加充满斗志。殊不知,让他更加激动不已的时刻已经不远了——

1936年8月的一天,对于大部分人来说并没什么特别,可是对于饶彰风来说却是非同一般的日子,他永远不会忘记这一天。那天,饶彰风还和往常一样在看书,忽然张直心约饶彰风外出谈话。

"彰风,你出来一下,我有点事跟你说。"

彰风感到很纳闷，会是什么事呢，弄得这么神秘。他合上手中的书，走出房间。

张直心看看四周没有人，靠近饶彰风的耳边悄悄地说道："我已经找到共产党的组织了。"

饶彰风一听又惊又喜："这太好了，太好了。组织现在在哪里呢？"

看着激动万分的彰风，张直心便开门见山——他对饶彰风太了解了："我就是代表党组织来问你，看看你的意思。"

"直心，莫非你已是共产党员了？"

张直心点点头。

"哈哈，没想到党组织一直在我身边哪。"

"饶彰风同学，我问你，是否愿意加入党组织，同我们一道走上革命的道路？"

饶彰风兴奋地说："当然，这些年来，我从广东到上海，又由上海回到广东，为的就是要找共产党，这可是我一直的愿望……"

张直心认真地说："这很好。不过，有一条我需先告诉你，入了党就得服从党组织的安排，很有可能你的工作就不在广州了，你得到香港去。"

饶彰风坚定地说："只要是党的需要，我上哪儿去都可以，完全服从党的安排。"

"那好，我马上向组织汇报，给你履行入党手续。"

其实，"老孔"这次来广州就是要为中共南委物色一位秘书，他早就注意到了饶彰风。饶彰风虽然还没有入党，可他的表现已能充分表明他的革命性，政治上是完全可靠的，已具备作为一名中共党员的条件，是南委秘书的最佳人选。

一个美丽的夏夜，户外夜空中星光灿烂，微风徐徐，一片宁静；房内，气氛神圣而凝重，张直心、薛尚实等人站在一边，中间饶彰风正站在鲜红的党旗前面，庄严地举起了右手，认真地对着党旗向党宣誓：

"……为共产主义事业奋斗终生！"

他字正腔圆地宣读完最后的誓言，看着鲜红的党旗，仿佛看到一团团熊熊的烈火在眼前燃烧，看到一个个英勇的革命烈士在为光明而奋战，看到通向胜利的光明之道！

"彰风同志,欢迎你加入党组织啊!"

"欢迎啊!欢迎!"

"以后咱们就是同志了,一起为革命事业而奋斗!"

是啊,多年的愿望终于实现了,彰风的眼眶里不禁涌上了泪水,这是激动的热泪,感动的情愫。

"我这'追光'之星,终于在沉沉的黑夜里追逐到了光明,党就是我所要追求的无限的光明!"

从此刻开始,就是赴汤蹈火,他也决不会皱一下眉头!更何况他一直以来都没有在困难面前低头,以后就更加不会,只会勇往直前。

他的生命,已完全属于人类的解放事业!

饶彰风入党后,更奋勇地投身于火热的斗争之中。

10月,中国文化革命的旗手、伟大的思想家与文学家鲁迅不幸病故。噩耗传开,寰宇哀恸。

中共南委和广州市委及时作出决定:化悲痛为力量,要比过去更广泛地发动文化教育界和青年学生公开集会,举行悼念活动,推进救亡运动并充分扩大政治影响。

作为当年鲁迅曾经战斗过的地方,中山大学自然要带好头。鲁迅曾在中大的开学典礼上作了"读书与革命"为题的演说,号召"对于一切旧制度,宗法社会的旧习惯,封建社会的旧思想开火","以从读书得来的东西为武器"。中山大学与先生有着十分深厚的情感,中大学子对先生更是有种说不出的感情。

彰风奉党的指示,以突进社的身份通过广州艺协、歌咏团、新文学研究会等团体,广泛联系各文化团体,终于在11月8日,在中山大学附中礼堂举行了追悼鲁迅的大会。

追悼会十分隆重,影响甚大!

到会的有数十个团体及大中学生上千人。

鲁迅先生夫人的妹妹许月平到会报告了鲁迅的战斗业绩与救国主张。

同时,著名学者、团体代表及进步师生亦相继作了演说。

会场上,广大与会者纷纷表示,要学习和继承鲁迅的革命精神,与一切反动势力作不妥协的斗争,抗日救国,共赴国难!

会议还决定通电拥护正处于危急之中的北平教育界的抗日救国的八大主张。

会议开得极其成功，反动派又一次被震惊了——这么一个大会，竟然宣传的是中共抗日民族统一战线的主张！

于是，鹰犬们又四处搜捕。

可是无论反动势力如何压制，都没有用。面对日本侵略者的罪恶行径，看着千千万万民众惨遭迫害，作为中华民族的一分子，怎能坐视不理，怎能不起来反抗？中共抗日民族统一战线就是顺应中国社会的需求而产生的。抗战时期毛泽东同志就已经特别指出，马克思、恩格斯早就说明无产阶级革命者是不能光靠自身单一的力量取得胜利的，无产阶级只有解放全人类，才能最后解放自己。无产阶级如果不同时使整个社会永远摆脱剥削和压迫，就不能使自己从剥削压迫它的阶级下解放出来。而毛泽东同志更是旗帜鲜明地指出，必须在各种不同的情形下团结一切可能的革命的阶级和阶层，组织革命的统一战线。而统一战线思想在革命实践中也屡次被证明是明智的。

团结就是力量，反动派已经感受到了无产阶级日益强大的革命力量，但是为了维护自己的反动统治，为了维护最后的利益，他们依然冥顽不灵。尽管这份坚持和执著与社会发展的车轮背道而驰，尽管他们已预感到失败的结局，但是他们依然在幻想着奇迹的出现。

中山大学学生中的一名党员罗范群，及时从当局手上搞到了一份"黑名单"，饶彰风的名字赫然在目。

于是，张直心立即通知饶彰风马上转移至香港，并介绍他到香港"救国会"工作，前突进社指导何思敬教授让他公开出任"救国会"的秘书。

实际上"老孔"已在那边等候多时，要他出任"南委"秘书。

饶彰风奉命离开了中山大学，但是革命的历程并没有停止，他又将在一条新的战线上大显身手。

饶彰风终于如愿以偿，成为一名正式的共产党员，他一如既往地全身心投身于革命事业中。八年的抗战虽然使他失去了很多，甚至是失去了挚爱之人，但是这并没有动摇他的信念，他依然坚守在革命战线。

8. 筹办《华商报》

此时的中国大地上，革命事业进行得如火如荼，彰风在这样的环境里经受着磨炼，勇往直前。邓文钊虽然错过了亲身体验革命的机会，但是他此时也没有停歇，虽然身在大洋彼岸，却时时关心着祖国，并且在西方思潮中经历着无数思想、精神上的碰撞与探索。他与饶彰风都为着一个共同的目标而努力，也正因如此，才为日后二者在工作中的肝胆相照打下了坚实的基础。

1935年底，邓文钊完成学业，举家从伦敦返回香港。回来后，他先后在大英银行和华比银行任职，担任华人副经理。华人经理由其兄邓文田出任。虽然回国后他并没有像当初在剑桥留学时所期望的那样成为一名外交官，但事实上，他后来所做的很多事情在性质上和一名外交官没什么两样。他是中共与海外华侨们相互联系的纽带，他是海外华侨们获知国内革命战争情况的重要渠道，他在中共革命事业上扮演着"外交官"的角色。

1937年抗日战争爆发，上海、南京相继失守，大批中国政要和社会名流纷纷来香港躲避，其中包括宋庆龄、何香凝和廖梦醒。

1938年廖承志也从延安抵达香港。早在来港之前，中共已在取得英国同意后在香港开办了一个半公开的八路军办事处，该处一方面领导华南地区革命工作，另一方面积极与海外方面联络，争取华侨及进步人士支援抗战。廖承志此次来香港不仅仅是避难，而是带有任务的，那便是来到八路军办事处工作，将这里的海外工作做好，广泛地团结一切华侨及爱国人士，壮大革命力量。

到达香港后，廖承志马上被眼前的一个任务给难住了。在开展海外工作中，常常需要处理各种来往款项，要进行接受与汇出的工作，如果光靠八路军办事处这么一个没有经济财政专业水准的地方是办不好的。这样的事情还是要请专业人士来做才行。

"那该怎么办好呢？"廖承志双手抱在胸前，仰着头，边来回踱步边思考着。

"对了，就找他——邓文钊，我怎么把他给忘了呢？"

邓文钊可是一个不二人选啊，他可是财经专业科班出身。

廖承志仿佛看到了希望，他兴奋地走出房门，朝邓家住宅走去。

来到邓家见到邓文钊，他们兄弟二人先是寒暄了一阵，接着廖承志便将这几年革命的情况一一讲述给邓文钊听。共产党这十几年的奋斗历史，那令人难忘的二万五千里长征，如今正如火如荼进行着的抗日战争，廖承志所讲的一切都是那么激动人心、惊心动魄，邓文钊完全被吸引了，他的眼神中充满着羡慕。是啊，自己没能参加这样富有历史意义的工作是多么遗憾。但同时他的眼神中还流露出一种渴望，还可以赶上末班车，还可以为革命事业出一份力，而他的愿望很快便得以实现。

"文钊，现在国家的革命事业正在火热进行着，毛主席以及所有党员，当然还有那些爱国民主人士都积极地坚持抗日，并坚信最终的胜利会属于我们的。你现在已经回来了，有没有想过将自己在国外所学的东西拿来为国家、为人民、为和平出点力？"廖承志看着邓文钊说道。其实他已经从那双明澈有神的眼睛中看到邓文钊那颗急于为革命事业工作的火热之心。他的这份心情就如同当初饶彰风急切地想加入共产党一般，为了追寻心中的"光明"，一直坚持着革命，不管身在何处。

"表兄，你说的极是，我愿意为国家为抗日为革命效劳。只是我不知道自己适合做什么呢？"

"文钊，实不相瞒，眼前有点工作需要你来帮忙。"接着廖承志将八路军办事处开展海外工作中遇到的款项问题向邓文钊一一说明。

"哦，是这样啊，好的，没问题，我可以帮忙解决。我现在正好是华比银行的华人副经理，再者我们邓家本来是经商的，可以以我们家出入口公司崇德行的名义去银行处理那些款项。"

"好好，文钊，太谢谢你了，我代表党谢谢你的支持啊。我相信你一定能将工作完成。"说着廖承志用手轻轻地拍了拍邓文钊的肩膀。

果然，在邓文钊的帮助下，海外款项的事情进展得十分顺利。然而这仅仅是邓文钊革命工作的开始，紧接着新的任务又来了。

1938年10月21日，日寇对粤狂轰滥炸，广州沦陷。

对于当时的情况，美国记者爱泼斯坦曾有过较详细的介绍。70年前，广州军民在日寇强大的攻势下，先是募捐动员、全力抵抗，再是撤退逃离、全城沦陷。当时在现场的美国合众社记者爱泼斯坦说："广州市的撤退工作安排得非常好，可以说是历史上空前的。几天之内，一座60万人的城市（正常人口是百万以上）就变成了一片砖瓦的废墟。据估计，日军进城的那一天（1938年10月21日），偌大的广州城顶多只有1万人。广州人宁愿离开自己的家园，也不愿向侵略者屈膝。在日本人占领几个月后，还没有迹象表明大批人将返回自己的家。这充分证明了广州人民不屈不挠的精神；他们宁可过艰苦奋斗的生活，也不愿当亡国奴；他们坚信，日本人的胜利只是暂时的，战斗将继续下去。"（见爱泼斯坦：《历史不应忘记》）

1939年日军占领广州后，华南地区的抗日斗争活跃，需要大量的武器物资支援，而供给游击队武器的任务又交给了香港八路军办事处处理。其实当时香港的局势也不是很乐观，英国政府开始对中共的举动进行一定的阻挠，廖承志曾就东江纵队的武器过境问题与港英政府谈判，但结果不是很理想。那时邓文钊为此也帮了很大的忙，他将邓家在上环西安里五号的一个大仓库和轩尼诗道（现今昌业大厦）的一个大仓库用来帮助办事处存放过境物资。可以说邓文钊十分关注革命工作，而且处处想方设法地帮忙解决问题。

此外，邓文钊还经常借助邓家修建的"红楼"安排廖承志等人与香港上层社会人士会面。这栋"红屋"是在邓文钊留学英国期间由其兄邓文田改建的。30年代之前，香港的楼宇买卖一直以整栋楼为单位，政府收差饷（即居住税）也是以一栋一栋来计算。到了30年代，香港经济不景气，很多楼房出现空置。一栋楼里有的楼层有人租住，其余的却空置一边，可是所交差饷还是和往前一样，这样业主连空闲的楼层也要交差饷，很不划算。于是，业主联合起来，要求政府减差饷。最后，立法局通过决议，将差饷改为分层计算。新办法一实施，业主们便发现这是一个新商机。原来不敢把楼房盖高的现今都积极增加楼层，自此，香港出现很多高楼大厦。邓家的"红屋"就属于众多大厦中的一座。邓文田将祖母曾灶娇遗下的坚尼地道126—130号拆去，重建为三号相连的由红砖砌成的大厦——"红屋"。由于"红屋"有很大的客厅和饭厅，很适合招待客人，于是便成为邓文钊安排廖承志等人见面的地方。

虽然邓文钊所做的工作比不得前线战士冲锋杀敌危险，但是它们却是保证前线革命工作顺利展开的坚强后盾。这些工作让邓文钊从实践中进一步认识到革命的真谛。然而，这仅仅是他革命工作的开始，之后还有更加重要的任务等着他去完成——筹办《华商报》。

中共中央南方局鉴于局势的严峻，决定把重庆、桂林的一些爱国、民主、进步的文化人士有计划地疏散到香港去。与此同时，周恩来同志指示香港党组织建立宣传阵地，使港澳同胞、海外华侨和外国人士了解我国抗日战争实情，知道中国共产党和爱国民主党派的抗日主张，认清国民党反动派和帝国主义的阴谋。而这就需要创办宣传性的刊物。可是在当时那样的情况下，显然是非常困难的。可以说后来诞生的《华商报》，是抗日战争和解放战争时期中国共产党创办和领导的、以统一战线报纸的形式出现的、在香港出版的爱国民主报纸。它的诞生是革命发展的需要，是时代的需要。而它却是在重重困难阻碍的环境下诞生的。

《华商报》创刊前夕，国际、国内局势十分严峻。其时，中国人民的抗日战争已经进行了三年多，但英国和美国对日本法西斯的侵略继续采取纵容、让步的绥靖政策，再加上玩弄"东方慕尼黑"阴谋，妄想牺牲中国来换取与日本的妥协，让日本在解决中国问题后把侵略矛头指向苏联。在这样的国际局势影响下，国民党加紧进行防共、限共、反共的活动。1941年1月的"皖南事变"，标志着抗战以来的第二次反共高潮。国民党反动派气焰嚣张，妄图消灭民主党派和迫害进步民主人士，因而对民主进步报刊肆意取缔。重庆《新华日报》的出版发行遭到诸多阻挠和破坏。桂林《救亡日报》于1941年2月28日被禁止出版，次日停刊。1至4月，内地数十种宣传抗战的进步报刊被迫停刊。昆明、成都、桂林的生活书店、读书出版社、新知书店均被查封。国际新闻社的桂林、重庆分社被关闭。

大陆上空笼罩着厚重的阴霾，反动当局想利用这些强制性的办法将所有消息都扼杀在摇篮中，欺骗大众，麻木民众的心智，以继续他们残暴的恶行。可是无墙不漏风，更何况这些充满正义的强大呼声怎可能轻而易举地就被压倒呢？正义终将战胜邪恶，中国共产党不忘积极发挥各个民主党派和爱国人士的力量，为了中华民族的共同利益共同奋斗。

1941年2月10日，八路军驻香港办事处主任廖承志给中共中央和周恩来同志发电报请示说:"现到港文化人相当多。我们决定在港办一报纸……以救国会之姿态出现,不太露锋芒,不过我党重要文件应发表。我想,在《新华日报》受压制,而港其他报受国民党收买的情况下,为冲破他们的封锁办这个报刊,就是其生命只有几个月也是有意义的。如何,盼示。"

对于廖承志来电中所提到的创刊,党中央很是支持,并且立刻给予回复。

同月中旬,廖承志根据周恩来同志的复示,邀约了新近到达香港以及早在香港的邹韬奋、范长江、夏衍、乔冠华、金仲华、胡仲持、羊枣(杨潮)、张明养等人,开会讨论办报的具体工作。当前他们面对的首要问题是,在香港出版报纸,必须找一位有社会地位的人士作为"法人"向港英政府申请注册,并需付2000元港币作为保证金。对于中共来说,要在香港找这么一个有社会地位、有资产同时又愿意支持中共革命工作的人是很难的。正当他们苦于找不着合适人选时,廖承志突然高声说道:"人选我找到了,这件事情交给他去处理再合适不过了。"与会人员一齐看着廖承志,心中都还在揣摩着这个人到底是哪方人物呢? 这个人不是别人,正是邓文钊。自从廖承志让邓文钊帮助八路军办事处工作之后,他发现邓文钊的确是一个具有强烈爱国意识的民主人士,且热心支持革命事业,于是对其十分信任。如今邓文钊刚好在商界有一定的名望,请他来帮忙解决办报的申请事宜是最好不过了。于是乎,廖承志再一次找到邓文钊,将办报的具体情况及遇到的问题说给他听。

"文钊,现在我们打算办一份属于我们自己的报纸,这样就可以向海外华侨传播正确的抗日革命信息,指导大家的思想,将各界人士统一起来,共同支持抗日。"

"表兄,对于你们办报的主张,我很是赞同,放心,我一定支持你们的工作。"

"嗯,文钊,我相信你。只是眼前办报有点困难,需要麻烦你。"

"表兄,你就直接说吧,只要是我能做到的,一定办好。"

"你也知道,在香港不是随随便便就能办报纸的,我们需要一个在香港有社会地位且有资金的人士做报纸的法人,代表我们向港英政府申请注册。我一时就想到了你,望你能帮忙完成这个任务。"

"表兄,没问题。这件事我一定帮你们解决。"

邓文钊并没有说诳语，他后来真的帮助廖承志解决了申请注册的问题。但是报纸的法人写的不是邓文钊的名字，而是他的哥哥邓文田。原来，邓文钊仔细分析了主客观情况后，觉得当时担任华比银行华人总经理的哥哥邓文田比他更适合，于是，他想方设法说服邓文田作为报纸的"法人代表"向港英政府申请注册。而报纸的名称则由廖承志所说的《华商晚报》改为《华商报》，意思是华侨商人的报纸，可以体现报纸的统一战线作用，并借以降低政治调子，让工商界和一般市民容易接受。当时，他们还搜集了孙中山先生写的"华"、"商"、"报"三个字的墨迹，组成报头。报纸由邓文田任督印人兼总经理，邓文钊任副总经理。

就这样，《华商报》诞生了！

1941年4月8日，经过两个多月的筹备，《华商报》正式出版。

报纸虽然问世了，但经营却十分困难。《华商报》出版不久，重庆国民党一面对香港政府施加压力，要求取缔《华商报》等进步报刊，另一方面又令中央社抵制《华商报》，不给它发通讯稿。当时香港卖报纸要通过报房转手，而报房又受人操控，不承接销售《华商报》；如直接交给小贩出售，小贩又会受到威胁；此外，反动分子还一度破坏《华商报》与印刷厂的关系。总之，发行《华商报》是寸步难行。

报纸创办初期是交给一家印刷厂出版的，可是费用高，而且国民党特务等从中作梗，挑拨印刷厂与《华商报》之间的关系，使得出版没有保证。面对重重困难，邓文钊、邓文田兄弟二人并没有退缩，而是积极地想方设法为《华商报》寻找出路。

当时，香港警察总督俞允时在重庆时，国民党明确下令要其回港后立即禁止《华商报》运营。当俞允时回港后，立刻约宋庆龄、廖承志、邓文田等人面谈。在此过程中，邓文钊极力协助宋庆龄等人与俞允时联络感情，不时请俞允时吃饭，从中说了不少好话，自然是强调《华商报》的创办对于香港政府的好处等，其中也特别强调了《华商报》并不是什么政治性报刊，而仅仅是作为商界华侨之间相互联系的手段，而这一点也正是作为香港总督的俞允时所担心的。在邓文钊的游说下，最终为《华商报》打通了香港政府这一关。

自从与香港政府打通好关系后，《华商报》赢得了一定宽松的办报环境，可是在报纸发行上依然存在很大的阻碍,国民党特务依然不舍不弃,设下重重障碍阻止《华商报》发行。经过商量且仔细分析眼前形势后,报社决定,与其这样被动受制于国民党,不如自己另开道路,自己办印刷厂。可是这说起来容易,做起来难啊,要开办一家印刷厂,至少要八九万元,这么大一笔资金如何筹备呢?在这紧要关头,又是邓氏兄弟积极主动地出来解难,他们商量后,决定拿出四万元投资印刷厂。虽然钱还不够,但是这四万元已经解决资金上一半的问题了。而余下的四万多元,廖承志请新加坡的陈嘉庚帮忙。就这样,《华商报》有了自己的印刷厂,而后还在市中心租了一层楼房,以进一步扩展业务。

《华商报》成功创办之后,邓文钊一直给予非常多的关注,常常积极为其资金问题想办法。早年就受过廖承志影响的他,认为能够为党办事是他最自豪的事情。在香港办报,离开了大陆这个大本营,自然困难要更多,尤其是在资金运转上更是难上加难。要想在殖民者、反动派的眼皮底下进行革命宣传,自然是费脑筋的。邓文钊并没有惧怕工作的艰难,他积极发挥他在香港上层社会人士之间的影响力,发动他们为《华商报》筹集资金,使得报纸得以正常发行。

《华商报》从筹办开始,就一直经历着重重的考验与磨难。廖承志1941年8月26日致中央的电报称:"《华商报》开办迄今通由邓文钊做生意出资本,未花我们半文钱,现在实际销路已超过五千五百份,为香港晚报最大者,唯每月实际亏本三千五百港币左右……"

渡过了开始的困难之后,《华商报》在香港各界人士及海外华侨的共同努力之下越办越好,并且逐渐在香港和东南亚华侨中产生了一定影响。而这对于国民党来说是一个威胁,引起国民党不满。国民党曾经下令取缔《华商报》在港发行,后来这一风波是靠宋庆龄、廖承志、邓文钊等人出面调停才得以平息。可是避过了这一劫,却逃不过下一难。1941年12月12日,太平洋战争爆发,日军侵入九龙,迫于战争的威胁,才问世八个月的《华商报》停刊了。

《华商报》从1941年4月8日创刊到1941年12月12日停刊,共出版249号。虽然它存在的时间很短暂,但是它的威力却不可小看,它为团结海内外同胞共同抗战起到积极的作用。通过《华商报》,海外的华侨们可以及时获知祖国大陆抗日的真实情况，能够真正看清国民党的反动嘴脸，能够真正地为祖国解放事业出一份力。《华商报》不仅仅是报纸、不仅仅是文字和纸张这么简单，它是散居在世界各地的中华儿女与祖国母亲相连的纽带。

《华商报》的停刊只是暂时的，革命事业还需要它继续大放光彩！著名作家，也是我党派往《华商报》的成员之一华嘉，仅就1941年短短八个月报上发表的文章作出了如下表述：

> 这一年的《华商报》，虽然只出版了249天，在12月12日香港政府宣告弃守九龙之日停刊，但是，正如它的副刊的名称一样，是一座闪闪发光的"灯塔"，照亮了广大读者的心，起着重要的导航作用。现在重读这八个多月的《华商报》，更加感到其中不少文章很有特色，不仅在当时对40年代香港文学很有影响，就是今天来看，还是很有意义，发人深省。
>
> 《华商报》创刊伊始，就在社论和言论方面，旗帜鲜明地坚持抗战，反对投降，反对内战。5月底，邹韬奋、范长江、金仲华、沈志远、于毅夫、韩幽桐、沈兹九等人联名发表宣言：《我们对国事的态度和主张》，义正词严地指出，只有团结、进步、民主，才能坚持抗战，适应瞬息万变的国际形势。7月7日，又全文发表了郭沫若、许地山、茅盾、巴金、夏衍、胡风、许景宋等人给萧伯纳、罗曼·罗兰、托马斯·曼、辛克莱、赛珍珠、爱因斯坦、韦尔斯、史沫特莱、海明威、斯诺等30多位著名欧美人士的信，呼吁世界民主力量大团结，建立国际反法西斯侵略的联合阵线。这时德国突然进攻苏联，爆发了苏德战争，国际形势十分紧张，这一封信的发表，立刻引起了强烈的反应。
>
> 由于《华商报》的严正立场和鲜明态度，必然是十分重视言论的。当时的社论委员会的阵容，都是一些著名的学者和专家，如写民主运动方面的有邹韬奋，写文艺方面的有茅盾、夏衍等人，写思想问题方面的有胡绳，写国际和外交问题的有金仲华、乔冠华等人，写宪政和日本问题的有张友渔。此外，羊枣、千家驹、张明养、张铁生、廖沫沙、胡仲持等人，都是学识渊博而又文笔犀利的知名人士。因此，除了每天的社论和每周的《国际一周》，还增辟了大小言论的专栏。如第二版的《今

日的问题》,就是要闻编辑在拼版后写的政论式的即兴杂文,既有别于社论,而又与社论相呼应。又如在《灯塔》副刊辟的专栏《灯下谈》,保持鲁迅风格的"花边文学"的特点,评论的范围更为广泛,信手拈来,都是文章。此外还有三言两语的《东拉西扯》小专栏,每天一小块,三四五则不等,每则不超过百字,一般都不署名。粗看似是编者的编余补白,细看才会发现都是好文章,常见一针见血的警句,使人拍案惊叹,或者发出会心的微笑。这两个小专栏的作者,原来就是著名作家茅盾、夏衍、廖沫沙、胡仲持、曹伯韩等人。他们在《华商报》,同时还在《大众生活》和其他刊物,写了大量杂文,创造了杂文的新时期的新风格,形成了1941年香港文学史的新的杂文时代,增加了宝贵的财富,影响是深远的。

在散文和小说方面,《华商报》和《大众生活》这一报一刊,还给1941年的香港文学史留下了宝贵的财富。首先是从《华商报》创刊日开始发表的两个长篇散文的连载:邹韬奋的《抗战以来》和茅盾的《如是我见我闻》。前者是邹韬奋继《萍踪寄语》、《萍踪忆语》之后的长篇散文的力作,他用深刻而又凌厉的笔锋,揭发和批判了抗战以来重庆政府各种反动的倒行逆施,摆事实讲道理,夹叙夹议,说得明白,讲得透彻,创造了政治式的长篇述评散文的文体,可称一绝。后者是茅盾近年来漫游新疆和大西北的旅途见闻杂记,共18篇,也是抗战文艺的重要散文作品,其中《白杨礼赞》一篇,当时已流传甚广,至今仍是我国散文佳作之一。这两篇散文连载,为《华商报》争取了不少长期的订户,也为香港文学创作开辟了广阔的道路。随后还发表了范长江的《祖国十年》,千家驹的《抗战以来的经济》,这两篇长篇连载,都是继《抗战以来》的补充,分别从不同的角度无情地揭露重庆政府和大后方的黑暗,反映了广大人民在水深火热中的痛苦生活。所有这些连载,发表之后都轰动了香港社会,警醒了香港市民,起到了发聩振聋的作用。

《华商报·灯塔》副刊,还于5月和9月先后连载了两部长篇小说:巴人的《沉滓》和艾芜的《故乡》。前者反映了孤岛上海文化教育界的生活和斗争,后者揭露了大后方的边远地区腐败黑暗的社会生活。这两部小说虽然都没有连载完毕,但都给读者留下了深刻印象。当然,1941

年香港文学创作在广大的文艺界以至社会上影响最大的,还是茅盾的长篇小说《腐蚀》。这部小说在《大众生活》创刊时便开始连载,吸引了无数读者。《腐蚀》的主人公、女特务赵惠明的命运,成为很多人茶余饭后的话题。香港文艺界也纷纷座谈讨论,盛极一时。继《腐蚀》之后,《大众生活》还连载了夏衍的长篇小说《春寒》。这是夏衍创作生涯中唯一的一部长篇小说,写的仍然是他最熟悉的知识青年在抗日救亡工作中的坎坷遭遇和艰苦斗争。

1941年的香港文学活动是十分多姿多彩的,在上面所说的杂文、散文、小说的有影响的作品带动下,不仅从内地来的作家的创作是十分活跃的,同时还成长起来一批年轻的作家和艺术家。所以说,1941年是香港开埠100年来出现的第一次文化高潮。

而在此次创办《华商报》的过程中,邓文钊的为人与品格、大力支持党中央的工作态度,已经得到很多中共党员的认可和感激,其中就包括饶彰风。由于长期从事统战工作,工作直觉告诉他,像邓文钊这样的爱国人士有多少就应该团结多少,只有这样革命事业的胜利才会更有胜算。也正因为这种信任,所以饶彰风才会在日后邓文钊陷入困境时,积极地为其辩护,这将在后面叙说。

9. 保卫中国同盟的成立

饶彰风经常由于工作需要而四处奔波，因此并没有久居香港，而邓文钊自从留学回国后，就一直在香港工作，并协助共产党处理一些事务。虽然二人的接触并不那么频繁，但是二人同样都在各自的工作岗位上尽心尽力，而饶彰风没有忘记积极争取邓文钊这位非党派爱国民主人士，他也是饶彰风统战工作的对象之一。

1937年至1945年的八年抗日最终获得成功，这自然是中国共产党用生命换来的成果。我们同样不能忽视另一部分力量，他们在这八年里同样发挥着重要的作用。如果少了这部分力量，中共也很难取得最后的胜利。这股力量便是众多爱国民主人士及海外民主人士，他们和共产党员一样，在国家民族存亡危机面前，为了国家和民族的利益而鞠躬尽瘁、死而后已。

在这些爱国民主人士中，宋庆龄无疑是核心人物。当年，孙中山先生进行革命事业，提出三民主义时，宋庆龄就已经在积极辅助孙中山先生的工作了；后来，孙中山先生病逝，宋庆龄依然坚持孙中山先生的理念；当蒋介石上台后，因与其政治立场不同才离开了国民党。但是，她并没有放弃对国家民族的关注，她依然以她自己的方式继续支持抗日。由于当时宋庆龄在众多爱国民主人士心目中占有非常重要的位置，因此，许多民主人士纷纷响应她的号召，形成一条战线，共同支持抗日。

当时，对抗日工作有较大影响的是在香港成立的保卫中国同盟，简称保盟。这是1938年6月4日由宋庆龄联合贝特兰、爱泼斯坦、邓文钊、廖梦醒、希尔达·塞尔温·克拉克、诺曼·弗朗斯、廖承志等中外著名人士在香港发起成立的国际抗日统一战线组织。宋庆龄任保盟中央委员会主席，宋子文任会长。保盟以宣传抗战、争取外援为宗旨，通过创办《保卫中国同盟新闻通讯》刊物宣传中国抗战，争取世界各国人民对中国的同情、支持和物质援助；与华侨抗日救国团体保持联系，争取华侨参加和支援祖国抗战事业；

支持和帮助中国共产党领导的抗日根据地建设；开展战时儿童福利事业和救济受难儿童的工作，设立难童收容所、孤儿院等。

在以宋庆龄为首的保盟中央委员会下面，设有由法朗士负责的财政委员会，由贝克登负责的运送委员会，由邹韬奋负责的宣传出版委员会等。

保盟成立宣言强调："保盟目标有二：一、在现阶段抗日战争中，鼓励全世界所有爱好和平民主的人士进一步努力以医药、救济物供应中国。二、集中精力，密切配合，以加强此种努力所获得的效果。"

保盟的主要任务是"成为需要者和资金、物资捐赠者之间的桥梁"。成立后，保盟积极在国际范围内筹募款项，从事医药、儿童保育等活动。

保盟在抗日中扮演着非常重要的角色，要是没有它，中国抗日战争前线很难得以正常运行。然而，保盟的成立同《华商报》一样也是磨难重重。

1937年抗日战争爆发，中华民族遭受了一场前所未有的大灾难，全国上下一片狼藉，人民居无定所。

1938年至1941年这四年是抗日战争的重要时期。国内战场上，国民党军队节节退后，中国南方不断被日军蚕食。在华北和大江南北，八路军、新四军浴血奋战，建立了许多抗日根据地，可是根据地缺钱、缺医，物资条件十分困难。一方有难，八方支援，这是中华民族的优良传统，此时也是最能体现中华民族儿女强大凝聚力的时候。全世界爱国民主人士和海外华侨对此十分关注，积极主动地从世界各地汇集物资钱财支援抗战前线的共产党，支持中国人民的正义事业。保卫中国同盟便是在这样一种环境下应运而生的机构。

1937年年底，宋庆龄由上海来到香港，住在九龙高等住宅区嘉林边道属于宋子良的一栋房子里。来港后，宋庆龄深居简出，时刻关注着国家抗日战争的进展。每日清晨醒来，她总是站在楼房阳台处眺望远方，双眸流露出深沉的情感，身上的深色旗袍让她看上去更显气质与风度！

而这一时期，邓文钊早已从欧洲留学回港，并在香港华比银行任职。何香凝这时也从上海转来香港。她深知邓文钊对孙中山先生的敬仰之情。虽然中山先生已离开人世，但是孙夫人——宋庆龄却使中山先生的革命精神与国家独立民主的追求依然保留于世，宋庆龄同孙中山一样都是万人敬仰的人物。

何香凝心想，要是让邓文钊与宋庆龄相见，一来可以让邓文钊更加真切地感受革命精神，二来也算是帮助邓文钊实现一个心愿吧——与偶像见面！于是，一日何香凝便找到邓文钊，并告诉他已帮他与宋庆龄安排了一个见面机会，邓文钊听到这个消息后欣喜万分。

"姑妈，您说的当真，我真的可以见到孙夫人吗？"

"是的，这是真的，我同夫人说了一下你的情况，她很乐意接见你呢！"

"太好了，终于可以见到我心中的偶像了，谢谢您，姑妈，谢谢您为我争取到这样一个宝贵的机会。我在读中学时就已经是孙中山先生的忠实崇拜者，可惜先生早逝，没有机会与他见上一面，但是现在能够与孙夫人见一面，也算是实现了我年轻时的梦想。"

与宋庆龄相见的日子终于到了，这一天邓文钊和往常一样早早起来，作好准备便出门去了。唯一不同的是，今天不是去工作，而是去会见一位他一直以来十分尊敬、渴望相见的人物宋庆龄。一路上，邓文钊那颗激动的心扑通扑通地跳着，仿佛它感应到一种强大的引力在向它招手，这股力量是让它不断跳动、不断充满斗志的源泉。

渐渐地，宋庆龄居住的楼房越来越近——

邓文钊轻轻地按了一下门铃，不一会儿，屋内走出来一位身材修长、身着旗袍的女士，来者正是宋庆龄的助手——廖梦醒，也正是邓文钊之妻何捷书的表姐。廖梦醒自然知道今日邓文钊与宋庆龄会见之事，她早已作好准备等着邓文钊的到来。

"文钊，你来了。"廖梦醒边说边将门打开，请邓文钊进屋。"夫人在二楼的客厅里等着你呢，上去吧！"

邓文钊跟着廖梦醒慢慢地绕过过道，走上楼梯，来到二楼客厅。客厅虽然不大，但是厅内物品摆设井然有序，使得原本面积并不大的客厅看上去格外宽敞明朗。客厅门口左侧阳台处，宋庆龄正站立着眺望远方，清晨的阳光洒在她的身上，她的背影显得尤为美丽。邓文钊见宋庆龄之前，就耳闻宋庆龄是位绝顶美丽的女人，仅就这背影他便已经确信传闻不假。

宋庆龄的确生得很美，而且她的这种美是男女老少都认可的美。这种美不是随便什么形容词可以表达得出的，那是一种韵味，一种充满气质与风度的感觉。

肝胆相照——邓文钊与饶彰风合传

早在与邓文钊见面之前，宋庆龄就已经从何香凝、廖梦醒等口中了解到他的一些情况，为他能拥有爱国热情和为革命事业奉献的决心和热情而感到高兴。宋庆龄看着眼前这个生机勃勃的年轻人仿佛找到了力量，她十分欣赏邓文钊真诚、勤奋、乐于助人的性格。在谈话中宋庆龄与邓文钊探讨着国家民族的存亡问题，分析革命工作的现状，同时，宋庆龄也不忘时时鼓励这位年轻人坚持革命工作的决心。邓文钊自然是对夫人所言洗耳恭听，这并不是因为她是孙夫人，而是在于宋庆龄所言都极具道理，切合当前局势。邓文钊着实被她那伟大的人格魅力所打动，这更激励他投身于革命。

自从有了第一次见面之后，邓文钊便尽力尽到地主之谊，主动帮助宋庆龄解决生活中遇到的一切问题。那时宋子良的公寓中留有一辆私家车，可是宋庆龄在某些情况下不想用它，于是邓文钊立马联系熟悉的的士公司，委托公司派车接送宋庆龄，告诉对方将车费算在他的头上，就这样宋庆龄的出行方便了许多。

一次，邓文钊得知宋庆龄打算会见一些民主人士，可是自己居住的公寓不太方便，正在寻找合适的地点，邓文钊马上联系上廖梦醒，告诉她他已经为夫人找到了一个绝好的会见场所，那便是邓家的"红屋"。就这样，在邓文钊的帮助下，宋庆龄会见民主人士的地点被轻易地解决了，而"红屋"也成为宋庆龄日后接见客人的主要场所。此外，邓文钊还把在浅水湾的私人游泳棚提供给宋庆龄来招待朋友。甚至到后来，1949年宋庆龄离开香港北上，邓文钊还数十年如一日地为宋庆龄提供生活上的必需品。他们之间的关系是非常亲密的，宋庆龄视他如子侄，曾在写给邓文钊的一封信中亲昵地称他为"BB"。1980年去世前她还曾立下遗嘱，把她在京、沪两地住宅里的藏书赠给邓文钊之子邓广殷。由此可见他们之间的关系非同一般。然而，人们之间能够保存这种长久真挚的感情，是真诚感动了对方，无论是宋庆龄还是邓文钊，他们由于一个共同的事业目标而走在一起，又由于两人之间真诚的交往关系，双方一直保持着长久而又亲密的关系。

邓文钊除了在生活上给予宋庆龄无微不至的关心与帮助，对于宋庆龄的工作他也十分支持并尽力配合。这其中就包括帮助保盟的工作。

1938年至1941年是抗日战争进行得如火如荼的四年，也是十分艰苦的四年。根据地的情况十分艰苦，物质条件匮乏，这对于长期的抗战非常不利。

为此，中共中央的同志们常常开会探讨解决方案。其实，那一时期，全球爱好和平人士和海外华侨们从世界各地汇来不少捐款以支援中国人民的正义之战。可是，谁又想到，这些解燃眉之急的物资却被国民党给扣了下来。因为当时外汇捐款的渠道是由国民党所掌控的，所以，最终长期在前线坚持与日军作战的八路军、新四军并没有收到一点捐款。不仅如此，国民党还得寸进尺，下令封锁新闻，禁止将国内抗战的真实情况对外宣传，欺瞒海外同胞。对于当时的具体情况，保盟的一个重要人物、新西兰记者詹姆斯·贝特兰曾回忆：1938年春他在汉口拜会周恩来时，谈到游击区前线缺少医药的情况。周恩来要贝特兰立刻写一个详细报告，把它交给在香港的宋庆龄。贝特兰回忆：

> 我被告知，到香港后，去嘉林边道的那所公寓11号2A找一位退休赋闲的孤孀林太太（即宋庆龄。——作者注）。电话里传来林太太秘书的声音，我听出那是廖梦醒。她帮我约定了会见的时间。一年前我曾在延安见到过她的弟弟廖承志。那是一位矮壮的老红军，一个高明的语言学家（除了北京话和英语，还能说流利的日语、法语和德语）。他们是孙中山的政治经济顾问廖仲恺的子女，他们的母亲是著名的花卉动物画家，当时也在香港。宋廖两家都是革命家庭，也是后来保盟里重要的中国成员。

由此可见，抗日期间在香港的这些爱国民主人士为国家的战争作出了不可磨灭的伟大贡献。

其实，那个时候，香港的八路军办事处已接待了一批又一批从香港转道去抗日根据地的外国志愿者，其中包括美、加共产党派到中国的白求恩大夫率领的医疗队。白求恩大夫是伟大的国际共产主义者，他为了中国的革命事业鞠躬尽瘁，为了和平、正义最终献出自己宝贵的生命。他的故事自当不是本书所要说明的重点，但是，由此可以看出反抗反动侵略者已经不是一国一地之事，而是影响整个世界和平的事业。此外，还有很多国际友人前来帮助中国的抗日战争。宋庆龄其实早已向海外呼吁支援中国的抗日战争，而应她号召支援中国抗战的海外捐款也陆续汇到。一时间，八路军办事处要处理的事情繁多起来，邓文钊自然在其中帮忙办事。

随着外来志愿者和汇款的到达，相关工作人员感到有必要成立一个专门针对海外此类事宜的机构，于是大家决定开会讨论成立这么一个组织。

酝酿成立这样一个对外机构的会议便是在"红屋"里进行的。由于当时邓家修建"红屋"的初衷就是用于出租，所以进出人士多，在这里开会一般不会引起注意；再者，"红屋"里面修建了非常大的客厅和饭厅，很适合招待客人。为了能让会议顺利进行，他事前作足了准备，为每一位与会人士提供最优质的服务，让他们有宾至如归的感觉。据贝特兰回忆：

> 四月初一的一个傍晚，应廖家邀请，一伙有趣的中国人和外国人，在跑马地一位剑桥大学毕业的、年轻的银行家邓文钊的家里聚会（其实"红屋"不在跑马地，但离跑马地非常近。——作者注）。邓文钊是一位待人和气、很能干的总经理，他有可靠的金融渠道去收取华侨的捐款。廖承志，我们都管他叫"肥仔"，谈到急需在西北地区建立一个国际和平医院和继续组织募捐。直到很晚的时候，他才透露出孙逸仙夫人的名字，说也许要建立一个新的、由她来领导的机构。当时提出"保卫中国同盟"这个名称并获得通过。这仅是一次酝酿会议，类似探测的气球。会上并没有选出委员，但很明显，我们已经有了足够组成一个机构的人员。

从贝特兰的回忆中不难看到，保盟已经成形，它破壳而出的日子已经不远了。

1938年6月，保卫中国同盟由宋庆龄牵头在香港九龙嘉林边道她家的小客厅里正式宣告成立。为了扩大保盟的国际影响，当时宋庆龄还邀请了国内外很多知名人士做发起人，其中包括宋子文、孙科、冯玉祥、印度民族革命领袖尼赫鲁、美国女作家赛珍珠等等。当时出席会议的人士有邓文钊、宋庆龄、廖承志、法朗士、克拉克、爱泼斯坦、廖梦醒等人，后来这七人当选为中央委员会成员。其中邓文钊是司库，主要负责保盟的财务工作；廖梦醒是宋庆龄的秘书兼办公室主任；克拉克是名誉秘书；法朗士是名誉司库；爱泼斯坦则负责编辑保盟的机关刊物《新闻通讯》。需要说明的是，在这些人物中，除了廖梦醒是专职，其余的都仅是兼职。也就是说，他们一般不常在保盟上班，但是只要保盟有事，宋庆龄说一声，不仅仅是被选为委员的他们，甚至更多海外民主进步人士都会前来帮忙，可见当时宋庆龄在各位民主人士心中的地位。

保盟是在中外进步人士的共同筹建下创立的，其主要任务是向海外宣传中国人民的抗日战争并募集捐款。而同时它间接性地将国内外的反法西斯斗争紧密联系起来，形成一个国际统一战线，从而使世界人民看到中国的抗日战争对促进和维护世界和平的价值。

邓文钊在保盟期间竭尽所能为其作贡献。保盟初成立的时候没有办公地点，而对于一个组织机构来说没有办公地点那是万万不行的，这样将不利于各委员之间的交流与联系。这时的邓文钊在香港已是较有名气的银行家，认识很多上层社会的人，人脉广泛，帮助保盟找到一个办事处还是为难不了他的。他马上联系同窗好友、香港大新百货公司蔡氏家族的子弟，租下他们的物业西摩道 21 号作为保盟的办事处。此外，邓文钊还将原本的坚尼地道 126—130 号大宅和浅水湾私人泳棚提供给保盟使用，后来这些地方成为宋庆龄经常宴请贵宾的场所，而且还接待过路过的中共党员。叶剑英就是其中的一位，后来他在回忆时还说起当年路过香港邓文钊在浅水湾招待他的情景。邓文钊极其热情地接待了他，对他的生活起居十分关心，还带他参观了香港的一些名景，当然他们之间更多的是互相交流革命心得，探讨国内抗战等。

保盟在香港的三年零六个月中做了大量募捐工作，共募集几十万元，其中绝大部分捐款用来购买药物以支援八路军、新四军和根据地。处理海外捐款收集事宜大都是由邓文钊负责办理。可以说，邓文钊充分利用了他的关系帮助保盟办理海外募捐汇款事宜。据不完全统计，保盟在三年半的时间内约送出 120 多吨药物和其他救济物资，平均每月送出三吨左右。这样数量庞大的物资，要把它们运送给中共抗战前线是相当困难的。除了在运送中会遇上国民党的阻截之外，存放物资本身都十分麻烦，保盟从哪儿可以找到一个足够的地方充当库房存放物资呢？当时保盟的办公点仅仅是个小型公寓式的房子，仅够待上几个人，如今要面对那么一大批物资，往哪儿放呢？

宋庆龄看到有那么多海外进步人士支持中国抗战，看到那么多捐款，万分高兴；可是另一方面，这么多物资无处存放又令她担心。这些物资对于国内抗日战争来说是十分宝贵的,它们是前线战场的坚强后盾,是维持战争继续的养料和促进剂,要是不能及时地将物资转移到抗战前线八路军、新四军的手上,那将大大影响整体的作战。宋庆龄自然是深知这其中的道理与利害关系,可是眼下她也没有办法啊,谁叫香港就这么弹丸大个地方,如何从这个小地方找到一个大仓库呢?正当宋庆龄还在为此事郁闷时,"叮铃铃——叮铃铃——"电话响了。不一会儿,廖梦醒走进来:"夫人,邓文钊找您。""嗯,好的。"宋庆龄随手接起放在身旁的电话。

"你好,文钊。你找我?"

"夫人,您好。是的,我有事找您。"

"嗯,什么事?"

"夫人,现在物资越来越多,我们目前的存放点完全不够用啊。"

"是的,这个问题我也想到了,我现在正在为找物资存放点想办法呢!"

"夫人,我倒是想到了解决方法。在我的手下有两个仓库,以前是用来存放做生意的货物的,据我所知现在已经闲置很久了,要是您觉得可以的话,我们可以将救济物资存放在我那里。"

"太好了,文钊,你可真是雪中送炭啊!好,就按你说的去办。文钊,谢谢你啊,你可真是为我分忧解难了啊!"

"夫人,您太客气了,能为国家做点事,还需言谢吗?反倒是我应感谢夫人您愿意给我这么一个机会啊!"

"好,文钊,相信我们大家共同努力,一定可以将这些物资运送到前线的。"

放下电话,宋庆龄微微笑了笑,心中的石头终于放下来了,多亏了有他啊,虽然他是无党派人士,但是却拥有极高的党性意识。这主要是由于邓文钊具有一颗爱国的火热之心。

于是,按照事前所说,物资便转存在西环西安里和轩尼诗道属于邓文钊的两个大仓库里。

抗战期间,保盟除了积极向海外募捐,同时也在香港举办各种赈灾活动,将募集的财物用来资助抗战地区的教育机构以及救济战灾儿童和难民。这些活动中包括很多文化艺术义演,曾邀请过舞蹈家戴爱莲做舞蹈演出。戴爱莲是我国著名的舞蹈家,被誉为"中国舞蹈之母",同时她也是一名优秀的共产党员。她是邓文钊在英国留学时认识的朋友,当时他们都充满激情,虽然一个是华侨之女,一个是资产阶级少爷,但是他们的心中都满怀着对祖国的爱,留学时期他们就想象着将来怎样为祖国作点贡献,如今保盟让他们的愿望实现了。邓文钊与戴爱莲以他们自己不同的方式表达对祖国的热爱,表示对祖国抗日战争的支持。

1938年6月至1941年12月,保盟在这短短三年半左右的时间里发挥了它积极的作用,有力地支援了国内的抗战,为抗战胜利出了一份力。可是,之后不久,珍珠港事件爆发,日军攻打香港,对香港进行狂轰滥炸,作为保盟委员之一的法朗士在作战中牺牲了,而保盟的另外几位外籍中央委员贝特兰、爱泼斯坦、克拉克以及她的丈夫司徒永觉被日军逮捕,关进拘留营。1941年12月24日香港沦陷,保盟也伴随着这场战争退出香港的舞台……

战后,宋庆龄在上海继续保盟的活动,但是此时,保盟已经改头换面,易名为中国福利基金会,其宗旨由支持八路军、新四军抗战,改为支持战后的进步文化活动,救济孤儿及支援解放区,包括东江纵队活动地区和游击区。

虽然保盟存在的时间并不长,只有短短几年,但是它在中国革命历史中占据着不可替代的位置,它在中国革命历史上留下深刻的烙印。经过在保盟中的磨炼,邓文钊更加坚定了心中的信念,坚信中共抗日民族统一战线的精神。

10. 粤北岁月

八年抗战，饶彰风辗转于香港、曲江以及粤东地区，与战友们一道同两万多日伪军周旋，几次击退国民党顽固派一再掀起的反共高潮。在一系列残酷的斗争中，他的爱妻张黎明同志壮烈捐躯，他自己也好几回死里逃生。然而，丧偶之痛、艰险历程并没有改变他的初衷，他始终坚持不懈地执行党的统一战线政策，广泛地团结一切抗日力量，一次又一次地化劣势为优势，不断推动着广东大地上的抗日战争向前发展。

1936年10月，饶彰风任中共南临委秘书，并出任救国会华南区总部干事。其主要任务就是要进一步做好抗日救国的宣传，做好统战工作。该总部以国民党左派人士李章达为首。彰风以救国会名义深入到香港各行业工会团体中，大力宣传，广泛联系群众，扩大群众基础，并负责与新闻界、文化界联系。

"彰风同志，你已经忙了一天了，就休息一下吧！"

"呵呵，没关系的，我不累，我年轻有的是精力，再说了，为了革命事业，我现在是浑身带劲啊——"

每当夜深人静的时候，总可以看到彰风的房中透出微弱的灯光，看到他那伏案工作的身影。

其实，当时形势是相当艰难的，反动派的势力还很强大，他们对彰风等人的工作也一再阻挠。但是，彰风等人没有在困难面前退步，而是积极地想方设法去解决一切困难。

反动当局为了阻止彰风等人与当地的传媒单位建立良好的联系，经常对相关单位进行恐吓，或是在彰风等人办事的途中设障碍。但是，所有一切阴谋诡计最终都化为泡影，彰风凭着对革命的执著，加上高效的办事能力，一一突破难关，顺利地与地方新闻媒介等单位建立联系。

同时，他主办了南临委的机关刊物《大路》，领导《激流》等进步刊物，迅速转载延安《解放》周刊、《救国时报》及其他进步刊物上的重要文章。

一时之间，广大港澳同胞和海外侨胞在一定程度上知道了国内战争的情况。彰风是一个宣传能手，即使在恶劣的环境下，他也能很好地完成任务。

后来，饶彰风的同乡、革命战友连贯在回忆这段往事时曾说道："当时我们的处境很困难，可是我们通过各方面的上层人士，向海外各地开展工作，打开了局面。饶彰风善于做宣传工作，他写了许多文章，动员广大人民支持抗日救国运动。"

1936年12月12日西安事变后，国共合作已成定局。1937年中央派来了张文彬主持穗港党的工作。年底，彰风与薛尚实等同志一道自港返穗。第二年春天，张文彬主持召开了中共广东省第一次代表大会，决定成立中共广东省委，张文彬为书记，薛尚实为组织部长，尹林平为军委书记，饶彰风出任省委宣传部长兼统战部长。

其时，抗日战争刚爆发，抗日民族统一战线刚刚建立，还不是很成熟，尤其是在国民党统治下的广州，宣传导向的责任仍然非常重大。饶彰风凭着多年的宣传工作经验，自然成为这一方面工作的最佳人选。

年仅25岁的彰风，负责领导与联系《救亡日报》、《新华日报》广州分馆、中心出版社、《抗战大学》等进步刊物与新闻出版机构，并兼任广东文华界抗日救亡协会的领导。

虽然身兼数职，任务繁重，但是彰风并没有一点怨言，反而因能够为党为革命出力而高兴。他将满腔热情都投入到工作中，每一样工作都做得有声有色。

在这些刊物中，彰风十分看重《抗战大学》。这是一个大型且较有影响力的半公开刊物。彰风亲自出马，建立了由阳光、梁威林等人组成的编委会，把该刊办成以抗日统一战线面目出现的公开刊物。彰风亲自参与出版工作，审定版面、批阅重要稿件，他还常以蒲特、追光等为笔名为该刊撰写文章。

在彰风等人的努力下，《抗战大学》越办越出色，广受读者欢迎，广大群众经常是争先恐后地抢着订购刊物。《抗战大学》的成功创办大力推进了抗日民族统一战线工作的进一步开展。

此外，刊物上还刊登了很多有关青年学生到陕北学习锻炼的通讯、照片和招生广告等,积极鼓励和指导青年学生奔赴革命圣地延安,投身于抗日战争的洪流中,去体验与锻炼。由于报刊上所讲述的都是青年人的事迹,于是很多青年学生都积极响应,一大批新的革命力量茁壮成长!

《抗战大学》成为宣传抗日救亡运动的主要阵地,在全国产生深远的影响。叶剑英同志专为刊物题词"民族解放的血花"。这"血花"不仅意喻着《抗战大学》为革命注入新鲜的血液,扩大革命的力量,也隐含了这一工作是十分艰辛的。

抗日救亡宣传日盛,国民党政府当局自然是感到不安。为了降低抗日救亡宣传的力度,当局居然成立了一个"审查图书委员会"。

"听闻当下社会上十分流行一种刊物,称为《抗战大学》,听说是中共的一个用来宣传抗日的重要期刊。现在广大群众都如中了毒般对此刊物爱不释手,这样发展下去,情势对于我们是十分不利啊!"

"是啊,我也得知这一消息,看来共党这方面的功夫很厉害啊,再这样下去,想必大家的头脑都将被他们给洗干净了。"

"我们不能就这样坐视不理,为了党国,我们应当立即采取行动。"

"对,要不然共党太嚣张了。"

……

就这样,一个反动当局自认为高明的对策便出台了——"审查图书委员会","审查图书委员会"对当前市面上流行的各类图书一一审查,只要是稍微有点倾共的就被封杀,被判"死刑"。

这不有点类似于古代的"焚书坑儒"吗?只不过气势、强度及场面不及当年,但是目的却都是为了巩固自身统治,其实这是一种心虚、胆怯的表现。

一时之间,广州整个图书市场陷入一片混乱之中。书店、报刊小摊、群众,凡是接触了《抗战大学》刊物或是其他宣传抗日救亡图书的,都一一遭到恐吓、威胁。反动当局妄图以这种强硬的土匪式的方式让中共知难而退。可是,谁料到他们的如意算盘打错了。

饶彰风拍案而起,以追光的笔名在《抗战大学》上发表了《关于查禁救亡图书与审查原稿》的文章,文章重申抗战救国纲领关于言论出版自由的规定,揭露了当局审查图书"公开地违反政府的法令"的卑劣行径。

反动当局力图蒙骗群众,击退共产党人,重新巩固统治,可是事实却告诉他们一切都是不可能的。即便是取得一时的"胜利"，那也仅仅如昙花一现，不会长久。历史的车轮始终是要向前进的，任凭反动势力怎样努力都无法扭转乾坤。

后来，广东省委撤到了粤北曲江，派遣尹林平、饶彰风到东江地区筹建东江特委，扩大统一战线，开展抗日游击战争。由于在统战工作这一方面饶彰风早已是闻名四方，被人称为"统战能手"，因而这个工作就很自然地落在他的肩上。彰风对工作也是来者不拒，欣然接受了任务。

东江各县的许多地区在第一次国内革命战争时期就开展了工农革命群众运动，群众基础较好。尹、饶二人不负众望，很快便组建了东江特委，饶彰风为特委常委、宣传部长。紧接着，又先后建立了和平、河源、五华、紫金、博罗、惠阳县委与海陆丰中心县委。

"兵民是胜利之本"，必须依靠群众的力量，才能在革命战争中获得主动权，才能拥有胜利的力量，才能真正将战争持续下去。彰风等对此有深刻的认识，于是把发动群众摆在首位。

彰风与当地的抗日民众团体——"抗先队"、东江华侨回乡服务团一道，在整个粤东办夜校、演戏剧、出墙报，兼送医送药，发放救济棉花，解决农民群众的实际问题，把抗日的烽火点遍了山山水水。

彰风等同志还坚持深入基层，经常起早摸黑，跋山涉水，一天步行几十里，到各县农村亲自拜访农民群众，与农民打成一片。

作为宣传部长，饶彰风尤为重视干部的培养。1939年上半年，河源举办了两期青年干部训练班；同年，又在博罗举办了东江中级干部训练班；又在紫金县古竹镇双坑举办了党干训练班；1940年，在紫金县古竹镇禾沙坑举办第二期党干训练班。干部培训班里的学员几乎人人都喜欢彰风所宣讲的有关抗日民族统一战线的内容。

或许正是出生农家，曾在山区生活过，所以彰风特别善于抓住广大农民群众的心理，在宣传革命思想时能结合农民群众的喜好，用简单、贴近农民群众生活的方式传递革命思想。也正是这样一种结合实际、"具体问题具体分析"的办事方法，使得东江这一带的农民群众很好地接收了革命思想。

一批抗先队骨干通过训练加入了共产党，增强了党的力量，尤其是一大批妇女干部,走上了抗日斗争的第一线。

彰风的统战工作更做得有声有色。他善于对各界人士开展工作。早在河源筹备特委时,他便利用同乡关系团结该县万泰栈碗店老板曹少明,用曹老板的碗店来掩护地下党的活动。

"少明,如今形势可见抗日救亡是蒸蒸日上,作为国家的一分子,我们都应当出一份力。"彰风与曹少明是同乡,相互之间都比较熟悉,所以彰风对曹少明说得很直接,而曹少明本人也是一个具有强烈爱国意识的人,自然十分赞同彰风的说法。

"彰风,咱们都是老熟人了,你说吧,需要我怎么配合,能为国家民族做点事是我曹少明的荣耀!"

就这样,曹少明的碗店成了地下党的秘密联络点。曹少明敢于接受这个任务不仅仅因为其身为中华儿女一分子应出一份力,同时也反映出饶彰风在群众的心中声望是很高的。大家都相信他,信任他,所以才可以发动这么多群众参与革命事业。

饶彰风还让胞弟党员饶高认在河源县城开了个"东江书店",专与工商界联络。他派人打进了该县税务局,开展统战工作。

从一开始,饶彰风就始终坚持着"争取团结大多数,孤立打击极少数的顽固分子"的工作原则,只要有争取的机会,他都不会轻易地放弃。

饶彰风的这一做法响应了党中央统一战线精神的号召。不能否认在众多的群众、民族资产阶级和海外侨胞中存在投机取巧、贪图利益的"小人",因此必须明察秋毫,要"特殊"对待。当然这是在不触及大的统战原则基础上的处理方式。只要有一点希望的都必须争取团结,因为抗战时期团结力量最为重要,在一定程度上可以说统战是一项需要艺术技巧的工作。

黎雨楼是当地的名绅,他儿子黎孟持却是地下党员,饶彰风当时就住在他家里。在与黎雨楼多次接触后,彰风认为很有必要把黎老先生也争取过来,于是他便请黎孟持帮忙说服和劝导其父。

"孟持,你的父亲是一位德高望重的绅士,他为人很正直,要是我们能做好他的思想工作,把他争取到我们革命的队伍中来,那对于抗日事业是大大有益的。只要是可以团结的力量,我们都要设法争取。只有这样我们的抗日战争才会最终胜利,光靠几个党员不能完成这一艰巨的使命。"

黎孟持听了饶彰风的话,感触颇深,他十分佩服眼前这个年纪轻轻、个头矮小,但做起事却来极其稳重成熟的男子。

于是,在饶彰风和黎孟持等人的共同努力下,黎雨楼逐渐提高了革命觉悟。在党的影响下,黎雨楼积极支持抗日,党的机关就设在他家里。

那一时期,包括乡长、医生都成了党的支持者。甚至大地主、大绅士赖朗文,也被吸收入了党,并打入了国民党紫金县警察局,被派回古竹镇当警长,以此为掩护,开展抗日工作。

在这一系列的活动工作中,彰风响应东江特委的精神一直都很重视对青年的培养,即便是出身不好的青年,也严格按照党的原则和本人的政治表现给予培养。

彰风还发动集资,开办了古竹镇民众合作社,在古竹镇水东开设了油坊。通过这些企业,进一步为党在东江地区的统战工作筹集资金。

东江特委所进行的这一切活动,引起了国民党方面的惊恐,再加上当时正值日本对国民党进行诱降,而英美又对之进行劝降,导致国民党反动派掀起了第一次反共高潮。在这一反共逆流下,国民党紫金县党部书记刘瑞东终于也按捺不住了,赤膊上阵,强令要解散该县的"抗先队"与"服务团"。

面对反动派的高压,东江特委坚决执行党的方针,反对投降,反对倒退。彰风派出黎孟持,直奔县党部,以坚决的态度同刘瑞东说理。

"刘瑞东,现在日寇未除,为何要解散'抗先队'、'服务团'?"

"抗日何罪之有?解散'抗先队'和'服务团'有利于谁?"

面对黎孟持振振有词的质问,刘瑞东无言以对,理屈词穷的他不得不收回"成命"。

可是后来,随着全国性反动高潮扑来,形势进一步恶化,已经不好再公开进行革命。东江特委指示各地"抗先队"、"服务团"分散转入地下,以其他形式坚持抗战。

太平洋战争前夕,中共广东省委审时度势,认为日军必将打通粤汉铁路南侵,为了适应新情况和斗争需要,决定将省委分为粤北与粤南两部分。1941年春,彰风又被调到了粤北省委任统战部长。

一到粤北,彰风以黄清庆这一化名,向中国工业合作协会曲江事务所借了五万元,办了樟油工业合作社,在乳源县开樟油厂,在韶关市犁市镇设门市部。粤北省委便以此为活动基地,并从中得到了很大的经济支持,解决了省委财经困难。

由于香港沦陷,《华商报》被迫停刊,邓文钊参与了震惊世界的香港大营救——他本人既是营救者,又是被营救者,辗转来到了粤北韶关,来到了饶彰风工作的地方。

1942年5月,南方工委秘书长郭潜被捕,当天叛变,向国民党泄漏粤北省委的重要信息,并且带着特务到处抓人,粤北省委遭到了破坏,省委一些主要负责人被捕,这便是著名的"粤北事件"。

那日,叛徒直接带着特务来到粤北省委办事处,一进门便大肆抓捕省委同志,好在那日彰风等其他一些同志由于有事不在现场。特务们不甘心,便叫叛徒带领他们分别到彰风等人的家中搜捕。可是特务们在彰风家却扑了个空。原来,省委电台黎百松等人获悉事件发生后即通知各位同志,饶彰风和省委其他同志在千钧一发之际迅速转移、疏散隐蔽,这才死里逃生,他们随即电告了中央。

同年9月,待时机好转后,彰风几经曲折又进入东江游击区继续工作。12月,中共广东省临时工委成立。

翌年12月,经中央批准,筹备已久的东江纵队正式宣布成立,彰风出任纵队司令部秘书长,投入到武装抗战的硝烟中,直到抗战胜利。

11. 大营救

　　从1941年开始日本向东南亚的扩张引起了这个地区主要强国的不安。为了给日本一点颜色看，美国冻结了对日本的经济贸易，其中最重要的是高辛烷石油，没有石油日本的飞机无法升天，舰艇无法在海中行驶。日本的石油只能维持半年的时间，日本人明白，要么从中国撤兵，停止对外扩张，外交上向美国靠拢；要么南下夺取战略资源，继续加强对外侵略。南洋有美国、英国、荷兰的殖民地，进军南洋就等于向美英两国宣战。

　　夏威夷东距美国西海岸，西距日本，西南到诸岛群，北到阿拉斯加和白令海峡，都在2000海里到3000海里之间，在太平洋的战略位置极其重要。日本人认为要在太平洋上夺取制空制海权就必须先摧毁美国夏威夷的海军基地珍珠港，于是日本策划了珍珠港突袭。

　　1941年12月7日清晨，日本海军的航空母舰舰载飞机和微型潜艇突然袭击美国海军太平洋舰队在夏威夷的基地珍珠港以及美国陆军和海军在欧胡岛上的飞机场，这便是世界历史上赫赫有名的珍珠港战役，太平洋战争由此爆发。

　　在这场来势凶猛的太平洋战争中，日军对香港进行无情的攻击，一时间香港由一个商贸天堂变成人间炼狱。日本其实早已窥视香港，那时港英政府知道日本的企图，但是一直对日本心存幻想，对日采取妥协态度，所以当日本袭击香港时，港英政府措手不及。

　　日军的第一颗炸弹是在早晨8点半投下的，地点是香港金钟兵营，接着是东区的太古船坞和九龙的启德机场，在日机的狂轰滥炸下，变成一片火海。

　　经过十几天的混战，香港沦陷了！

　　日军占领香港后，肆意烧杀抢掠。香港居民人心惶惶，成日待在家中不敢外出。若见到日本兵前来便立马敲脸盆相互报信。每晚此起彼伏的脸盆敲打声让人心惊胆战，不能入睡。而这一时期，社会上的流氓赖皮趁着战乱也伺机进行敲诈勒索，使得香港社会愈加黑暗。

尽管社会黑暗，可是在香港活动的中共党员和爱国民主人士却如一把明亮的火炬，始终在狂风暴雨的摧残下坚强地屹立在黑暗中，散发着光芒。

日军不能容忍一点点反抗，于是对香港进行严密的封锁与戒严，四处搜捕反日的中共党员及爱国民主人士。日本人还采取以华制华的策略，胁迫香港社会知名人士、商贾巨擘，游说他们为日本人办事，如碰上不愿合作的则格杀勿论。因此，在当时那种环境下，香港的社会知名人士个个都身陷险境之中。

日本人早已对在香港居住的两百多名文化人士及民主人士虎视眈眈，这批人包括柳亚子、夏衍、邹韬奋、茅盾、高士奇等人。他们中的很多原本在重庆、桂林大后方，可是皖南事变之后国民党加紧反共，中央为了让这些文化民主人士逃离危险，将他们从内陆转移至香港，但是没想到安稳的日子没有过上几天，现在他们又要进行一次大转移。

然而，怎样才能把旅居香港的民主群英尽早安全地接送到解放区来，始终是摆在周恩来面前的重大问题。面对如此严峻的形势，周恩来亲自致电八路军驻港办事处主任廖承志："被困留在香港的许多重要民主人士和文化人士，是我国知识界的精英，要想尽一切办法，不惜任何代价，把他们抢救出来，转移到后方安全地带，免遭毒手。"

"是，请您放心，我们一定完成这项任务。"廖承志放下电话，马上开始营救工作。于是，中共南粤省委、东江纵队及中共香港市委在八路军办事处的组织下，展开了一场惊心动魄的秘密大营救。

此次大营救人员中没有宋庆龄，因为在日军将炸弹投向启德机场的时候，宋庆龄正好乘坐重庆派来的一架专机离开，由于飞机起飞及时，宋庆龄逃过这场灾难，但是还有两百多名文化人士及爱国民主人士困在其中。

邓文钊作为香港知名的商界人士及爱国民主人士，也是营救对象之一。当时需要营救的人员很多，只能分批救出。据负责此次行动的人士回忆，第一批离港的有中共的几个负责人：廖承志、乔冠华及连贯；第二批有何香凝一家；而邓文钊等人是第三批被救出的，同时离开香港的还有茅盾、邹韬奋等人。

在被营救离港之前，邓文钊一家早已从"红屋"搬到坚尼地道28号何捷书的妹妹家中。因为"红屋"地势高，面积大，早就成为日军炮弹下的牺牲品了。在坚尼地道，邓文钊坐立不安。

"轰轰轰轰……"房外一阵阵爆炸声此起彼伏……

"呜——呜——"头顶上空飞机飞来飞去……

门外一片漆黑，只是偶尔由于有炮弹落下才闪亮一阵。邓文钊在家中不安地来回走着，他紧锁眉头，心事重重："保盟已经不存在了，现在时局这么紧迫，香港已不可留，不知道大家现在情况怎样？"

正当他还在为自己的朋友们担忧的时候，岂不知他的生命现在也正受到威胁，危险正一步步向他靠近。

何捷书的娘家何家虽然出了很多明大义识大体的爱国民主人士，但是也存在那么一两个不分黑白、不明事理的人。何捷书有一个堂兄曾经在日本留学，辛亥革命后回到广州，在廖仲恺手下的财政厅工作，因贪污公款而被开除。于是他再次去日本并且参加了日本情报组织"兴亚机关"。太平洋战争前，日本人将他派回香港，与大汉奸陈廉伯同时当上了保良局副值理。由于他知道邓文钊的一些革命事迹，香港刚沦陷他便带上日本宪兵到坚尼地道28号找邓文钊。何捷书的三妹知道他的来意后，不让其入门，在门口与其几经周旋，掩护了邓文钊。有了这次的来袭，邓文钊怕日本人再来突查，于是当晚便只身离开。

邓文钊是行水路离开的，当时是由潘柱带路到铜锣湾下的船。香港已被日军严加看守起来，要想从日本人眼皮下溜走那是需要花费一番工夫的。邓文钊等人静静地坐在船上，不敢有任何声响。这天夜里，他们经过荃湾进入宝安，到达东江纵队游击区白石龙。邓文钊一行人下船爬上大雾山，爬到山顶时邓文钊回头远眺香港，那还是他认识的香港吗？是那个生养他的家乡吗？硝烟四起，香港的上空再也看不见那火红艳丽的太阳……此情此景，让邓文钊百感交集……

之后没多久，邓文钊的家人也一同离开香港，来到东江纵队游击区与其会合，后来他们一起撤离至后方。在转移后方的路途中，邓文钊曾在韶关帮助中共做信息传递员。

邓文钊到达韶关后，一日连贯急匆匆地跑来找他："文钊，文钊，不好了，出事了。"

看着跑得上气不接下气的连贯,邓文钊急切地问道:"连贯兄,发生了什么事,你慢慢说,别急。"说罢递给连贯一杯茶。连贯接过茶没喝放在桌上,连忙说道:"廖承志同志在粤北被国民党逮捕了。现在情况怎样还不知道,你快去通知何香凝吧,听说她们一家也已到韶关了,现在正住在一间叫互励社的国民党高级招待所里。我们想了想觉得还是你去告诉她比较好,我们在那儿进出不方便。"

一口气说完后,连贯拿起茶杯大口喝起茶来。

"好的,谢谢你通知我,我现在马上就去。"

其实何香凝一家所住地点与邓文钊一家所住的上窑侨兴行温康蓝家距离很远,那时交通不便,只能步行。救人要紧啊,邓文钊顾不得那么多,说完就起身出发了。之后,为了商量营救廖承志的事,邓文钊常常带着儿子长途跋涉去互励社见何香凝。因为当时形势比较紧张,所以邓文钊带上儿子可以算是走亲戚,引不起外人的怀疑。这就为邓文钊的活动加上一个保险。其实,不仅仅这样,邓文钊还有一个更好的保险,那便是正在韶关国民党七战区余汉谋的教导团当团长的昔日留学好友余伯泉。邓文钊回国后一直与他保持联系,并且还和余伯泉的两个弟弟余平仲和余叔韶有来往。社会上传说邓文钊是共产党,余伯泉说他不相信,邓文钊的很多朋友也都不信,这样便为邓文钊进行革命活动起到很好的掩护作用。

在韶关期间,何香凝一心想着怎样搭救廖承志,可是忙活了半天一点进展也没有,于是她决定去桂林,而后去重庆亲自找国民党高层。那时廖梦醒正好在重庆,去了刚好有个照应。何香凝去桂林之后,邓文钊常常去桂林探望她。甚至为了在桂林有个落脚点,他与香港朋友郭凤长、周永锦等人在桂林合开了一间美斯西式餐厅。这对于当时很少有西餐厅的桂林来说是一个新的景象。而恰巧当时美军十四航空队驻扎桂林,于是美斯餐厅成为美军的常去之处,生意兴旺,餐厅自然赚了一些钱。其实,邓文钊只是在美斯餐厅投资了10000元,具体的管理工作他并没有参与。但是,美斯餐厅开办后,这里渐渐成为逃难到桂林的中共和爱国民主人士的中转站,为逃难人士提供了一个临时避难所。

1943年夏,邓文钊从韶关经桂林去重庆见周恩来和宋庆龄。在去之前,他托他的朋友周永锦帮忙,通过李济深行营办公厅的官员黎民荫搞一张通行证，因为那时出行很严，国民党四处设关卡，没有通行证是很难出入的。

"文钊，这是通行证，你拿好了。一路小心保重！"

邓文钊接过通行证放入西装口袋中，同家人朋友一一道别，便独自一人上路了。

在重庆，邓文钊住在廖梦醒家中。刚到几日，宋庆龄便设宴招待了他，而且邓文钊还看到久别的从香港日军集中营逃出来的老朋友爱泼斯坦夫妇。老友相聚别样开心，大家畅谈甚欢。过几日后，廖梦醒把他引见给周恩来、董必武。这是邓文钊第一次见到除了廖承志之外的中共高层领导。他自然是心情异常兴奋。周恩来那温文儒雅的姿态及睿智的言谈，让邓文钊觉得在这么出色的领导人领导下的政党定是个不错的组织，他被中共党员的魅力与魄力所打动。在他们的谈话中，周恩来向他了解何香凝的情况，邓文钊将其所知一五一十地告诉了周恩来。汇报完毕后，邓文钊准备回韶关，临走前，周恩来让朱伯琛交一笔钱给邓文钊，并转告他请他带给东江纵队。邓文钊将钱紧紧地握在手中说："请恩来同志放心，我一定将这笔钱完好地交到东江纵队手上。"邓文钊回到韶关后，马上就去找东江纵队相关负责人，后来他将周恩来托付的钱交给了东江纵队的后勤部长李健行。在东江纵队的日子里，邓文钊还积极与东纵的管理人员商讨营救被日军俘虏的香港外籍人士问题。

在这次震惊中外的大营救中，邓文钊用他那爱国热忱与革命精神帮助文化人士和民主人士逃离，他的所作所为是有目共睹的。后来廖承志在回忆大营救过程中曾提到："文钊先生对此也给予了很大的资助。"大营救持续了很长时间，后来随着抗战的胜利，邓文钊等人又都重返香港。

中 篇

  1945年8月15日日本帝国主义宣布无条件投降，持续八年之久的抗日战争宣告结束。此时，中国面临着两种前途、两种命运的激烈斗争。为了使全国人民了解中国共产党和平、民主、建国的正确方针，全国各地兴起宣传党的政治主张的活动。在这一系列宣传活动中自然少不了饶彰风的影子。也就在邓文钊重返香港后不久，饶彰风也来到了此地。

  于是，两个人的生命轨迹，终于有了交集。这个交集点，便是再度复刊的《华商报》。《华商报》在中国政治、经济、文化进程中发挥了重大的历史作用，时至今日，它的影响仍深深地锲入在改革开放的历程中。它是邓、饶二人同舟共济、肝胆相照的历史见证。

1. 邓饶复办《华商报》

太平洋战争爆发后，曾久负盛名、由廖承志出面、邓文钊主办的《华商报》被迫停刊。香港唯有国民党的报纸整日污蔑共产党和解放区，误导香港市民……

怎么办？

港澳同胞及海外侨胞同是中华民族的一分子，中共一直都积极争取这股力量。面对国民党的"胡言乱语"、曲解事实，中共中央决定派饶彰风等同志前往香港，开展对港澳同胞及海外侨胞的文化宣传工作。饶彰风作为统战能手早已轻车熟路，且在海外的名声也好，因此他自然成为不二人选。

抗战胜利前夕，1945年7月，在新成立的中共广东区委员会上，彰风当选为党委委员、宣传部长。9月他便奔赴香港。

对于港澳同胞及海外侨胞的宣传工作，我党首先派人做《明朗》周刊的工作，争取到了其主编的同情。面对国民党污蔑共产党在山海关"破坏停战"，饶彰风立马写了一篇文章《山海关之战》，在《明朗》上登出了此文，将真相大白于天下：原来是国民党调动大批军队攻进山海关解放区！文章讲得有理有据，是谁在破坏停战、发动内战，便昭然若揭了。国民党中央社的谣言不攻自破！

可《明朗》是周刊，更主要的是它不完全是自己的刊物！身为宣传部长的饶彰风急得火烧火燎。

"没有我们自己的刊物，始终都不能很好地解决问题啊。无论如何都要创办一个属于我们自己的刊物！"

彰风在房内来回踱步，左思右想，心中暗自下了决心——不管形势多么艰难，一定要创办属于自己的刊物。

香港虽说是弹丸之地，却至关重要，它是联系中国内陆与广大海外同胞的桥梁与纽带。虽然海外华侨身居异国他乡，但是追根溯源，同是华夏子孙，

中篇　1. 邓饶复办《华商报》

他们一直心系祖国，关心祖国发展的方方面面。日本侵略、革命战争，他们自然是万分关心，然而在当时只有通过香港他们才能获悉国内的情况，因此在香港创办中共自己的报刊显得尤为重要和必要。

"就算前面是刀山火海，我也要坚持下去！"彰风暗暗为自己打气，他坚信一定可以实现创办中国共产党自己的报刊的愿望。

在多方努力下，经港英当局批准，他们仅仅用了一两个月的时间便办起了《正报》，宗旨为：为民主运动努力，为建国大业服务。

《正报》及时戳穿了国民党反动集团假和平、真内战的丑恶嘴脸，积极宣传我党的建国方针及反对内战的鲜明态度。但是《正报》是一份新上市报刊，其在香港的影响力一下子没法赶上反动势力的旧刊，光靠《正报》还不行，其力度还不够。而且要知道当时在香港存在的反动势力的宣传刊物可不仅仅只有一家，导致香港有相当一部分人还是对国民党存在很大的幻想，而对于我党的主张并不了解。

于是，饶彰风和中央派来的同志想到1941年4月8日曾经在香港创办的产生重大反响的《华商报》。当年这份报纸以统一战线为目的，而且在香港各界产生过广泛深远的影响，要是将它恢复，则会更有利于团结与争取大多数港澳同胞及海外侨胞。

要想恢复大型的《华商报》，无论在人力还是物力上，都显得十分匮乏。然而面对眼前严峻的形势，容不得彰风等同志有所迟疑。

饶彰风马不停蹄，一头扎进了《华商报》的筹备工作之中。他四处奔走，筹集经费，建立班子。他首先想到的就是邓文钊这个当年主要负责创办《华商报》的香港知名人士。虽然当时二人并没有深交，但是耳闻邓文钊是一位典型的爱国积极分子，当年为《华商报》的创刊而奔走辛劳，积极配合宋庆龄的革命工作。饶彰风坚信，这次重办《华商报》一定能让邓文钊重新"出山"。于是，他便亲自去拜访邓文钊。闻名不如见面，见到邓文钊后，饶彰风确信听闻不是虚传。邓文钊虽然是一位生活在香港上层社会的知名人士，但是为人低调，言行举止雍容儒雅，对待友人特别热情真挚。饶彰风再次在心中确定邓文钊是一个不错的人，一个值得信赖的合作伙伴。

邓文钊也对眼前这位中等身材、具有大将风范的饶彰风钦佩不已，虽然以前从未谋面，但是他早年在香港的一些刊物上拜读过饶彰风的文章，所以也不算是陌生人。都说文如其人，今日一见名不虚传。

"邓先生，我早有耳闻您为国家革命事业所作出的贡献，很是钦佩，也非常感谢您一直以来在革命统一战线上所作的努力和贡献啊！要是没有先生的积极支持与帮助，香港这边的革命事业很难攻克一个又一个难关！"

"饶先生，过奖了，您才是革命事业的健将啊，我所做的也只是身为一名中华儿女应当做的事，不足挂齿，事实上我还要多向您学习！"

邓文钊、饶彰风这份谦虚并非是矫情做作，而是发自内心深处、因欣赏对方而说的真心话。他们心中明白，中国的革命事业并非是哪一个人的事，也不是说单独靠哪一个人的力量就可以完成的，这份伟大的事业需要的是群策群力，需要的是团结一切中华儿女，不论党籍，不论国籍，不论男女，不论老少。在中国革命事业面前，不谈个人恩怨与利益，说的是整个国家民族的集体利益。

邓文钊和饶彰风互相寒暄了一会儿，邓文钊请饶彰风坐下，便问道："不知您此次前来有什么事？"

"呵呵，是有点事想麻烦先生。当下国民党的刊物四处胡言乱语，欺骗众多港澳同胞及海外侨胞，这样下去我担心会带来严重的不良后果，毕竟'众口铄金'，因此，我们想创办我们自己的报刊，说真话，让广大港澳同胞和海外侨胞真正了解国家的发展情况。之前我们已经创办了《正报》，但是您也知道，我们对港澳同胞及海外侨胞的了解不是很深，再者所办的报纸是新刊物，广大同胞未必会认可，同时反动势力的宣传刊物势力又比较庞大，因此，单凭这一份《正报》并不能达到很好的宣传效果，因此我们还想再多办个报刊。当初由您还有廖承志同志等人创办的《华商报》曾经对海外华侨产生了很大影响，极大地促进了中国革命的发展，今日，我想再次让它发挥作用，我们想重办《华商报》。"

"先生所说甚是，的确，近期国民党太嚣张了，是不能让他们这样肆意妄为下去。好，要是我有什么能帮上忙的地方，您尽管说，我定当竭尽所能。"

"现在创办刊物的确有很多困难，不过有了先生这句话就足够了……"

紧接着，饶彰风将自己的创刊想法和其中遇到的问题，如经费、内容、排版等一一对邓文钊作了一个说明。这样一谈，就是大半天。

中篇　1. 邓饶复办《华商报》

"哎呀，时间过得真是快啊，不知不觉天都已经黑了！耽误先生那么久，真是抱歉啊——"

"饶先生您过谦了，没事的。能为国家革命事业出份力一直是我所坚持的，这也是我从孙中山先生、宋庆龄女士、廖承志等同志那儿所学来的精神。"

"难得您这么深明大义。我看先生您比我长几岁，我以后就称呼您为文钊兄吧，先生先生地叫太生分了，您直接叫我名字就好。"

"呵呵，好的，好的。"

"那文钊兄，小弟我就先告辞了，创刊的事情还麻烦您多帮帮忙啊。"

"这是应该的，有事只管找我吧。"

出了邓家门，饶彰风迈着轻快的步伐大步朝其办公点走去。

此次拜访邓文钊，让饶彰风对重办《华商报》信心十足，他坚信只要团结大家的力量就一定可以实现。

其实对于这次复办《华商报》而言，最大的问题莫过于经费，没有资金周转的话，报刊很难创办，今后也难以运行。这个问题其实在1941年《华商报》第一次创办时就十分明显。当时在很大程度上是靠发动广大的港澳同胞及海外侨胞进行赞助支持，报纸才得以运行。现在再次面临这样的困境，团结发动广大海外同胞势在必行。

经费问题一日不解决，创刊就一日不能提上日程，对此饶彰风等人非常清楚。饶彰风积极联系知名人士，如黄长水、庄希泉，希望可以在广大爱国人士的帮助下渡过难关。做统战工作，饶彰风在这一方面是出了名的能手，许多民主人士称赞他是"天生的统战部长"。经过彰风的积极活动，众多爱国民主人士和港澳同胞、海外侨胞都纷纷为办报捐了款，其中包括著名的爱国侨领陈嘉庚等人。

1945年11月初，廖沫沙偕同任以沛、黄文珊夫妇，奉周恩来、王若飞的指示，从重庆赶去香港，协助筹备恢复《华商报》。可路途艰难，经过水程、旱程，直到12月中旬才抵达目的地。

在路途中，廖沫沙等人就非常担心办报工作。香港到底不是内地，尽管有党组织及党外人士的帮助，人力、物力也还是十分困难的。他们心中清楚工作难度相当大，到香港后尚需付大力气，需要相当一段时间，才可能把报纸筹办好。

"眼下香港时局很紧张,咱们没什么物力人力,要想在短时间内办好报纸看来是很难啊!"

"彰风同志比我们要先行一步到港,想必他现在也正苦于此点,在想法子吧!"

怀着担心与忧虑,廖沫沙一行人终于抵达了香港。他们一到站便火速前往《华商报》办公处。

"彰风,很抱歉啊,我们来晚了,影响了报纸进展,惭愧啊!"

廖沫沙等人一直在为自己的迟到而惋惜,原本以为事态非常糟糕,饶彰风应该是愁眉苦脸的,可始终微笑的饶彰风却告诉他们:

"整个筹备工作都已就绪,只待试版;大约半个月后,便可以正式出版了。"

"真的?"

"怎么那么快?"

来的几个人个个睁大眼睛,面面相觑,诧异万分,简直不敢相信自己的耳朵。

"本来我也是担心会拖延时间,但是现在的局势已经容不得耽误了,于是我发动了很多爱国民主人士,他们都很热心帮忙,尤其是邓文钊先生。我想你们大概也听说过这个人吧,之前1941年的《华商报》,他就是主要负责人之一。"

"邓文钊,是的,当年是他利用自己在社会上的名望及其自身的产业解决了不少《华商报》的资金问题。这回他又答应来帮忙,这真是太好了。"

"是啊,这可是个好消息啊,彰风,你实在是厉害啊!"

听到彰风的这般解释,来者都欢呼雀跃起来。

廖沫沙知道中央复办这份报纸的消息才一个来月;这一个来月,他们全用在路上了。可万万没想到,在一个来月的时间里,饶彰风一个人忙里忙外竟把具有相当规模的报馆筹备齐全了,而且比1941年时的《华商报》要健全、集中得多,社址、设备、规模十分完善,人事安排、版面设置及其他一切都已井井有条——他们在重庆时的担心,刹那间涣然冰解。

取得这么快的成果,这与彰风的付出是息息相关的。他那时可以称得上是百务缠身,每天从早忙到晚,事事亲力亲为,不仅负责报刊的编辑、排版、

中篇 1. 邓饶复办《华商报》

人事等工作，同时也负责为报刊筹集资金等外联事务，他还经常亲自撰写一些重要的社论，审阅一些重要文稿。有时工作实在太累了，彰风便伏在桌上休息片刻。有一次，他一连工作十几个小时，顾不上吃饭，同志们知道了赶快买了两个面包给他充饥。彰风的敬业精神感染了身边同他一起工作的其他同志。在当时恶劣的环境下，这种无形的号召力将大家团结在一起。饶彰风以他自己的人格魅力赢得了广大同仁的认可及海内外同胞的支持。港澳同胞及海外侨胞的积极配合与帮助，也让饶彰风更加坚信中华民族的伟大向心力和凝聚力，更加能理解党外爱国人士那颗跳动的赤诚之心。

后来，廖沫沙在回忆彰风的文章《多少英雄硬骨头》中写道：

"他是我们党内最忙碌的、工作负担最繁重的同志。他那时所管的工作真是千头万绪，他每天要接待造访的人，不是几十人也是十几人。因此我们曾经同他开玩笑，称他为我们党驻香港的大总管，是我们的'总管大老爷'。"

饶彰风几乎一人就把复办《华商报》大大小小的前期工作都包揽下来了。事事关心事事过问，那种细心，那份认真，如同一个母亲在照顾自己的孩子。

2. 化解经济危机

创业艰苦，守业难，这已被当做创业者的金科玉律。这对于复办《华商报》而言同样如此。

有了1941年的办报经验，这次邓文钊更加小心谨慎。为了不再重蹈覆辙，陷入"金融危机"，在经费问题上邓文钊更是下了力气。

《华商报》虽然冲破难关得以复刊，但是它前面依旧是崎岖坎坷的道路。为了让《华商报》持续创办下去，邓文钊不知为此熬了多少个夜晚，长出多少根白发。可是他无怨无悔，在他看来这一切都是值得的。

他明白虽然靠工商界人士的帮助可以在一定程度上维持报刊的运营，但是最根本的经济问题依然存在，上回办报的历史教训已经证实了这一点，因此，最为关键的是《华商报》需要自己解决自身的经济问题。

邓文钊是学经济的，具有十分扎实的经济学理论知识，并且又长期在银行工作，因此对于这些财政上、经济上的问题，他还是可以应对的。他考察了当时社会的经济大环境，对政府实行的政策进行仔细研究，皇天不负有心人，终于他想出来一个妙计。那时，印报纸都由政府提供美汇向外地购买纸张。他便尽量多报《华商报》的发行数字，报告政府说需要大量的纸张，从而可以从政府那里获得尽量多的美元外汇；当用美元外汇买回纸张后，他又以港币卖出多余的部分，利用港币价高来赚取差价，以维持《华商报》的经营。邓文钊不能不说是一个经济天才，在他的带领下，《华商报》不再为资金而担忧。

在买卖纸张交易中，邓文钊渐渐认识了有裕行老板、纸商刘福诚。因为邓文钊为人真诚热情，做生意有信用，所以刘福诚很乐意与他进行生意交往，一来二往两人慢慢就熟络了。邓文钊发现刘老板在干诺道中有一栋较大的房子空置着，于是他想让刘老板让出来，作为《华商报》的办报场所。他常常看到饶彰风等人窝在一个极小的空间中工作到很晚，对此他很感动，同时地

中篇 2. 化解经济危机

方小对于以后报刊的发展也十分不利,于是他一直想着要是有合适的机会争取为他们找一个好点的地方。

一日,邓文钊照常来到刘福诚店中购买纸张:"刘老板,近来您的生意是越做越好了啊!"

"哈哈,这还不是靠您邓先生的光顾啊。"

"刘老板,您看咱们生意往来已经那么长时间了,大家之间也都有了一定的了解,您也知道我这个人做生意是什么样的。"

"是的,是的,在香港谁人不知邓先生,您可是出了名的人物,而且您一直以来都十分诚信,我怎么会不信任您啊!"

"呵呵,那是香港商界朋友们抬举邓某啦。不过,刘老板,话说回来,我今天真有点事想找您商量商量。"

"邓先生,什么事您尽管说,只要刘某人能帮上的一定帮。"

"刘老板果真是个爽快人,好,那我就不绕弯子了。您也知道我正在办报,可是我们报社的办公地点是我以前的一个狭小的住宅,我想长期这样下去会影响业务的扩大,我打算为报社另寻一个大点的地方。听闻刘老板您手上有一栋较大的房子目前正空置着,所以邓某想请老板您将那房子转让给我报社,以帮助解决办报场地。当然,刘老板若有什么条件咱们也可以商量商量。"

"邓先生,您言重了。我如今纸业生意做得这么好,在很大程度上是靠先生您帮忙照顾生意,您可是我的一大客户。那栋房子反正我现在也用不上,先生若需要,我转让给您便是,只望先生日后还继续关照我的生意啊!"

"哈哈,刘老板,这个是一定啦,谢谢您!您放心,咱们的生意往来将会一直持续下去的。"

于是,《华商报》便从之前荷里活道204号搬进了刘福诚转让的干诺道中那栋较大的房子里,而以前的房子以象征性低价租给了三联书店。至今,香港三联书店的老职工都还记得那段历史。

1946年1月4日,《华商报》正式复刊了。它继续发扬优良传统,坚决贯彻中国共产党的方针。在《复刊词》中鲜明地表述了自己的政治立场——团结海内外同胞,以和平、团结、民主为原则,共同创建一个民主的新中国。

著名爱国华侨领袖陈嘉庚,还亲自为《华商报》复刊题词:蜀道如天,忧心如捣，还政于民，仍待健斗。这充分表达出渴待祖国和平统一的广大爱国人士对该报一如既往的热望。

《华商报》董事长仍为邓文钊先生，饶彰风为总经理，后由萨空了接任，总编辑与副总编辑为刘思慕与廖沫沙，党内外知名人士如陈此生、张铁生、章汉夫、夏衍、许涤新、乔冠华、杜埃等人，都是社论文化委员会成员。刘思慕当时是民主人士，多年的老报人，经张铁生等人引荐，饶彰风决定让他出任总编辑，以团结、影响更多的党外人士……《华商报》迅速以崭新的面貌出现在香港人民面前，版面新颖，内容丰富，文章活泼，一时间可谓洛阳纸贵，大家争相传阅，很快便发行到广东、广西、江西、湖南与重庆等省市以及海外。

《华商报》复办成功，标志着党中央与港澳同胞及海外侨胞集体合作的又一次胜利，这也是统一战线成功的典范。而作为主要负责人，饶彰风更是对该项工作倾注了不少心血。在创报过程中，饶彰风这个"大管家"除了对出版报纸的大大小小事情十分重视，还十分关心报社的工作人员。对党外民主人士工作上充分信任，生活上无微不至，尽量为他们排难解困。总编辑刘思慕当时还没有入党，由于他熟悉香港各方面的情况而被重用，但是他的家庭人口多，工资也不高，彰风除设法给他一些津贴外，还安排他爱人在报社工作，为他解决了生活上的困难。这仅仅是其中的一例。彰风这份关爱深深打动了众多党外人士。

对党内同志他也百般关照，他专为廖沫沙与任以沛夫妇在坚尼地道安排了一套两大间的住房，并代雇一女工为其做饭。廖沫沙因淋雨生了病，他亲自陪其检查就医，安排住院，忙里忙外。

"彰风，我都不知该怎么感谢你才好啊，你本来工作就很繁忙，还这么有心来看我，为我找医生治病。我，我真的…我真的是……"廖沫沙已经激动得说不下去了。

饶彰风却只是微笑着望着他的战友，他的同志。

仅此两例，便可知彰风的为人。"总管大老爷"的称号也真的是名副其实。

这时，有不少从东江纵队过来的同志，彰风也很注意培养他们，组织他们学政治、学文化、学技术。除了聘请一些有专长的人给他们上课，他也常亲自主持课程，作报告，使他们各方面进步很快。有一位原来只有小学文化程度的"小鬼"，新中国成立后还当了大学讲师。《华商报》的不少工作人员后来都成为了党和政府部门的干部。这位当年的"小鬼"在回忆往事时还感慨地说道，他能有今日的成绩要感谢彰风同志的培养。

彰风在《华商报》尽管百务缠身，还承担了很多其他的工作。为及时传播党中央的声音及新华社发布的新闻，他从游击区抽调干部，在香港建立电台，鼓励党员同志勇敢地毛遂自荐进入电台工作，并建立了新华南通讯社，经中央任命，由他兼任社长——这便是新华社香港分社的前身。

《华商报》才恢复出版几个月，就取得了惊人的成绩。面对这一切《华商报》全体工作人员都十分开心，反动派却沉不住气了。国民党反动派联合国际上的反动力量，千方百计把复刊后的《华商报》扼杀在摇篮中。

1946年5月4日，一群暴徒手拿棍棒冲进了《华商报》广州分社门市部，捣毁门窗、撕毁报纸、殴打员工，饶彰风立即组织全报社人员进行反击，并发表声明谴责国民党当局的无耻行径。

1946年6月28日，《华商报》广州分社和《正报》广州营业处被国民党反动派封闭；香港报刊发行代理和广告客户均遭到特务的威胁、恐吓。国民党反动派的种种恶行极大地影响了《华商报》的发行。饶彰风等相关负责人全力抵抗。香港各界人士与广大读者，纷纷打电话、写信给报社，声讨反动当局，支持报社。

反动派搬起石头砸了自己的脚，《华商报》在群众中的声望反而更进一步升高了，人民更加同情与拥护共产党。

1946年夏天，全面内战已经开始，这时国民党政府已进一步禁止《华商报》在内地发行，在港的敌对分子也对该报进行封锁，《华商报》又一次陷入"经济危机"中。党在极端困难下拨给该报一笔经费，也只能解决短期困难。到1947年，报社困难到连工资都几乎发不出。

"这样下去可怎么办啊。一点经费都没有了，完全不能够正常运行嘛！"

"是啊，现在咱们工资也发放不出了，员工们都没法生活……"

"国民党他们太狠啦！"

《华商报》的员工们议论纷纷，都为报刊的前景而担忧。

于是，有人主张停办报纸。

"我看，不如咱们就结束算了。反正这样耗下去也是停，不如咱们自己先停了。"

大家不约而同地朝这个建议者望去，都惊异于会有人提出如此看法，但是其他人又想不出什么更好的法子。

6月26日，蒋介石悍然撕毁停战协议与政协决议，大举围攻中原解放区。这时人民群众是多么需要《华商报》及时给他们传递可靠的消息，了解人民战争滚滚洪流向前奔腾的大好喜讯呀！

当听说《华商报》要停刊时，广大读者纷纷打电话、写信到报社，坚决不同意《华商报》停刊。有的还亲自来到报社，要求报纸出下去，愿鼎力相助，并亲自给报社募捐。

一时间，"救报运动"风起云涌。读者们还专门设立了"救报运动"目标，一个月募捐十万元。募捐的读者不只限于香港这个弹丸之地，还扩张到了全国，甚至是亚洲、欧美。

中共中央香港分局及时作出指示，支持群众的要求，把"救报运动"推向高潮。彰风身体力行，从原本拮据的生活中省出工资用于"救报"。他不仅以身作则，还大力宣传，号召更多的爱国人士、民主人士参与到这一运动中。

1946年6月29日，《华商报》广州营业处被国民党当局查封，只能通过秘密渠道从香港向华南和广大内地地区发行。解放战争时期，《华商报》在港澳及东南亚各国销量达十万份，这对团结港澳同胞和海外华侨起了良好的宣传作用。

面对水深火热的大环境，《华商报》的运营步步困难，为了不让报纸进入瓶颈期，彰风等人四处想办法，力争为报纸谋一条生存之路。

在为《华商报》筹钱的过程中，除了得到饶彰风等党中央指派的同志的支持，还得到广大爱国民主人士、民族资产阶级等中间力量的支持，其中邓文钊的大力贡献得到了党中央的积极肯定。廖承志向中央汇报《华商报》工作情况时说：《华商报》在经济上靠邓文钊维持，我们未花分文，邓文钊是一个"桥头堡"。廖承志对邓文钊的评价是客观的，从邓文钊与美国记者爱泼斯坦的来往信件中可以看到，他是如何积极主动地为办报及支持革命筹募资金。

邓文钊在写给爱泼斯坦的一封信中写道（原信内容是英文）："我们的报纸（《华商报》）两周前再次出版了，但仍被人破坏。国民党用尽办法阻止我们，我想请美联社写一篇报道在美广播。我们的报纸不能到广州发行，只能让'小鬼'（游击队'小鬼'）去发售。停火协议虽已签订，但内战仍在进行，原东江一带战火未停。我很希望能看到最近出版的有关中国的书，请你多寄来一些全世界的好书。你可否从美国报刊中剪一些资料寄给我。我们需要钱进行救济工作，美国援华会能否做些工作，把钱寄来？'东江'很需要钱。希望你能出一点力。"

邓文钊在另一封信中写道："我想知道美国有没有寄钱到港，是否通过联合援华会（据爱泼斯坦介绍，珍珠港事件后，美、英政府把所有援华组织统一起来，成立了一个叫'联合援华会'的机构，统一汇款到中国）寄来。东江纵队理应得到这笔钱的，他们曾救过八个美国人。他们现在受新一军压迫很厉害，新界广九路两旁受害最严重。新一军把有子弟参加游击队的每一家人的房子都烧毁，并进行掠夺。他们告诉我，新一军比日本鬼子更坏，叫新一军为'新日军'。几星期前，我曾与一批人去访问过他们，想送给他们一些药物。看到新一军在该处的暴行，回来后我病了两天。我希望你能立即筹募一批资金给我转给他们，我会把他们如何救美国人的资料寄给你们。"

邓文钊在担任《华商报》督印人期间，除了全心全意地帮助解决办报的资金困难，他还适时为办报方针提出一些中肯的建议。他曾提出在香港办报必然要符合香港人的口味，而不能照搬以往国内报刊的模式、办法在香港进行，毕竟香港与国内是两种完全不同的环境。据《华商报》采访主任兼港闻版主编赵元浩回忆，邓文钊常对记者说，在香港写什么政治主张都可以，但是凡涉及个人名誉的事，就要核对清楚，有根有据，不可乱来，否则会触犯法律，招来许多不必要的麻烦。尽管邓文钊早已提出了这种中肯客观的看法，但是《华商报》在经营的过程中还是惹上了不少麻烦。当时一些记者朋友太激进，在报道中表现出太鲜明的政治倾向，使得报纸引起香港地方政府的反感，从而给作为法人的邓文钊带来一些麻烦。不过好在邓文钊熟悉香港地头，懂得"游戏规则"，他花钱请客同香港地头说了不少好话，这才使得事情平息。

◎ 肝胆相照——邓文钊与饶彰风合传

有了这些教训后,邓文钊等人更加认识到《华商报》要在这种恶劣环境下存活是要讲究策略的。《华商报》要想存活下去就必须名如其实地增加更多的商界色彩,进而掩人耳目,秘密地宣传解放战争。每每提到《华商报》,让人们很自然地觉得这是一份主要讲经济、商业的报纸。当初,八路军办事处的工作人员在打算创立报纸时,决定起这样一个名字,就是为了借助商界的外衣秘密宣传革命抗日和统一战线精神。这是适合当时那个动荡不安的社会的万全之策。如今抗日战争虽已经结束,但是内战爆发,为了让香港同胞、海外华侨们正确客观地清楚国民党的卑劣行径,了解共产党为国为民所作的贡献,《华商报》担当起这个宣传事实的任务,号召全体华人为了祖国的最终解放而坚持到底。但是,在当时的白色恐怖之下,无法直接公开发表。为了减少损失保存实力,《华商报》只能继续保留以往依靠商界报道的方式,以减少其政治色彩,加强经济味儿,从而降低敌人对它的关注。于是,邓文钊积极联系他的商界朋友,请他们前来做采访,丰富了报纸的商界经济信息量。而正是因为《华商报》经济信息快捷扎实,金融贸易分析和预测都很有特色,读者反映很不错,工商界的读者数量上升很快。那时《华商报》为两大张八页大报,重视国际时事、国内新闻与本港新闻的报道,并开辟有专论、评论和专栏文章,设有热风(后改名茶亭)、文艺周刊、电影周刊、妇女周刊、图书周刊等专栏,各版的主要编辑人员多是报坛精英,各专栏文章的撰稿人也大多是国内著名的作家、学者,可谓群英荟萃。①

《华商报》还设立了作为报社图书出版部的新民主出版社,出版了一些中共的论著(如毛泽东的《新民主主义论》)。此外,还从内地购进一些进步书籍在香港发售。《华商报》所取得的成绩得到了党中央的高度赞扬。1946年5月23日,周恩来致邓文钊及该报的负责人萨空了、刘思慕、千家驹的电报称:"……在诸兄努力之下,成就甚大,至为钦佩……"②

邓文钊将自己的精力完全放在《华商报》上,他时时密切关注着报纸的发展动向。不仅如此,他也十分关心报社里一同共事的员工,关心他们的福利。由于他那平易近人的姿态及和蔼的态度,《华商报》上下同仁都很敬重

---

① 参见叶文益:《广东革命报刊史》(1919—1949),中共党史出版社2001年版,第316页。
② 《周恩来书信选集》,中央文献出版社1988年版,第296页。

他并且亲切地称呼他为钊哥。对于邓文钊热切关心劳工的行为，外界对此十分不解，于是说"邓文钊是共产党"。但对于这些传闻，邓文钊置之不理，仍然坚持当他的《华商报》董事长。"我做我的事，外人喜欢怎么说就随他们吧。"在他看来，是不是共产党并不重要，最为重要的是可以真正帮助国家、民族、人民，为民族做一点事，是不是共产党都不会影响他那颗爱国的赤子之心。

1947年蒋管区发行的《新华日报》被国民党查封后，《华商报》成为中共在解放区以外唯一的宣传报刊。此时，《华商报》身上所肩负的责任更加重大，它成为解放战争时期揭露国民党制造内战倒行逆施行为，动员蒋管区人民和海外侨胞支持解放区的舆论阵地。国民党已经领教过中共宣传的威力，现在他们视《华商报》为眼中钉，肉中刺，千方百计地进行破坏，希望将《华商报》弄垮。这一时期，《华商报》所遭受的磨难阻碍比1941年更为严重。广州的《华商报》门市部被特务打手捣毁；而香港的发行工作也寸步难行："报房"遭到国民党势力的威胁不肯承接《华商报》，使得报纸无法发行。在万不得已的情况下，《华商报》的工作人员直接将报纸交予报贩去卖。然而，反动势力并没有放松对《华商报》的破坏，他们对报贩施加暴力，威胁报贩，而卖报的报童也常常遭到反动势力的毒打。他们甚至还烧毁新印的报纸。在种种困难面前，邓文钊并没有被吓倒，也没有退缩，反而更坚定了信念。"他们（国民党特务等）越是这样百般阻挠，越说明他们内心恐慌，我们不要被他们表面的嚣张气焰给吓跑了，咱们一定要坚守在岗位上。"中共负责人饶彰风被邓文钊的话激励了，说道："同志们，文钊先生说得极是啊，只要我们万众一心，团结一致，定能找到解决问题的办法。"在两位领导者的鼓励下，《华商报》的同仁们个个充满斗志，满怀信心地迎接挑战。

报纸被烧毁，那就印刷更多份；报童被人打，邓文钊抽出时间以董事长的身份亲自慰问被打报童，鼓励他们不要放弃。总之，国民党特务想方设法破坏《华商报》的发行，邓文钊等人努力去挽救，他们相信一定可以突破黑暗重见天日。

国民党反动派发现邓文钊在《华商报》中发挥着重要的作用，于是向比利时公使提出要求，希望借助比利时政府促使华比银行总经理给邓氏兄弟施压，从而迫使他们放弃出版《华商报》的工作。银行方面派人上门找到邓文钊，与他商量："邓先生在香港也是有一定影响的名人，怎么会做些糊涂事呢？当然，我们知道邓先生是被逼无奈才会上了共产党的当为其办事。现在邓先生只要不继续做下去，我们还是可以继续合作的。"

"呵呵，先谢谢抬爱，不过我还是那句老话，宁可退出华比银行，也不退出《华商报》。"

看着邓文钊如此这般执著，派来使者自知这样耗下去也没用，于是自讨没趣地走掉了。

而华比银行是不会辞退邓氏兄弟的，因为银行还要依赖他们做生意，所以国民党拿他也无可奈何。

3. "总管大老爷"

一直以来,《华商报》的办报资金问题是最困扰办报人的。1947—1948年《华商报》又一次陷入了经济危机。为了闯过这一关,报社发动了两次"救报运动",号召大家想办法。此时,饶彰风忽然想到曾有人对他说过,香港沦陷期间日军曾把一批财宝埋在英军军营厨房两侧的空地里。在一次报社会议上,"总管大老爷"饶彰风将他的想法说了出来:"我想我们不如去那里看看,看是否能挖出什么财物出来。"对于饶彰风所说的这一传闻,大家都从未听闻过,不少人觉得有点不靠谱。

邓文钊听后倒是非常支持饶彰风的提法:"嗯,这个主意不错。虽说这仅仅是个传闻,可现在我们也没什么更好的办法了,干脆碰碰运气好了,要是真能挖出点什么那就一切问题好说,倘若没挖出什么,我们也没什么损失,就再想其他办法。我们不能坐以待毙,只要有一线希望都要去尝试,成不成功,有没有结果,要试过才知道吧!"

听完邓文钊发言,其他工作人员相互看了看,想想这的确也是现在唯一可行的办法了,于是大家都同意了。

"那好,大家要是没有其他意见,咱们就开个会一起商量具体的作战方案吧!"

于是,一个"挖宝作战会议"开始了,饶彰风做主持,邓文钊等人参与会议。会上,大家将挖宝所需要的工具及现场的环境都一一进行了详细的分析,最后会议决定:由邓文钊负责探路,解决进军营的问题;由陈景文挑选几个可靠的工友,负责挖掘;而饶彰风等则守候在报社等待消息及做好后勤工作。

当时《华商报》的相关工作人员中,就只有邓文钊在香港社会上有一定的地位,而且他有出国留学的经验,会说一口流利的英语,这些条件足以让他胜任探路的任务。他在行动前几天联系上守营的军官,英国军官知道邓文钊的社会地位，因此对他也没有太多防备。邓文钊将他们挖宝的计划告诉守营军官，并告诉他说将会把所挖的财宝与他分成，军官一听有财宝可拿，立马答应了邓文钊的要求，同意在他们前来挖宝的那天在军营门口接应他们，保证他们顺利进入营内挖宝。

几日过后，邓文钊、陈景文等一行四人一大早吃过早餐便带着挖宝的工具锄头、铁锹，带上午餐乘车前往"宝地"。车还没开到军营门口，他们就看到守营军官已在那儿等候他们了。车停好，一伙人下了车，邓文钊走在最前面，他朝守门的军官挥挥手，守门军官立刻迎上来同邓文钊嘀咕了几句，接着就打开营门让他们四人进去。他们走到饶彰风所说的那块空地后，陈景文等人便立马抄起家伙使劲挖起来。

"兄弟们，大家加油使劲挖啊，争取在午饭前弄好。刚才那位军官跟我说了，到时候会有军队来查岗，所以我们必须在他们没来之前挖出来。"在一旁"督战"的邓文钊说道。他们这次的行动是很秘密的，是怕惊动上面的人惹来不必要的麻烦。

陈景文等几个人连续挖了几个小时，除了挖出一些空罐头和一些乱七八糟的杂物，一点值钱的东西都没挖到，更不用说财宝了。中午时分马上就要到了，邓文钊看着已经挖得筋疲力尽的陈景文等人，关心地说道："景文，算了，别挖了，我看这里是没有货了。我们还是先离开吧，要不等到英军大队人马来了就难脱身了。"

陈景文一看时间，离英军查岗的时间已经不远了，再挖下去也没什么东西，还不如先回去再商量。于是邓文钊、陈景文等一行四人拖着疲惫的身体，拿着工具，双手空空地离开了。回到报社办公室，他们将今日挖宝的经过一五一十地告诉饶彰风："彰风兄，我们是按照你一开始说的地点去挖的，可是真的什么都没有。是不是地点错了啊？"

"不会的，就是那里，我后来又去打听过，地点错不了。大家不要灰心，反正今日我们只是挖了空地的一半，说不准日本人把财宝埋在另一边呢，明日你们再去看看吧！"

"好的。"

第二天，邓文钊、陈景文等人又来到英军军营，在空地的另一侧开始挖掘。可是和第一天一样，他们把地挖出个大洞还是一无所获。四人只好又一次空手而回。

回来后，大家都在纳闷是不是本身这个情报就有误，故意害人的呢？后来饶彰风仔细分析了一下，解释道："这个情报是当年在军营里的一位厨工提供的，也许是因为时间久了中间有变化。或许是日军撤退时自己就把财宝挖走了，厨工也不知道。"大家见饶彰风所说十分合理，便也不再去讨论这次挖宝的事情了。

"没关系，这次就当是做了一次户外运动好了，当做是找到解决方法前的一次强身训练吧！"饶彰风打趣地说道，众人哈哈哈大笑起来。

虽然此次挖宝事件并没有达到预期的效果，但是经过这次行动，加深了中共中央党组织与广大爱国民主人士及港澳同胞之间的密切联系。而邓文钊不计个人身份的尊卑，与普通职工一起全心全意支持解放战争事业的作战态度，给饶彰风等人留下深刻的印象，得到众人一致好评。

彰风欣赏文钊，正如文钊欣赏彰风一样，经过长期的工作合作，二人之间的友谊之花愈开愈大。也正是有了这份真挚的友谊及共同的革命理念，才会有后来的"仗义执言"。

《华商报》的创办经营过程就已经向世人展示了抗战时期中共所提倡的统一战线的强大力量。正是在党的正确领导下，积极团结广大爱国民主人士，《华商报》才能创造出一个又一个神话般的奇迹，才能产生一个又一个感人肺腑的故事。关于《华商报》复刊，华嘉亦更浓墨重彩地描绘道：

> 负责《华商报》复刊的筹备工作的是饶彰风。他是个讲究效率而又和蔼可亲的实干家，从10月开始，没到年底就做好一切筹备工作，只等出报。这时各地来的人陆续到广，很快就组成一个很强的工作班子：总编辑刘思慕，副总编辑廖沫沙，主笔狄超白。后来萨空了调来任总经理，才减轻了饶彰风一些行政工作。跟着又成立了社论委员会，那都是著名的作家和学者，先后为报社撰写社论的就有章汉夫、乔冠华、许涤新、张铁生、陈此生、夏衍、邵宗汉、胡绳、邵荃麟、冯乃超、黎澍、黄药眠等知名人士。

《华商报》是1946年1月4日正式复刊的。复刊初期正是重庆和平谈判、签订"双十协定"之后，准备召开政治协商会议。但是，1月政治协商会议刚刚闭幕,2月就开始刮起反动的风暴。3月10日发生了重庆的"较场口事件"。5月4日广州也发生捣毁《华商报》广州分社和兄弟图书公司事件,随后更出动广州军警搜掠和封闭进步报刊。同时,在上海也封闭了刚刚创刊的《建国日报》(即《救亡日报》)和《新华》周刊。于是,广州、上海、重庆等地的著名作家、艺术家和文化界人士,又一次先后陆续被迫转移到香港来。

复刊后的《华商报》,不仅保存了1941年那种战斗的风格,而且还有所发展。在这期间,副刊除了散文、杂文、小说等方面有很大的收获,还在理论上有很大的成就。

这个时期的《华商报》,先后发表的长篇散文连载有:茅盾的《苏联游记》,爱伦堡的《美国印象》,刘尊棋的《访美见闻》。还有萨空了的《两年的政治犯生活》,愤怒地揭露了重庆政府严重侵犯人权,迫害民主进步人士的恶行,并积极宣传爱国民主战士的勇敢斗争。1948年8月25日开始,《华商报》还连载了郭沫若的《抗战回忆录》,更是轰动一时。这部长篇散文,一直连载到郭沫若平安回到当时的北平,12月5日才刊载完毕。后来经郭沫若修订后改名《洪波曲》出版。

杂文仍然是《华商报》最善于使用的文艺武器。第二版的"今日的问题"专栏,复刊不久改名为"每日展望",评论的范围扩大了,而且每篇都署名。写得最多的仍然是夜班值班的总编辑刘思慕和廖沫沙,同时也约请了知名专家写稿。另外,为了适应民族解放战争形势的迅猛发展,及时向读者介绍战局情况,在第二版增辟一个"每周战局"的专栏。开始时还没引起注意,但不久就受到读者欢迎和喜爱。因为这些文章语言生动,笔锋犀利,形象生动,以大量事实说明问题,说理透彻,通俗易懂,与其说是政论文章,不如说是极富艺术感染力的散文。这个专栏的作者署名"怀湘",即廖沫沙。廖沫沙在那个年代是十分勤奋的多才多艺的作家,写得很多很好。他在《每周战局》和《群众》周刊及其他刊物发表的军事论文,都是轰动一时的。最近已编辑成书定名为《纸上谈兵录》出版。

复刊后的《华商报》的副刊,先改名《热风》,后改名为《茶亭》,对杂文更是一如既往地十分重视,而且还有了很大发展。副刊每天都有

中篇　3. "总管大老爷"

一篇"花边文学"的专栏,虽然多次改变名称,战斗的风格却仍然是很强的。《热风》初期的杂文专栏叫"无所不谈",署名"东方未白",是刘思慕、廖沫沙、胡希明、吕剑等人的集体笔名。同时,还有少史公的"俯拾即是"和申公的"和平谈屑"。到1948年就只剩下一个专栏,叫"今日谈"。副刊改名为《茶亭》,初期曾开辟了"楼栖"和"秦牧"两个杂文专栏,到1949年又统一改为"家常话"。复刊后的《华商报》的杂文专栏作者,最突出的一个是"三流",即胡希明。他继承和发展了1941年的《东拉西扯》的传统风格,先后为副刊写了这样一些专栏:《热风》的"心照不宣"、"欲说还休";《茶亭》的"亭边琐语"等。他每天都到报社来,看副刊的大样,还看"读者版",兴之所至,抓住题目就即兴发挥,都是三言两语,有时是"打油诗"或他自称的"新乐府",嬉笑怒骂,淋漓尽致。他的杂文风格独树一格,在当时固然是只此一家,到现在还没看到来者。特别是以后他主编"周末版",更是英雄大有用武之地,成为广大读者喜爱的杂文作家之一。

《华商报》不仅连载了内地著名戏剧家章泯的五幕剧《恶梦》;同时连载了司马文森写香港社会生活的小说《阻街的人》,开创了表现此时此地生活的创作道路。跟着,夏衍发现和推荐了黄谷柳的处女作:《虾球传》第一部《春风秋雨》,在《热风》副刊连载并获得了读者的赞赏。作者在读者的鼓励下,随后接连发表了第二部《白云珠海》、第三部《山长水远》。《虾球传》一直是深受读者欢迎的畅销书,并在建国后一再被改编为电影和电视,影响甚大。还有世居香港的著名本地作家侣伦,也在《热风》副刊发表了长篇小说《穷巷》,这是这位创作态度严谨、文风独特的作家的一篇力作。这里说的只不过是随手拈来的一些例子,当然还可列举很多新人及其作品,由于篇幅关系,就不再赘述了。

复刊后的《华商报》也不是一帆风顺的。1947年10月,报社已经穷到办不下去,只好公开在报上发起群众性的"救报运动",呼吁广大读者支持报社捐款办报。在"救报运动"期间,收到成千上万的读者来信,几乎每封信都对报社提出批评和建议,使我们有机会听取这些来自广大群众的意见,从而制定革新的措施,更加坚定地走通俗化、大众化的道路。既不相同于某些本地报纸的低级趣味和庸俗化,但又要适应香港普通市民的阅读能力和欣赏习惯,才能使我们的报纸更为读者所喜闻乐见。在这样的思想指导下,我们作了各种各样的尝试,但也不是都能达到预期的效果。这也反映了40年代香港文学在通俗化和大众化方面的道路是曲折的,有成功的经验,也有失败的经验,值得作为专题去研究和探索。

1949年初,为了适应解放战争迅猛发展的新形势,《华商报》采取了一些新的措施。增加了"星期增刊",新设《新中国专刊》、《新中国文艺》、《笔谈》、《工作与学习》、《舞台与银幕》等五个专刊,同时开辟一个《华南版》,加强报道华南解放区的新闻。这个期间的《华商报》,大量刊载解放区作家的作品,《茶亭》副刊还连载解放区作家李尔重的小说《落后的脑袋》。

40年代的香港文学活动是十分活跃、丰富多彩的,不是只从《华商报》这一个小小的侧面能说得清楚的。譬如说,在当年出版的众多文学刊物里,就有不少影响极大的名家佳作。像萧红的小说,聂绀弩的杂文,黄药眠的理论文章,还有诗人袁水拍的《马凡陀山歌》等等,都是香港文学库藏的瑰宝,不仅文艺界早有定评,而且至今仍为广大读者所传诵。这里限于篇幅不能一一评述,深感遗憾。

40年代的香港文学,是我国抗战文艺和人民文艺一个重要的组成部分。在两个高潮时期都起着团结的、民主的、进步的文化中心作用,不仅对内地和本地影响很大,而且对海外的华文文学也有极其深远的影响,至今仍然有着重大的作用。40年代的香港文学,是以现实主义为主流的文学,植根于人民的生活和斗争,反映人民的生活和斗争,并为人民的生活和斗争服务。40年代的香港文学,继承了五四运动以来的优良传统,同时又随着国内外形势的发展有所革新和创造。因此,40年代香港文学,有不少值得借鉴的经验和教训。我们今天回顾年40代的香港文学,不仅是为了研究史料、探索过去,更重要的是为了有利于创造今天和明天的香港文学。我们期待着香港文学一次规模更大的新的高潮的到来!

3. "总管大老爷"

　　这里应多说几句是,黄谷柳的《虾球传》现在已成为广东文学中长篇小说的几部经典力作之一,与《三家巷》、《香飘四季》一起成为岭南文学足以传世的杰作。尽管黄谷柳未能在 1957 年的反右斗争中得以幸免,《虾球传》的传世却是不可改变的……

　　1947 年 3 月,彰风离开了香港,奔赴南洋,为《华商报》的生存,也为党的统一战线工作,深入到数百万爱国华侨当中……

4. 穿梭南洋

南洋自古以来便凭借海上丝绸之路与岭南紧紧地连结在一起。广东三大民系在开发南洋中均建立了不朽的功勋。两千年来，他们一直与故土血乳交融。尤其是辛亥革命中，南洋华侨不仅大量捐款，而且派出他们的子弟，以血肉之躯摧毁了中国最后一个封建王朝。抗日战争中，东江纵队里更不乏华侨子弟，他们出钱、捐物，为民族解放事业作贡献。

内战爆发后，因战略需要，我党主动撤离延安。国民党当局大肆宣扬其"胜利"，使许多华侨对祖国的前途和命运忧心忡忡。为了进一步团结广大侨胞，扩大爱国统一战线，将革命进行到底，1946年底，我党派丁波、吴荻舟、陈夏苏等人带领干部和文艺工作者，分别到泰国、马来西亚、印尼等地开展华侨工作。临行前饶彰风一再叮嘱他们，要团结广大爱国华侨，扩大爱国民主阵线，同时做好募捐工作，解决《华商报》经费拮据等问题。

丁波等人正在为外出整理需要的行李，突然一个身着中山装、满脸笑容的小个子走了进来。

"呵呵，大家都在收拾东西呢——"

"呀，是彰风同志啊，快请坐啊，房子太乱了，不好意思啊！"

"没事，你们继续忙吧。我就来看看大家，顺便再跟大家伙说说工作的事。"

丁波等人三下五除二将东西整理好后，都一一聚拢在彰风身边，细心聆听。

"南洋历来和我国有密切的往来，在那里有我们几百万的华侨，他们有着光荣的革命传统。你们大家到了南洋后，要赶快扎根下来，既要深入到青年学生中去，也要做好上层的统战工作，帮助他们认清形势，做好爱国民主运动宣传……"

"彰风同志，请放心吧，我们一定完成组织交代的任务。"

中篇　4. 穿梭南洋

就这样，带着雄心壮志，丁波一行人出发了。

月朗星稀，阵阵微风迎面吹来，虽说已是深夜，但是香港这个繁忙的小岛上依然灯火通明，人影如织。

丁波等人来到港口边，陆陆续续上了船，正当要开船时，一阵阵脚步声越来越近。

"船上的人全部下来，快点，下来！"

"为什么啊？这是我们订的船，我们怎么不能坐了？"

"叫你下船就下船，少啰唆！"

就这样，一群水上警察将丁波等人强硬赶上码头，说香港法律规定，货船不准搭客，船上便只留下行李道具。这下可急坏了丁波等人，因为中国歌舞剧艺社已与曼谷"东舞台"签有合同，一周后就得上演，此期间内又无客轮，逾期的罚款可承受不了！

丁波等急得如热锅上的蚂蚁，坐立不安，一筹莫展，不知道该如何是好，最后只得去找饶彰风商量。

这边饶彰风得到消息也大吃了一惊，报社经济已告急，屋漏偏逢连夜雨。他随即镇静了下来，说："不要紧，好事多磨嘛，只要有决心，就不会有处理不了的事情。"

丁波等人看着饶彰风的镇静样，也不那么担心了，仿佛彰风给了他们一颗定心丸，他们相信彰风出马就没有解决不了的事情。

彰风明白，南洋那边的演出时间是第一要紧的问题，他亲自出面，以报社担保，发挥他那高超的口才，迅速借到了买飞机票的钱——39人飞曼谷，可不是小数。

当把飞机票放到丁波手上时，他语重心长地说："困难还会有的。你们到了南洋，恐怕困难还会更多，要有思想准备。"

丁波等人手握着这沉甸甸的机票，沉重地答道："彰风同志，你放心，我们会克服各种困难的，不管前面有什么难关，我们都不会退缩！"

彰风紧紧握住丁波的双手，重重地点了点头。

"可是，这机票的钱不是小数目啊，你可以应付过来吗？"当丁波接过机票时，担心飞机票钱太多，一下子还不了。彰风笑一笑说："放心吧，再想想办法，总会解决的。"

看着彰风脸上那轻松的笑容，仿佛并没有什么严重的事情发生，丁波也信任地回了彰风一个微笑。他们此刻内心是相通的，目前只有笑着面对问题、勇敢去解决才是最好的方式。

经过几番周折，艺社终于及时赶到了曼谷，演出获得了极大成功。南洋的众多华侨已经很久没有这样痛快地欣赏祖国的艺术表演了，很多人在观看中都情不自禁地热泪盈眶。出色的艺术表演获得了南洋华侨的一致好评。同时，丁波也没有忘记临行前饶彰风的嘱托，此行的目的是为了团结广大的南洋华侨，表演只是一种手段，因此在表演中丁波等人随时找空闲与各位华侨进行思想交流，向他们介绍国内抗日革命的情况，以及在革命中所遇到的困难。各位华侨听到祖国被置于战火中，同胞们在遭难，心中都愤愤不平，也都积极响应革命，表示出支持国家革命事业的决心。

丁波等人在南洋将统战工作做得十分出色，获得了很多海外华侨对国内解放革命的募捐，这些钱后来不仅还掉了不菲的飞机票钱，也让党在经济上站住了脚。

中共党员陈夏苏被党组织派到印尼巨港工作，因为在那儿同样有着广大的华侨同胞。陈夏苏到巨港后，复办了一所华侨学校，这所学校原来是广东华侨创办的。当时在巨港还有另一所由福建华侨办的中华中学。在彰风的指示下，陈夏苏十分注意与中华中学协调关系，这赢得了广大华侨的好感。此外，为了进一步加强两所学校间的关系，彰风还陆续派干部到巨港，在那里建立领导班子。经过一段时间的努力，在巨港工作的党员干部逐渐取得了巨港华侨的信任，而巨港的华侨们也日益团结。因为大部分华侨本身就有被欺压、被迫害的经历，所以十分能体会同胞被日本侵略者残害的痛苦。同时在中共党员的思想教育下，他们内心深处的爱国意识逐渐明晰。广大华侨对中国共产党也有了更深入的认识，爱国民主力量逐渐强大。与此同时，募捐工作也风风火火地进行着。以"救济祖国饥饿文化人"的名义，募捐到了约20万印尼盾，及时支持了《华商报》和香港文化人士。那一时期，很多华侨在经营自身生意的同时，不顾自身的生命安危，也帮助发行《华商报》等许多进步报刊。常常是每卖出一份自己的产品就顺便送别人一份《华商报》。

在演出三个月后，由于艺社人员来自不同团体，内部闹不团结，丁波束手无策。时逢彰风从香港过来，丁波立马将情况汇报给他。彰风信心十足地笑着说道:"丁波同志,对于一个集体来说,团结很重要。现在咱们的艺社队伍人心不和,这自然会产生不好的影响,但是我们也不用太担心,问题没有我们想象得那么严重。"

见彰风说得这么有把握,这么轻松,丁波心中明白,彰风自有办法。

翌日,饶彰风召集艺社全体人员开了一个小会。等大家都到齐后,彰风笑吟吟地说道:"同志们,这三个月的演出都辛苦了。党中央知道大家为了这次任务都作出极大的努力。而你们的成绩我们大家也是有目共睹的。"彰风对艺社人员进行积极的肯定,充分调动了他们的积极性。看到大家伙脸上露出满意的笑容时,彰风立马换了一种语气接着说道:"不过,近来听闻咱们艺社群体中出现一些小矛盾,呵呵,矛盾是无处不在嘛,再说了,人也不是圣人,总会有犯错误的时候,人也总是有缺点的。其实这些都不可怕,怕的就是有缺点、犯错误后不知道怎么去面对。我看呢,我们也应该学习延安整风的精神,既要看到成绩,也要看到缺点,积极开展批评与自我批评,问题一定会解决。"

听完彰风的发言,艺社的员工们都沉默了,都开始反思起自己这三个月来的表现。就这样,经彰风提议与开导,艺社的员工们采纳了彰风的意见,在客观平静的"批评大会"中,矛盾解决了。一支生气勃勃的文艺队伍又重新活跃在南洋了。经过这次事件之后,彰风更是被艺社的员工们称为"及时雨。"

不久,艺社便在彰风的安排下先后到了马来西亚、新加坡等地演出。即使在英殖民当局大搞白色恐怖的状况下,由于有彰风直接指导,巧妙地与敌对势力周旋,演出仍一场又一场地继续着。

一直到1948年9月,英殖民当局命令艺社限期于年底离境,而这时国内三大战役已打胜。

离开泰国后,1947年4月彰风去了马来西亚。在那里,他巡回各地,给华侨作报告,解释我党主动撤出了延安、张家口等地,为的是积蓄力量,更有效地打击挑起内战的反动分子。彰风的报告极为雄辩地说服了听众,使广大华侨增强了中国革命胜利的信心。

彰风知道,毕竟华侨与内陆的广大农民群众、工人阶级不同,他们没有直接感受到日本侵略者带给中国人民的压迫与苦难,另一方面,国民党反动派时时散布虚假信息,而华侨们身上具有一定的资产阶级脾性,很容易会受到影响,所以必须加强革命宣传,才能更好地团结这股力量,真正建立一个全民族的统一战线。

当然,统战工作并非一帆风顺。很多时候华侨出于一种自保意识,无心涉足政治事务,所以保持中立态度,而彰风坚信只要好好地宣传,做好思想工作,一定可以将广大华侨同胞争取过来。

在南洋宣传的这段时间,饶彰风也亲力亲为。他亲自拜访了在海外享有盛誉的华侨领袖陈嘉庚先生。在他的坦诚介绍下,陈先生终于看清了蒋介石的真面目,全面认识了中共的政策和主张。陈先生完全被打动了,他与广大爱国民主人士一同积极捐款,以支持解放战争。

翌年2月,饶彰风又一次被派往马来西亚,去建立新华社新加坡分社。他还特意带去了周恩来副主席、朱德总司令及廖承志等著名人士的手迹相赠,以此来表示我们党对海外侨胞的亲切关怀和深厚的情谊。

周恩来亲录了沈钧儒先生的七言律诗:

> 经年不放酒杯宽,
> 雾压山城夜正寒。
> 有客喜从天上至,
> 感时惊向城中看。
> 新阳共举葡萄盏,
> 触角长悬獬豸冠。
> 痛哭狂欢俱未足,
> 河山杂还试凭栏。

朱老总则拿出自己的一首气吞河山的七绝:

> 身经百战饮倭头,
> 不净拥尘剑不收。
> 鸭绿江边期啸傲,
> 何须九世报斯仇。

还有廖承志画的梅花等等，侨胞们无不为之欣愉。

一到新加坡彰风便马不停蹄，通过各种关系，打通各个渠道，终于在英殖民当局政治部注册成立了新华社新加坡分社，社址设在国际书店大厦。饶彰风出任该分社社长。在此之前，新华社在海外仅有伦敦、香港两个分社。

饶彰风在主持分社工作之际，重操老本行，办起了《新华周报》，在南洋各地通过爱国侨胞代理推销，影响迅速扩大。与此同时，他开办了新民主出版社，积极推销国内及香港的进步出版物。

除了华侨领袖陈嘉庚，饶彰风还通过该分社争取团结了华侨工商界、文华界、教育界、新闻界众多知名人士，如庄希泉、沈兹九等人，号召与鼓励广大爱国华侨支援祖国的人民解放战争，并积极援助在港的《华商报》、《光明日报》等各种进步报刊，争取言论自由，支持有识之士。

他还帮助胡愈之等办好在新加坡的《南侨日报》，并从旁支持《南洋商报》、《星洲日报》和《星槟日报》等各种报纸。

同时，该社广泛介绍进步知识分子从各地转至马来西亚，充实文教方面的进步力量，发展华侨教育。他亲自鼓励胡一声先生复办马来西亚加影华侨中学，并介绍了众多进步的教师担任教导主任、班主任及各门教学老师。

南洋一时之间成为另一个革命摇篮，充满着斗争的激情与高昂的情绪，成为中国内陆革命战争一个强大的支援地。

殖民主义者恐惧了、紧张了。英帝国主义又一次实行了排华的紧急法令。不少爱国华侨被迫害而回到了香港。

1948年6月，马来西亚的形势严重恶化，新华社新加坡分社也被停止了工作。6月底，彰风奉命回到香港。在走之前，丁波所带的艺社正好在吉隆坡演出，面对当时严峻的局势，丁波等人不知该如何应对。于是，丁波便去新加坡找饶彰风。每当关键时刻，彰风总能帮助他们化险为夷。

"彰风同志，现在我们艺社正在吉隆坡演出，可是当前政治形势严峻，各种反动力量不断阻拦，之前所安排的演出可能内容上不是很适合，我们这一时半会儿不知道该怎么应付啊！"丁波急切地看着饶彰风，等着他给出出主意。

饶彰风仔细地分析了新加坡、马来西亚的形势，认为艺社仍可能留下来演出，并且指出在演出内容上不要犯过"左"的毛病。"现在局势比较紧，华侨们不能迅速适应过来,所以咱们不能心急,要慢慢来,要符合华侨的心理。"就这样,依据彰风同志的说法,艺社又坚持了半年。

直到1949年1月,该社收到了彰风的回电:"准备物资,如期回港。"他们这才启程返航。

彰风在香港迎候他们,与他们一一握手问候,并说:"你们平安回来,就是胜利。你们出去39人,回来47人,这是更大的胜利。你们在海外两年,演出成功,收获很大,党组织对你们的工作非常满意,要我向你们祝贺。"

饶彰风穿梭于南洋的这段时间,极大地拉近了大陆与海外华侨之间的关系,为革命的统一战线的建立作出了积极的贡献。这也使得饶彰风更加了解广大华侨们的心理,获得了广大华侨的信任,而正是这份信任才使得他的统战工作效率如此之高,也为他今后的工作打下了基础。

5. 传奇故事与历史遗产

关于《华商报》，关于邓文钊、饶彰风，有不少传奇故事，著名作家、也是《华商报》成员的杜埃，在《那一夜》一文中就回忆道：

一天下午二时多，我回到《华商报》上班，编辑部主任高天告诉我一个紧急消息，说有情报，说歹徒今晚要对我报行动——爆炸和捣乱。接着章汉夫、饶彰风、萨空了、刘思慕等负责同志开了个会，我记得报社的督印人邓文钊先生也来参加。得知消息的来源和根据后，大家议论开了，着重讨论对策，分几方面进行。会议动员报社编辑部、经理部、有利印务公司、新民主出版社的人员作好各种准备工作。《华商报》地址在干诺道中，是连在一起的两栋五层楼，两栋楼各层打通，楼下为新民主出版社门市部，内进是有利印务公司印刷机器间，二楼是排字房、装订部，三楼是编辑部，另一边是党刊《群众》周刊编辑部和新民主出版社编辑部，四楼是经理部，五楼是宿舍，楼顶是天台（两幢楼连成一片）。编辑部预先做好发稿工作，留下一些版位给战讯和本地社会新闻，记者尽量提早写好当日采访的新闻，并增加当晚值夜人员。工作量最多的是经理部，包括有利印务公司经理部。饶彰风、杨奇、陈景文等分别布置提早排字、保卫机器和整个保卫工作，包括布置人力在五楼顶上的天台防守。此外便是重点做好首当其冲的楼下的新民主出版社门市部的防卫工作了。我们编辑部、两个经理部和宿舍人员都必须经过楼下门市部出入，平日楼梯安放在门市部侧旁，这个要害通道必须由各部门共同负责，包括调派精壮人员准备打斗，备上木棍、石块等硬武器和细沙等防火物品和药物。另一重要的防备工作则是各部门与外界保持电话联系，特别是附近的工会和警察署。章汉夫、饶彰风负责向香港政治部和警察署联系，要求派人巡逻、监视和采取措施维持治安，协助防止破坏《华商报》。章、饶、杨等人还与港九工联会主席取得联系，各工会尤其是在香港的工会，动员工人参加保卫。工会是强大的保卫力量，是《华商报》的坚强后盾。

入夜后，做好自身工作的人员先行回家，留下各部门主要负责人和应变人员，特别是楼下门市部，戒备森严，九时即已关上铁门，里面集中了待命的保卫力量。那一晚，章汉夫、萨空了、饶彰风、思慕等人到十一时，不见有动静，杨奇、陈景文、高天和我便劝他们回家休息，有事随时与他们家里电话联系。他们几位负责人便先离开报社，我和杨奇、景文（似乎还有高天、赵元浩、麦君素）则留守值夜。我是编辑部长期值夜班的，平时约凌晨四时看完清样签了字，待出了第一张报才下班等电车开行回七姐妹住宅去的（当时只一人看清样，没人轮班）。我发完新华社发来的解放战争的最后战讯，便与在编辑和校对室的顾明、王家祯、汪学勤一起（他们作了最后校对），一边等第一张报出版，一边与他们闲聊并注意四周动静，时不时打电话到楼下问值班人员有无发生什么迹象。已回家去的章汉夫、饶彰风也来了询问情况的电话。

终于，戒备森严的这一夜过去了。第二夜、第三夜也平静无事地过去，最后也不见发生事件。

这一次爆炸破坏事件未发生，事后研究，主要是三个方面的因素：一、当时解放战争迅猛发展，香港当局也看到了发展前途，他们对民主势力当然一只眼开一只眼闭，采取了不偏不倚而实际对我方有利的态度。爆炸一事是影响香港社会治安的大坏事，不是对一个报馆的问题，而是大的社会治安问题，香港当局不能不承担责任，可能他们在这方面采取了预防和抑制措施；二、民主阵营方面有广泛的社会力量支持，又有强大的港九工联会属下各行业工会的实力支援，这个力量在精神上也起了很大作用；三、这与我们报社和印务公司、新民主出版社的人员斗志昂扬，信心很足，做了内内外外的准备也是分不开的。所以这次歹徒爆炸事件终于胎死腹中，成了未遂的阴谋。

中篇 5. 传奇故事与历史遗产

麦君素也记下一件"义举":

趁着香港陆续恢复与各国港口的通航,港九不少商办的旅行社随之成立,或代侨属办理出国会亲,或代侨属接待回国亲人。每当轮船靠岸或班机抵达,这类旅行社就领着一批批侨属,拿着被接待人的名牌在码头或机坪迎候。这些旅行社绝大多数都是正当商人经营的,且带有服务桑梓的性质(他们的接待对象多带有地域性)。但也有一些为非作歹之徒,乘侨胞人地生疏之机而施展种种不法手段坑害侨胞。因此,像《洋轮码头发现骗匪出没,美洲归侨大批行李失踪》(1946年8月1日),《爆仓老鼠猖獗,组织诡秘严密》(1946年8月5日)等揭露性新闻报道,便连续在《华商报》的版面出现,以引起有关部门的注意和侨胞的警惕。对于侨情方面的采访,王修平花了大力气沟通各方面关系,获得不少准确的信息。尤其值得一提的是拯救归侨谢老伯于绝望中一事。事情经过是这样的:美国老华侨谢××,于1947年秋带着一生在美的积蓄——折合当时港币约五万元——乘航轮回国,到香港后便遇到骗子,把他带到开设在干诺道某号三楼的一间"办庄",并把他接待起来,每天酒肉美食相待。十余天后,骗子就说服他把带回的四万余元港币加股到"办庄"里,以后又诱他到赌场去赌博。开始谢老伯还可以赢得一点钱,过不了几天便输得一败涂地,把投在"办庄"的那四万余元股本也贴上了。在谢老伯痛悔之余,骗子便惺惺作态,拿出三千元港币给他,劝他回乡盖间房子安度晚年。谢老伯无可奈何,回到原籍中山县,本想就此认命算了,后来越想心越不甘,便折回香港想找骗子算账,但骗子有很完备的法律手续,使谢老伯无从反悔。正当老伯面临绝路痛不欲生时,王修平了解了事情的经过,激于义愤把事实在报上揭露了,又直闯"办庄"找到骗子的头头们论理(此举是冒生命危险的)。经过几天的争辩和讨价还价,骗子们终于愿意退回所骗金额的70%。事情的结果是:谢老伯高高兴兴地拿回近三万元港币回乡定居;王修平为侨胞办了好事;骗子们却自认倒霉。我问骗子的头头怎会忍得下这口气?他叹息说:"你们的来头大,我们则要顾全'后路',否则又有什么办法?"

肝胆相照——邓文钊与饶彰风合传

一份办了又停,停了又办,反反复复累计起来也不过只有几年时间的报纸,何以在一部中华民族的解放史,乃至经济史、文化史上留下如此辉煌的一页?这恐怕是与两位身份迥异,各自代表不同阶层、党派的人物精诚合作、肝胆相照分不开的。

香港作为自由港,在"二战"后经济恢复的过程中,《华商报》无疑也发挥了重要作用。已故的《华商报》记者麦君素,对此有过深情的回忆:

> 1945年9月港九地区光复后,广大居民面临的问题是战后百业待兴,而各业的恢复都要面对劳动报酬的合理性问题。从1945年年底至1948年间,劳资双方协商合理改善各业工人的生活待遇,有些演变成纠纷,从三大船坞、五电一煤等大工业到纺织、成衣等轻工业,从茶室、酒楼等服务行业到渔农船政行政管理部门,此起彼落。在此期间,我们的报道方针是详细反映劳工的困难生活和他们要求的合理性,支持港英当局有关部门的合法合理调解,鼓励资方按互利原则尽量与劳工协商,避免造成对抗性的后果。根据这样的方针,当时负责采访工运(工人运动)的记者司徒坚、林堃深入各方面采访,作了多方面翔实而客观的报道,在消息详尽、准确和客观方面居于各报的首位,不少同业记者在工运的关键时刻要靠我们的记者来核实一些他们无法采访到的消息。1948年秋,在某工运领袖的一次家宴席上,港英政府劳工司苏文对我说:"这几年,《华商报》的工运报道帮了政府很大的忙,使政府洞察到工人的深层生活,调解起劳资纠纷来容易有的放矢。"

对于香港的工商业,第二次世界大战后,除了恢复,还面临一个改造的问题。香港自开埠至第二次世界大战前,要服从宗主国对殖民地利益的掠夺,是按转口商埠的蓝图建设起来的,因而领导香港社会经济的是香港的英资银行和四大洋行集团及其附属的买办资产阶级。由于抗日战争使内地资本有不少向港转移,也由于第二次世界大战中新的科技成就促使世界经济结构的改变,促使香港的工商业社会经济结构要摆脱战前的转口经济,建立起适应战后香港工商业相对独立发展的经济体制。1946年至1947年间,香港对外的交通运输基本恢复,新科技产品输入香港市场,如新药、钟表、塑料用品、文具等等,促进香港的商业结构改变。许多战前必须依赖洋行进口的商品,现在大部分都摆脱买办资产阶级的控制而直接经营。同样,这也促进香港固有的轻工业如纺织、成衣制造等迅速恢复,新兴工业如搪瓷器皿、塑料用品和装饰品制造等纷纷建立。这些轻工业产品除满足港九居民日常生活需要外,也供出口参加国际经济竞争。这样一种工商业经营发展趋势,在很大程度上改变了它原来的经济架构,加强了对内地市场、原料和资金的依赖性。种种因素促使在发展中的工商业主反思,过去掌握在小业主和小手工业主手中的"香港中华厂商联合会"和为买办资产阶级控制了数十年的"香港中华总商会",是否还能在今后的发展中起作用。于是,到了1947年秋冬之际,两团体所属的各业会社纷纷酝酿从下而上的社团改组,进而改组这两大团体。这一进步的愿望和行动要求我们给予足够的重视,版面上给予充分的支持和正确的舆论诱导。王修平、司徒坚两人费了大力气去接触这两方面的有关人士,作了巨细无遗的出色报道。在两团体竞选的关键时刻,经济版赵元浩、孙孺两位也支持了我们的版面。由于这一时期我们接触了香港工商界的很多头面人物,以及我们对他们所进行事业尽力支持,改变了大部分人对报纸的政治成见。有些人还从此注意和开始研究中国共产党的经济政策,使得一些人于全国解放后将资金转回内地投资,对共产党的领导极度依赖。

这段回忆,专门提到经济版的孙孺,而30多年后,孙孺与从《华商报》出去的卓炯等人,均在改革开放中被誉为"社会主义市场经济的开拓者",笔者更曾浓墨重彩地写到他们,视他们的理论为《华商报》的重要历史遗产:

> 经过长期革命战争的考验,尤其是在广东民族抗日先锋队的出色表现,卓炯于1939年光荣地加入了中国共产党,并被党安排为《新建设》等刊物的编辑。抗战胜利后,因支持与参加学生的进步活动,被特务告密,只得离开内地,取道香港,由饶彰风及《华商报》安排出了国,后出任华侨的中学校长。
> 我们又回到了系有卓炯、孙孺等经济理论家的《华商报》这根长藤

上了。两年后,卓炯与该中学30名教师被当局逮捕,被判"自由出境",回到了云南,而后参加武装斗争,迎接解放。共和国成立后,他在中央华南分局政策研究室工作。

在这段时间内,他已专注于中国经济理论的研究。

50年代,中国经济"大撤退",从沿海撤往了内地。156项重点工业广东没有一项,而且从广东抽调走了数十万科技人员"支援内地工业"——笔者的父亲、舅舅及他们学工程的同学们,也全是这个时候调往北方的,广东在科技上被抽空了。紧接着"华企"事件等发生了,加上战略决策的又一次失误,广州"弃商从工"——可"工"又干不好,因为中央几乎没有投入,于是,广州作为一个商业城市地位日益下降,作为工业城市又升不起来,日益暴露出了不可回避的局限与负效应。广东在中国经济中的地位降到了最低,排行于全国第十位左右了。

不能审时度势,而只从大一统的伦理观出发,经济也就只能从商品经济向自然经济倒退。于是,小农思想也贴上了社会主义的标签。雄踞于东南亚经济圈之上的广州,也就只能让位于香港这一被割占地了。

历史又一次错位了。

卓炯从经济地理、人文地理的审视中,看到了这一历史的错失——他以独特的历史眼光,穿透了当时全国上下正在学习的苏联政治经济学教科书与斯大林的《苏联社会主义经济问题》,敏锐地意识到,当日奉为正宗的经济理论,已经篡改了马克思的经济学。统治全中国的经济理论,仍是劳动价值论,而社会主义也应有自己的商品经济理论。

然而,在50年代,他的呼声又何等的微弱,而他的好友饶彰风等人后来在"反地方主义"中的遭遇,更令他痛心疾首。

终于,他按捺不住了。

1958年,"三面红旗"呼啦啦地卷起了神州大地上乌托邦主义的狂飙——"人有多大胆,地有多大产",神话在全国、在广东出现了:

一夜之间"共产主义"得到了实现,"共产风"刮遍了工矿、商业、交通、农林水利,乃至政法、文教等部门,一切都"共产"了,不分你我,平、调、收、统、借、援、投、献、派,名目繁多,花样翻新,单位刮光了,个人也刮光了,"共产主义"却不知在何处。经济政策搞乱了,价值法则却在惩罚人!由于"放卫星"、"反瞒产",虚报高指标,农村连口粮都所剩无几,而"公共食堂"又宣称"吃饭不要钱",广东更是"三餐干饭不要钱"……八年"大跃进",1959年"继续跃进",1960年则是"更大跃进"……而下到农村去看,竟是饿殍千里、民不聊生……

真不愿意追述那段可怕的岁月,门前的斜坡上,几乎每天都有几个乞丐爬不过去,滚下来,倒毙在坡底下。自己也水肿了,脚上,还有脸上,按下去一个个深凹的坑……上千万人"非正常死亡"……

可是,那位被视为中国最大的马克思主义理论权威的陈伯达,却在这个时候拼命鼓吹要取消商品生产,取消商品交换,产品调拨,非现金结算,进而妄想在中国消灭货币——即"取消人民币"……

康生则跳出来指责不赞同他们观点的人只是"马克思主义的同路人"。

张春桥更不失时机地发表了《破除资产阶级法权思想》的大块文章,鼓吹"供给制"。当然,他们趁的正是"大跃进"之机,因为这时毛泽东恰巧提到康有为的《大同书》,说:空想社会主义的想法,在那时没有实现的条件,现在马克思主义抓住了阶级斗争,已经消灭了阶级或正在消灭阶级的过程中,这样就把空想社会主义者不能实现的空想实现了。

空想的"乌托邦",适得其反,恰巧是冷酷的现实中的"反乌托邦"。目睹着中国经济遭受的巨大破坏,哀民生之多艰,卓炯当时为广东省党校教授,凭他作为湖南人的血气与广东人的敏锐,不顾那些"大人物"的巨大压力,针对"大跃进"、"共产风"取消商品的错误思潮,挺身而出,振臂疾呼:"商品万岁!"并提出了他的"商品万岁论"。一直到1990年,这一理论仍被扣上"资产阶级自由化在经济理论领域中的表现"的帽子,不过,这是后话了。

提出这一理论的时间请历史学家们不要忘记:这是中国的1959年。这一年,他跟随省委党校的工作队,下到了肇庆地区,他亲眼目睹了关闭市场、取消商品对现阶段生产力可怕的破坏力。他在同他的同行曾牧野谈起所见所闻时,真可谓痛心疾首、涕泗横流……

他尖锐地指出:

社会分工决定了商品产生和存在的普遍性,商品经济将长期存在,价值规律是普遍存在并不可逾越的，哪怕到共产主义也会有商品经济。

1961年，他终于在"缝隙"之中找到了机会，于沿海的《厦门大学学报》上发表了他的长篇论文《再论社会主义制度下的商品》，正式提出了他的社会主义经济是"计划商品经济"的理论。论文针对几年的惨重教训提出：

现在的事实很明显，在公有制下，不管全民所有制的产品也好，集体所有制的产品也好，只要有社会分工存在，产品就要进入交换过程，就要成为商品……这种商品经济的特点，就是计划商品经济。

到23年之后的1984年10月，中共十二届三中全会在《关于经济体制改革的决定》中，才明确指出：社会主义计划经济是在公有制基础上的有计划的商品经济。

然而，在这20多年里，卓炯为了他的这一理论，又遭到了多少批判、斗争以致九死一生！这些，已非笔墨所能诉诸的了。

1962年，在提出"商品万岁论"遭到非难后，卓炯更针锋相对地提出了"价值规律万岁论"，在一系列的学术会议上，以湖南人的犟劲，极为固执地坚持自己的观点。

于是，又一重大打击降临了。

一年的7至8月间，上级有关部门要求广东编写一本《政治经济学教科书》，卓炯担任了该书编写组的副组长。编写的背景很清楚，这时我们已同苏联"老大哥""拜拜"了，斯大林那根本称不上理论的经济观点再也不能写进我们的教科书里了。

没料想卓炯又一次犯犟了，他坚持在此书的《导言》中研究物质利益问题——这娄子可捅大了，因为书是上级下任务写的，《导言》上的观点岂可"离经叛道"?!把卓炯的观点写上，作为教科书使用，更是"谬种流传"了。

他的这一意见被领导部门知道后，便非同小可了——这意味着什么可想而知：非组织行为、反党活动……于是，也用不着你我申辩，便下令撤掉了他的副组长职务。

别看是一个编书的副组长职务，这一撤却引起了连锁反应。因为这意味着他成为了"异端分子"。

中篇 5. 传奇故事与历史遗产

于是，他所在的工作单位——广东省委党校，便就此提出：像这样思想有问题的人，还适合于在党校工作吗？这要把我们党的干部引向何处？决定便据此作出了，将卓炯调离省委党校。

现在，我们来介绍老"三家村"中的第二个人物孙孺同志。

当时，他正是那本书的编写组组长，因为他是广东省哲学社会科学研究所（即社科院的前身）主要负责人之一。作为编写组组长，他认为卓炯的观点完全可以加以讨论，并极力为卓炯申辩，但上级却根本不理会他的意见。当撤销副组长并由此造成卓炯被撵出省委党校之后，他深感不安，站了出来声明：

搞科学研究应该允许不同的学术观点存在，让人家共同讨论，百家争鸣，决不能以观点选人，埋没了人才。

于是，他断然决定：别人不要，我要！

就这样，卓炯调到了哲社所。

也许孙孺早已预感到了，却照样义无反顾——从此，便是风风雨雨的20年，甚至是血火刀光的20年。

两人的命运就此紧紧地连在了一起，不曾分开。

如果有人问什么叫做相濡以沫，什么叫生死与共，那么就看看这两位长者吧，看看他们作为南国的"双子星座"共同陨落的悲壮行程吧！

他们不曾同生，这是不可强求的，可他们却可以做到同死！他们也果然这么做到了！

中国古代有伯牙摔琴这个悲壮而又美丽的传说，英国也有过兰姆姊弟散文家哀婉而又动人的故事，更有世界熟知的马克思、恩格斯诚挚的情谊。而今天，卓炯与孙孺既有古典的情义相融又有当代的风雨同舟，不仅在经济学界，也在整个文化界传为千古佳话。

孙孺虽是领导，可比卓炯还小六岁，入党也迟了几年。他在1914年出生于新加坡，祖上已侨居马来西亚了，父母是那里的手工业工人。他同饶彰风等人一样也是客家人。他的祖籍是梅县地区的兴宁县，在新加坡度过童年时代烂漫天真的岁月并读完小学后，重"读耕传家"的客家人家庭，便将他送回梅县首府进一步深造。

梅县是人文气氛浓厚之地，近代有丁日昌、黄遵宪、丘逢甲一代文人。所以，孙孺一下子便迷上了文学，结下了一生之缘——临终，他仍是广东归侨作家联谊会的理事长。中学毕业后，他从梅县又重返了新加坡，并在那儿发表了他的处女作诗歌《生命的旌飘扬》，凭标题就可以听出他内心反抗封建的人身束缚、争取自由个性的呐喊。他在新加坡文学史中留下了不朽的一页，是马华新文学的重要作家之一，1979年出版的《马华文学六十年丛书》就有他的一本《流水作品选》。

1933年回国后，成为左联成员，1935年他"半路出家"，上日本东京大学研究班专攻政治经济学，不久又回到了东南亚。1940年，他回国投身于抗日战争，是东江纵队成员，历任股长、科长等职，并在这时加入了中国共产党。

抗战胜利后，党派他到了香港，任《正报》的编辑及发行主任，后来他又被派往饶彰风直接主持下的《华商报》工作。正如开篇所说，该为《华商报》在中国经济学史上记下重要的一笔。

在《华商报》，由于形势的迅速变化及需要，孙孺又与赵元浩等同志一起，在当时党的财经委领导下创办了《经济导报》。就这样，凭着当年在日本攻读经济学研究班的功底，他从文学转入了经济学研究，尤其是偏重于国际贸易上的研究，并且由此形成了他在经济学上的思想理论，发表了数十万字的文章。

紧接着，他又直接从事了经济方面的领导工作，他们于1949年奉命从香港回广州，负责组建华南外贸管理机构和制定对外贸易管理条例。人民共和国初建，朝气蓬勃，希望在外贸上有新的建树。

也可以说是"天不助人"，由于50年代国际政治的格局，朝鲜战争、美国第七舰队开进台湾海峡、联合国对中国"禁运"，并由此导致中国的经济建设内迁，他在外贸战线可谓英雄无用武之地，惨淡经营了八年之久，顶多只能在兼课时讲讲经济理论，终于，他外贸局副局长不当了，到了省哲科所当副所长。

1959年，他同卓炯同志一道，在商品经济上作出了可贵的超前探索，在《理论与实践》上发表了《论我国社会主义商品生产》的重要论文，提出要"发挥商品生产的积极作用为社会主义的建设服务"。

中篇　5. 传奇故事与历史遗产

　　几年后，在卓炯处境艰难之际，他又把卓炯调来自己的部门——也许连他自己也没料到，四年之后"文革"爆发了，他这一重才、用才的举动，竟成了"招降纳叛"的罪名。而他与卓炯一道，更被污蔑为省社科界的"三家村"，而他自然便是"三家村"的主帅了。

　　尤其是卓炯调入后，孙孺曾表示：卓炯可以一心一意搞学问，而行政管理事务主要由他来承担——这岂不是为卓炯推行他的"修正主义理论"大开绿灯吗？

　　铺天盖地的大字报。

　　一天天加码、无限上纲的罪名。

　　游街、批斗、戴高帽子。

　　牛棚、五七干校、逼供讯。

　　肉体上的摧残与精神上的折磨与凌辱……

　　这一切，对孙孺与卓炯来说，都成了家常便饭——而今天，作为一位在"文革"中同样九死一生的笔者，亦很难下笔描写一幕幕悲剧……

　　不是害怕重复，因为任何不幸都有各自的不同，而是不愿自己的心灵再受一次重创——对不幸的回忆同样也是一种不幸，但愿我们不需要再作这样的回忆了。

　　当然，对他们的不幸更有双重意义。

　　答辩的权利，没有了，剥夺了。

　　著作的出版计划被取消了，不仅如此，还成了批判的"罪证"。

　　尤其是对经济学的研究，也无法进行——这可是他们为之献身的事业。庆幸的是，他们挨过了非常岁月，以古稀之年迎来了第二次再生！

可以说，孙孺与卓炯，亦堪比饶彰风与邓文钊，同样做到了肝胆相照。
可惜，两人都在最后确立社会主义市场经济的前夕过世了。
但他们，难道不同样是《华商报》的荣耀吗？

6. 第二次"大营救"

抗日战争胜利后，中国面临向何处去的问题。中国政治舞台上的两大力量国民党和共产党，开始了新一轮的较量。早有谋划的共产党人适时召开了党的"七大"，毛泽东在会上作了《论联合政府》的报告，率先提出政治主张："废止国民党一党专政，建立民主的联合政府。"他为实现民主联合政府设计了两个步骤：一是"经过各党各派和无党无派代表人物的协商，成立临时的联合政府"；二是"经过自由的无拘束的选举，召开国民大会，成立正式的联合政府"。在全中国老百姓迫切企盼和平、企盼民主的潮流中，共产党的这一主张无疑深得人心。此时，既不愿还政于民又不愿放弃"灭共"的国民党，虽然处心积虑准备挑起内战，寄希望于一举"武力"统一全国，无奈时间仓促，准备尚不充分；加之当时除中国民主同盟外，一大批新的政党和团体纷纷组建，一时间，召开党派会议，推动民主政治，成为舆论主流。国民党不得不作出姿态，顺应潮流，一方面"盛邀"共产党来渝谈判，一方面临阵磨枪，筹备于1946年1月间召开一个由各党派参加的会议。既然是开会总得有个名目，开始叫做"政治会议"，似乎有些不知所云，国民党代表提出加上"协商"二字，于是，中国的政治词典里开始有了"政治协商会议"。召开普选的人民代表大会条件尚不具备，那么，召集各民主党派、各人民团体及社会各界人士参加的政治协商会议就势在必行了。

然而，蒋介石政府却自以为实力强大，中共根本不是对手，竟悍然重启战端。为打破国民党军队的全面进攻，遵照中央军委"晋冀鲁豫野战军主力中央突破、南渡黄河，直趋大别山"的战略方针，刘邓大军于1947年6月底强渡黄河，向大别山进军，一举突破国民党的黄河防线，揭开了人民解放军战略进攻的序幕，并于8月底胜利到达大别山区，完成了千里跃进的壮举。1948年1月，民主同盟的领导人在香港召开会议，决定重建"民盟"（在这之前，民盟迫于蒋介石的压力已在国统区涣散），恢复活动。就在同一月，

中篇 6. 第二次"大营救"

李济深等国民党的民主派也在港成立了国民党革命委员会,宣布接受中国共产党关于时局的主张。

中央十分重视政协的召开,毛泽东曾指出:"政协是全国各民族、各民主阶级、各民主党派、各人民团体、国外华侨和其他爱国民主人士的统一战线组织,是党派性的,它的成员主要是党派、团体推出的代表。"①

号称 800 万大军的国民党军由全面进攻改为重点进攻,最后则节节败退,在三大战役中丢盔弃甲,丧失了大部分主力,人民解放军势如破竹,所向披靡。

中央派人前往香港,争取在战争中流落香港的民主人士北上参加新政协会议,而国民党希望得到这些民主人士的支持。当时国民党仍然对"皇帝梦"抱着一丝希望,重新来个南北朝统治,希望和中共划江而治。可是这引起了广大人民群众的反对,各民主党派人士也都持不同意见。

1948 年 4 月 30 日,中共中央号召各民主党派迅速召开新的政治协商会议,成立民主联合政府。党的号召迅速得到各民主党派和各民主人士的积极响应。5 月 1 日,毛泽东同志致电邀请各民主党派负责人和爱国人士共同到解放区,一同商讨召开新政协的问题。以香港为基地的中国国民党革命委员会、中国民主同盟、中国民主促进会、中国致公党、中国农工民主党及无党派代表人物郭沫若等,于 5 月 5 日通电国内外,响应召开新政协的号召,并开展了"新政协"运动。

可是这些民主党派的头面人物几乎全在香港,因而一时间香港成为国共两党共同关注的聚焦点。因为这些民主党派人士无论对哪一方来说都是一股强大的力量。但是中共中央离香港太远了,因而把这些民主人士从香港送往解放区成了一项重要且艰巨的任务。

于是,地下党面临着极为繁重的工作任务:与各民主党派共商国是;为国内培训工会干部;解决东北解放区要求在港澳及海外聘请内外科医生的问题。

而更重要的是如何把停留在香港的各民主党派和无党派民主人士送到解放区。这是个极为艰巨的政治任务,既要得到各民主党派负责人的同意,又

---

① 毛泽东:《政协的性质和任务》,见《毛泽东文集》第 6 卷,人民出版社 1999 年版,第 385 页。

要保证他们在离港时以及旅途上的安全。

香港当时的情况十分复杂，密探、特务、黑帮三教九流无处不在，美蒋特务活动亦十分猖狂，护送民主人士北上参加新政协的任务十分危险。

战争正在进行，香港与解放区的陆上、空中交通都已中断。当初，周恩来曾经试图开辟香港—英国—苏联—哈尔滨的专门路线，但是得到的回应却是港督一味地搪塞敷衍，因此，后来周恩来放弃了这一设想，而采用从香港坐船到大连或营口进入解放区的海上通道。

1948年7月底至8月上旬，周恩来一再致电中共中央香港分局，要求尽力"邀请与欢迎港澳及南洋民主人士及文化界朋友来解放区"，"为他们筹划安全的道路"。他还具体要求潘汉年、夏衍、连贯负责这项工作，把民主人士的名单电告中央。

中共中央香港分局书记方方接到这份电报时，深知这是一项极其重要的政治任务，既光荣又艰巨，他随手写了一句话"兴奋与担心交并"，表达出当时复杂的心情。接着，香港分局和香港工委便决定成立一个接送民主人士北上的五人小组，由潘汉年掌管全面，夏衍、连贯负责与各民主党派的头面人物联络，许涤新负责筹措经费，饶彰风负责接送的具体工作。

为此，饶彰风还从《华商报》等单位抽调人手，组成一个秘密工作的班子，有专职的，也有兼职的，先后参加这个班子的有：罗理实、罗培元、杜宣、陈紫秋、周而复、杨奇、赵沨、吴荻舟、陈夏苏等人。他们分别同准备北上的民主人士联络，租赁轮船、购买船票、搬运行李、护送上船……这些人员分头活动，并分别向饶彰风和夏衍汇报。

这一次"大营救"，比抗日战争抢救文化人那次规模更大，经历更险。其间，杨杰被刺，冯玉祥在船舱里死于奇怪的火灾——至今，仍未能找到元凶。

为此，《华商报》记者王修平还专文记录了这次大营救中最为惨痛的一页。

  杨杰是云南省大理人，早年追随孙中山参加同盟会，经历辛亥革命、护国运动和北伐战争，他担任国民党中央执委、中央军委常委。抗日战争时还任过驻苏联军事代表团团长。解放战争中，杨杰积极投身爱国民

中篇 6. 第二次"大营救"

主运动,他应邀从云南转道香港到北平参加第一届全国政协会议。

杨杰到香港后,参加了一些民主人士为他举行的招待会,引起国民党特务组织的注意。我和杨杰将军接触过几次,彰风嘱我转告他要注意安全。这一天,我约好杨杰将军去采访,准备把这个信息告诉他,并且告诉他,已征得云南著名爱国将领龙云将军同意,接他到山顶龙的公馆住下来。这天上午,我到杨将军湾仔的住所时,警察已经包围附近地区戒严,记者也进不去。恰巧我认识在场的一位警方帮办,在他的帮助下进到现场,杨杰将军已于两三个小时前被一名杀手枪杀了,子弹从背后射中后脑。现场发现一张香港《××晚报》记者的名片,是警方抓到的唯一线索。我离开现场,就连忙找云南在香港的知名人士,龙云将军也帮我介绍一位国民党中统局驻香港头目,让他向我透露军统特务刺杀杨杰的情况。这个杀手正是那位名片上的记者。我根据初步掌握的情况,奔走了十多个小时,终于弄到确实材料,第二天就把这场卑鄙的暗杀事件刊在《华商报》上。在写新闻时,既要把这个案件的凶手的活动端出来,又要注意掌握香港法律对于未宣判的案件、疑犯在报道上的限制,是费了不少心思的。报道一时引起社会极大的震动。这个《××晚报》记者确实是国民党军统局的行动人员,在报纸舆论的指斥下,第三天就乘飞机溜往台湾。我们也把这一消息放在报上,促使港英当局认真对待缉拿凶手一事。

当然,龙云更是暗杀的主要目标,杨杰的死迫使他加强了戒备,才没能使特务的阴谋得逞。

7. 送行酒

当时营救工作的主要据点是《华商报》，邓文钊的"红屋"更成了中转站。

夜幕降临，白日喧嚣的香港街道又恢复宁静。人们大都准备休息了，可是在一个小小的五六平米的小房子里，却依旧充满着白天忙碌的气息。

房屋里几个人一会儿翻阅着各种资料，一会儿相互交谈，一会儿在纸上写着什么，一会儿又在图纸上画着什么，那是饶彰风、连贯等人正在为护送爱国民主人士北上而彻夜忙碌着。

"我看咱们可以从这条路线走，这边地方当局的监督势力较松，而且咱们晚上出行，再乔装打扮，应该不容易被敌人发现。"饶彰风说完便将之前翻阅的图纸递给身旁的连贯，将沿路经过的街道一一指给他看。

连贯仔细看了这些街道，又查阅了这些街道的情况，与其他同志分析讨论后，终于把护送路线确定下来。彰风等人看着制定好的路线，露出满意的笑容。

"吁——"众人不约而同地大吐了一口气。

"终于弄好了！"

"是啊，太好了。"

大家都伸伸胳膊，扭扭头，将"僵硬"的身躯舒展舒展。

这时，东方已见鱼肚白。

办法是党中央过问了的，从东北或朝鲜租用外籍的货船，装上大豆、人参、药材、土产等运到香港，在港澳市场卖出，再买进解放区急需的西药、纸张、五金，并趁此机会让民主人士登船北上。

为了减少外界的注意，一般都是安排在晚上上船，并且民主人士出发前都要进行乔装打扮，有的化装成商人，有的化装成记者、医生或其他人员，然后由具体护送的同志陪同，从各人的住地出发；而有的则是先转移到别的地方，然后再出发上船。

在如此精密的安排下，各民主党派人士有序离开香港顺利北上。

第一批北上的民主人士主要有沈钧儒、谭平山、章伯钧、蔡廷锴和他的秘书林一元等人，人数不多。这是由于租来的苏联波尔塔瓦号货船不大，客房极少。当时，即1948年9月4日，潘汉年、连贯到李济深家开会落实名单时，有些人说手上有些工作尚待处理，来不及第一批离港，还有个别人担心经过台湾海峡是否安全，只有沈钧儒、蔡廷锴等毫不犹豫，说走就能走。这一船北上时，由中共香港工委书记章汉夫陪同，钱之光派祝华、徐德明随船照顾。

为了安全起见，民主人士的行李由连贯派罗培元先行运走，自己离家时只带一个小提包。大家先到连贯家，吃过晚饭，还化了装。沈钧儒、谭平山胡须甚长，只能当做老大爷；章伯钧打扮成大老板，身穿长袍，头戴瓜皮帽；蔡廷锴则穿着褐色薯莨绸，足登旧布鞋，俨然一个商业运货员。他们随着罗培元步行，大约10分钟就走到铜锣湾海边，随即坐上事先雇好的小艇，向着停泊在维多利亚港的波尔塔瓦号货船开去。当大家扶着摇摇晃晃的吊桥走上货船后，紧张的心情才放松下来。

1948年9月12日上午，这艘负有特殊使命的货船顺利驶离香港，向北航行。9月16日在澎湖列岛遇上强劲台风，波尔塔瓦号被狂风恶浪冲进一个荒岛，眼看将要触礁了，船长下令救船。蔡廷锴奋起参加，和船员一起拿着工具合力顶住岩石，终于使货船得以脱险。

经过16天的海上航行，波尔塔瓦号终于在9月27日早上抵达朝鲜的罗津港。中共代表李富春受周恩来委托，提前到了罗津港迎接。上岸休息后，乘车向着朝中边境进发，当晚在图门市歇息。9月28日下午继续北行，29日到达哈尔滨市。中共中央东北局高岗、陈云、林枫、蔡畅、高崇文等负责人在火车站热烈欢迎。晚上，东北行政委员会设宴招待。

1948年10月3日，毛泽东、朱德、周恩来给沈钧儒一行发来电报，对他们到解放区筹备召开新政协表示欢迎。随后，周恩来又将他亲笔起草的《关于召开新的政治协商会议诸问题（草案）》，经由高岗、李富春转送，请他们提意见。

第二批北上的民主人士主要有：马叙伦、郭沫若、丘哲、许广平母子、陈其尤、翦伯赞、冯裕芳、曹孟君、韩练成等人。由中共香港工委书记连贯陪同，宦乡随行，钱之光派王华生随船照料生活。

本来按照计划，这批民主人士应于1948年10月中旬北上。由于从大连租用的阿尔丹号货船到港时与另一艘船相撞，要入坞修理，因而另行租用一艘挪威货船华中号载客，迟至1948年11月23日深夜才从香港开赴大连。

每一批民主人士离港北上，都高度保密。在这批精英中，郭沫若工作较忙，从这一年的8月25日开始，他在《华商报》副刊《茶亭》上撰写《抗日战争回忆录》，每日一篇。为了掩饰自己已离开香港北上，不使连载中断，郭沫若在离港的前三天赶写了七八篇文稿，预先交给报社，直至12月5日才连载完毕。文末有一个《后记》，日期写的是"1948年11月21日于香港"，其实文章登出时郭老已经离开香港十多天了。

前两次北上行动并没有引起港英当局及国民党特务的注意，可在这之后，他们嗅到了风声，警戒愈加森严起来了。尤其是不知从哪儿来的一份小报向外界透露了国民党元老、中国国民党革命委员会主席李济深先生即将北上的消息，这使得整个形势一下子紧张了起来，空气凝重。

码头，一艘挂着荷兰国旗的商船就要起航了。一伙"生意人"，撑竿的、管账的、当股东的，头戴礼帽、身着长衫，通过了港英当局的海关检查处。突然，海关人员要检查一位"生意人"的手提皮箱。

"站住，箱子里装的是什么？打开来，检查！"

这位"生意人"站住，没有作声。

"快点，打开，爷要检查！"海关人员又吆喝道。

旁边一位见势不妙，立即跑过来一边道歉一边顺手塞过去一张50元的港币……

"官爷，呵呵，我们生意人没什么东西好拿的，就是一些日用衣物，呵呵，不麻烦您辛苦检查啦，呵呵！"

那位海关人员手握着票子，斜眼看了看这"生意人"，再打量了一下身旁这位，原本紧绷的脸突然露出一丝令人作呕的微笑，说道："好啦，好啦，爷也没闲情去看了，你们快过去吧，以后办事注意点！"

"是，是，您说的是。谢谢，谢谢！"

有惊无险,总算过去了。荷兰商船载着这批生意人驶向浩瀚的东海……

这几位"生意人"中,有著名的文学家、教育家叶圣陶,还有马寅初先生,他们分别到青岛、大沽、大连,再到平山县集合,筹备"新政协"。李济深先生也在这条船上,他在上船之前还经历了一番周折。

小报走漏了消息,特务硬是把他盯住了。李济深是中国国民党革命委员会主席,除了中共同他联系密切,港英当局和美国领事馆也与其接触频繁。可见李济深先生在国内外都有很大的影响。当时在南京当权的桂系势力还徘徊不定,因此,他们都认为把李济深先生扣在香港,便可以成为一个极为重要的筹码。

其实,中央早就想把李先生安排在第一批护送人员中,一来是为了团结各党派一起召开新政协,二来也是为了李济深本人的安全。但是,李先生说他自己时间太匆促,来不及走。到了1948年12月中旬安排第三批民主人士北上前,李济深虽然表示想尽早离港,但又说家属人多,往后的生活还未安顿好。为此,方方专诚上门拜访。恳谈之中,李济深透露尚差2万元现钞安家,方方当即表示帮助,这才使他全无后顾之忧,确定在第三批北上。

虽然李济深已经同意北上,可是怎么才能摆脱盯梢,则着实让饶彰风等绞尽了脑汁。他和潘汉年、夏衍、许涤新等冥思苦想,终于商定了一个最保险的方案。

李济深的寓所在中环半山区罗便臣道,港英政治部在马路对面租了一层楼,派了几个特工人员住在那里,名为保护,实则监视。中共的五人小组经过研究,拟定了一个周密的计划,决定在圣诞节次日的夜间上船,12月27日凌晨驶离香港。

12月26日,太平山下仍然沉浸在节日的欢乐气氛中。香港的圣诞节非常热闹,李济深的寓所也是热闹非常。像平日宴客一样,主人热情款待,宾主频频举杯,谈笑甚欢。这一切,对门那几个持望远镜的特工看得一清二楚。

家宴进行到一半、喝至半酣时,李济深借"方便"之由离开宴席:"各位尽管尽情地吃喝,今天过节,大家玩得开心尽兴,呵呵……鄙人暂时离开一会儿去方便一下,各位自便,不用拘谨。"说罢,举起一杯酒一干而尽。放下空酒杯,李济深突然一个趔趄,差点摔倒,旁人连忙说:"快来两个人哪,快扶着李先生,想必先生今天喝多了,快点,扶着先生去,以防跌倒。"

两名早已等候在旁的伙计从两旁将李济深扶着，慢慢朝后院走去。

"呵呵，放心，我没醉，大家继续，不要客气，我去去便来，呵呵——"李济深边说边示意大家继续，而自己则歪歪倒倒地从众人中离开。

走到后院后，李济深用眼探了探四方，确定没有危险时，立马一改当初醉态，变得清醒起来，而身旁的两位伙计则马上为李济深在前带路。这两人是早前就已经安排好的中共党员，是专门负责接李济深出家门坐船的。

在距离寓所20多米远的地方，一辆小轿车戛然停下，之后直奔邓文钊的"红屋"。

"李先生，您可出来了，我还以为其中发生了什么变化，怕您不能脱身呢！"车上一伙计带着一丝担忧说道。

"哈哈，这金蝉脱壳之计怎会失效呢？这可是设计得相当之精密的计策啊！呵呵……好了，咱们快走吧，免得文钊、彰风等同志在'红屋'等久了。"

车开走了，就这样，在特务的眼皮底下李济深逃走了。

十几分钟后，车子开到了"红屋"门前。门口邓文钊早已在守候。

"李先生，您总算到了。大家都在里面等着您呢，快进去吧。"

邓文钊领着李济深走进室内，来到客厅，这里方方、连贯、饶彰风早已等候多时，看到李济深走了进来，大家连忙上前迎接，表示欢迎。"李先生，一路过来让您受惊吓了，等我们把您护送上船出了香港之后就会安全了，还请先生您再多坚持一下。"

"大家言重了，鄙人知道这次护送任务的艰难，我定会配合好工作的。"

邓文钊这时则尽显主人之谊，拿出好茶及点心热情地招待这些客人。同时他还在等候杨奇的电话。杨奇当时也是《华商报》的主要负责人之一，新中国成立后担任了《南方日报》的社长及编辑，后来还创建了《羊城晚报》。

原来，为了方便李济深从家宴中脱身，不引起怀疑，一开始就计划让他不带任何行李物品只身一人离开，而李济深的行李以及其他离港人士的行李则委托杨奇于几天前集中到湾仔六国饭店，再于圣诞节当晚送至一艘小汽船上。此时，杨奇也顺利地完成了他的护送行李的任务，他将物品送达后仔细观察岸边，看看没有什么动静，这才打电话给邓文钊："文钊，我看今晚月色清晰。"

这是杨奇与邓文钊事先商量好的沟通暗语，以防被国民党特务窃听到消息。

"哦，是吗？那好啊，看来还是个不错的夜晚啊。"

与杨奇通完电话，邓文钊将杨奇那边的情况告诉饶彰风、李济深等在场人士："杨奇已将各位先生的行李运送至小汽船上了，现在那边一切正常，各位先生可以动身了。"

一行人这才离开"红屋"，此时邓文钊早已在门口为他们准备好了便车，李济深等人出门后便乘车到不远的湾仔海滂。前来送行的有何香凝、郭沫若、沈钧儒等人。临走前李济深等人万分感谢邓文钊、饶彰风等人为他们北上所做的这一切："感谢诸君，后会有期，保重！"

由于"红屋"到湾仔海滂很近，李济深等人坐了十几分钟的车就到了。他们到达后，杨奇等人马上接应，带着他们一行人登上事先准备好的小汽船，接着开往停泊在维多利亚港的许多外轮中的一艘苏联货轮。自然这也是事前就已经安排好了的。

这一晚，与李济深一同离港的还有朱蕴山、梅龚彬、吴茂荪、李民欣等民革的头面人物，他们各自从九龙或香港的寓所到"红屋"集合，而后一同坐船离开香港。

就这样，李济深等人神不知鬼不觉地离开了香港。三天之后，《华商报》才发表消息："李济深北上参加新政协。"国民党特务一脸诧异与茫然，弄不明白这是怎么一回事。

这时，船已过了台湾海峡。

香港反动当局看着报纸上的新闻，气不打一处来，好端端的李济深他怎么就可以从眼皮底下溜走了呢？

"啪！"报纸被当局头子狠狠地摔在桌面上！

"饭桶，饭桶，监视一个人都做不好！"

当局头子气急败坏地在办公室里一顿乱骂。

十多天之后，南京政府掌权的桂系白崇禧才派出大员，手持其亲笔信赶到香港，敦请李济深先生到武汉"主持大计"，发现早已人去楼空。望着空荡荡的楼房，来者无奈地摇头："大势已去，大势已去啊！"

1948年8月下旬到1949年初，在香港的各民主党派负责人、知名人士，全部都安全离港到达解放区,转赴北平参加新的政治协商会议。饶彰风和同志们成功地完成了这一重大任务,受到了党中央的表扬。

之后,彰风还顺利地完成了输送大批党的干部去解放区的任务,大大满足了解放区的扩大需要。

紧接着,华南分局又迁往了内地,连贯、夏衍等同志纷纷应党中央的要求转去内地工作,彰风则作为分局特派员留在了香港,而此时他身上的担子也愈来愈重。

这段时间他参与了策动粤东起义、粤北始兴起义、闽西起义、两航起义等活动。

1945年5月,他安排在香港的一些艺社及其他文艺青年分批进入粤东地区。

彰风还一直坚持党的宣传阵地工作。《群众》周刊一直出版到新中国成立前夕,《华商报》则是在刊登广州解放的喜讯后,于1949年10月15日宣告完成自己的历史使命。在《华商报》一直坚持工作的邓文钊这才依依不舍地离开他的岗位,但是这并不代表他的革命工作已经结束,事实上他将开始一段新的革命历程。

1949年10月17日,在香港战斗了多年的饶彰风同爱国人士李章达等人一道,终于起程回到了内地。

创业难,守业更难。在他回到华南首府广州后,更沉重的历史重担又压在了他36岁年轻的肩膀上!

下 篇

解放战争已经发展到最后的关头，捷报频频传来，战争节节胜利，解放军已经从东北、华北直逼江南、华南。面对眼前胜利在望的局势，乔冠华曾以笔名于怀在《华商报》发表言论，预言解放军不出数月就会渡江南下，解放华南。这种迅猛的解放浪潮对于国人来说是好事，可是香港政府却惊慌起来，担心香港会成为解放军南下的目标，破坏他们的统治。于是香港政府开始一改以往不限制民主运动的做法，而是积极采取一系列的防范措施以保护自身统治，如增加警察数目，加强管制人口等，使得香港陷于恐怖氛围之中。

香港政府初次对香港居民实施身份证制度，同时还颁布了一系列针对左派的方针政策，将一切他们视为"不良分子"的人驱逐出境，不管青红皂白，宁可错抓万人，也不漏网一人。这一时期的香港完全陷入白色恐怖之中。

虽然香港政府、国民党人妄想阻止解放战争的胜利局势，但是历史前进的车轮不会因此而受到阻碍，因为这是社会历史发展的大势所趋。

1949年年底，解放军进兵西南，由于长途跋涉再加上长期作战，物资损耗巨大，军队此时极缺汽油，需要大量的供给，否则会影响整个战争形势的发展。叶剑英从赣州急电华南，望华南地区设法迅速解决物资缺乏问题。在香港的邓文钊一收到消息便马上千方百计地利用自己各方面的关系，抢运大量汽油至广州，支持解放大西南的战役。当时邓文钊是冒着极大的风险的，正如刚才说到的，香港政府这时已经对全港严加防范警戒，禁止一切有利于解放战争的事情发生。然而邓文钊就是在这种情况下，不顾个人安危，利用自己可以动用的一切资源解决物资短缺问题，支持内地的解放战争。他的行为已经使香港政府产生了敌对防范心理,他也逐渐变成不再受香港政府欢迎的人士。

尽管如此,邓文钊没有后悔,而是一如既往地支持解放战争。事实上,40年代末,香港已成为迎接新中国诞生的民主运动基地。

1949年10月1日,北京正举行着新中国成立的开国大典仪式,毛泽东主席在庆典上庄重宣告:"中华人民共和国成立了!"震耳欲聋的掌声惊天而起。中国的北方大地沉浸于一片欢天喜地的庆贺之中,而在南方的香港爱国民主人士们虽然不能亲身前往北平参与这一盛事,但他们用自己的方式在香港进行着庆贺中华人民共和国成立的活动。就在10月1日当天,香港进步的工商俱乐部号召工商界悬挂五星红旗,以示对中华人民共和国成立的庆贺,可是国民党则下令他们挂青天白日旗,双方之间斗争十分尖锐,掀起了香港著名的"挂旗"事件。邓文钊自然是这次事件的主要人物,作为当时香港工商界的翘楚,在他的影响下很多工商界人士都大力支持悬挂五星红旗,都激动地为新中国的成立而欢呼雀跃。解放军在香港进步爱国民主人士的帮助下,最终顺利地完成了解放全国的任务,这其中自然少不了邓文钊的一份力。他却越来越遭到香港政府当局的不满,他在香港的处境逐渐危险起来。周恩来等人担心邓文钊在香港会有危险,于是便安排他回内地广州。

1. 统战部长非他莫属

统一战线作为中国革命的三大法宝之一,发挥着举足轻重的作用。在中国革命的曲折发展过程中,毛泽东总结了正反两方面经验,提出统一战线是中国共产党战胜敌人的"主要法宝"、"基本武器",是"革命的根本政策",党的"最基本的政治纲领";是"中国人民已经取得的主要的和基本的经验"。毛泽东重视统一战线,是因为"中国社会是一个两头小中间大的社会,无产阶级和地主大资产阶级都只占少数,最广大的人民是农民、城市小资产阶级以及其他的中间阶级"①。这一基本国情决定了中国无产阶级虽然是先进的阶级,但由于数量较少,必须团结广大农民、城市小资产阶级和其他中间阶级,争取他们的拥护和支持,结成广泛的反对帝国主义、封建主义和官僚主义的革命统一战线,才能赢得革命的胜利。

要很好地实现统战思想,做好统战工作,却并非一件易事,这需要相关工作人员具备优良的素质,不仅要十分忠诚于党中央,同时又要对广大非党爱国人士及港澳同胞、海外华侨的情况有一定的了解,知己知彼。饶彰风正是统战事业中不可多得的一位"统战能手"。

南下大军,席卷千里,解放的曙光,照亮了南粤大地。

叶剑英同志南下后,立即询问在广东工作的同志:"广东的统战工作让谁来搞?"

广东侨乡,一个聚集了广大"中间力量"的地区,统战工作举足轻重。当时,连贯同志便毫不迟疑地作出了回答:

"饶彰风可以。"

---

① 毛泽东:《在陕甘宁边区参议会的演说》,见《毛泽东选集》第 3 卷,人民出版社 1991 年版,第 808 页。

于是，饶彰风先后出任了中共中央华南分局统战部副部长、部长，中共广东省委统战部部长。

统一战线在革命取得胜利、新中国成立上功不可没。统一战线作为中国革命胜利的"三大法宝"之一，在新中国的建设事业中依然需要继续坚持。毛泽东同志曾说：搞革命，需要统一战线；搞建设，同样也需要统一战线。在新中国成立前夕和成立之后，毛泽东反复强调要巩固和发展广泛的人民民主统一战线。"我党同党外民主人士长期合作的政策，必须在全党思想上和工作上确定下来。"① 在党的七届三中全会上的报告中，他又提出："必须认真地团结各界民主人士，帮助他们解决工作问题和学习问题，克服统一战线工作中的关门主义倾向和迁就主义倾向。"②

解放初期，国内一片萧条，美帝国主义发动了侵朝战争，在经济上对我国实行严密的封锁，妄图把刚刚诞生的新中国扼杀在摇篮之中，此际，恢复国民经济已成为当时的首要任务。

仔细分析了当时国内外形势和党的中心任务后，饶彰风解放思想，从实际出发，动员华侨和港澳爱国的工商界人士回来投资，兴办企业，帮助国家走出经济建设困境。

新中国成立之后的第二年的一天，一辆辆小车开到了太平南路的白宫酒楼下，众多关心新中国建设的港澳乃至东南亚的实业界人士登上了六楼。来者当中自然有在香港及海外享有一定声誉的邓文钊，而与饶彰风成为莫逆之交的澳门的马万祺也赶到了会场上。饶彰风在会议上开门见山地说："请你们回来，就是共商恢复国民经济的大事，各位重任在肩。"

会上，群策群力，出了不少好主意，当然，更拿出来不少急需的资金。饶彰风还特地对马万祺及同来的李民欣、冯祝万三人叮嘱，回澳门后，要与何鳞一起动员澳门同胞协力支援国家，恢复和发展国民经济。

在经济建设的旗帜下，广东华侨工业建设有限公司很快成立了。紧接着，

---

① 毛泽东：《在中国共产党第七届中央委员会第二次全体会议上的报告》，见《毛泽东选集》第4卷，人民出版社1991年版，第1437页。

② 毛泽东：《为争取国家财政经济状况的基本好转而斗争》，见《毛泽东文集》第6卷，人民出版社1999年版，第71页。

下篇 1. 统战部长非他莫属

公私合营的华南企业股份公司（简称"华企"）也挂牌了。这个我国第一家由华侨和港澳工商界人士参与投资建立的公私合营的企业，在恢复国民经济建设中大放光彩。在大家的推选下，由在港澳工商界和华侨中有较大影响的邓文钊担任董事长。在彰风及其他同志的领导下，"华企"利用其特殊的地位和它与港澳的关系，积极参加了为国家抢运物资的工作。

还在十余年前，笔者在《千年国门》一书中，专门写了一节"坐失良机：50年代香港'水浸银行'"。

> 香港开埠后，它一直是在紧追广州的。但是，在开始的100年中，却不曾有这样的机会。
>
> 直到20世纪50年代，还没有机会。
>
> 这里，应当插入一段往事。
>
> 这段往事，不仅对于这本书起到一个承前启后的作用，而且对于整个中国的改革开放，也有承前启后的意义。
>
> 仅仅是意义。
>
> 因为，那也是一个历史的机缘。
>
> 可这个机缘，却让中国失去了。
>
> 那是1956年，在写有"什么样的人不杀呢？胡风、潘汉年、饶漱石这样的人杀……不是没有可杀之罪，而是杀了不利……"的《论十大关系》一文中，我们的历史伟人毛泽东，却说了另一段话："认为原子弹已经在我们头上……是不合乎事实的，由此而对沿海工业采取消极态度是不对的。"
>
> 也许，这时，在他的大脑中，正有那么一个伟大的经济战略思想一闪而过。
>
> 几个月之后，他来到了广州，在水流量仅次于长江的珠江口上，搏击风浪，翔泳不已。
>
> 就在珠江口边上的小岛宾馆里，他听取了陶铸及当时广东省委领导人的一个汇报。
>
> 熟悉南洋情况的饶彰风，给他讲到了当时香港"水浸银行"的现象。

何谓"水浸银行"?

资金大量流入,使银行"盛不下了"。当时,亚太地区民族解放运动风起云涌,印尼、泰国、马来西亚等地的华裔资本家紧张万分,纷纷将资本转入"飞地"香港以避风险。一时间,流入香港的资金达数百亿美元(如按今日算,则是数千亿元了),资金如此沉积,迫使金融资本家不得不以极低的利息贷出。

这对于年轻的、百废待举的,尤其是刚刚经历了朝鲜战争的中国,自然是一个绝好的机缘。

饶彰风提出:"我们可以向香港银行贷款,然后在国内寻找合适的地方建厂,发展我们自己的工业。"

他是这么说的,事实上也这么做了,在广东,他已与有关部门领导组建了一个"公私合营华南企业股份有限公司",又帮助归侨建立了"广东华侨工业建设有限公司",两公司分别被简称为"华企"与"华建"。

听完饶彰风的意见后,毛泽东缓缓地点起了一支烟,吸了一口,良久没有作声。显然,他是在思考……

后来,他对陶铸等人表了态,首肯了这一意见:"你们的想法不错,写个报告,我把这意见带回北京去商量。"

后来……

报告是送上去了,而且很快。

最高层是商讨过了,却没有下文。

广东省委没有得到回答。

而"潘扬案"中,潘汉年被指控为"内奸"前,就已被批评为"右倾"——针对他对港沪资本家所采取的统战政策。

也许,更为了"放眼世界",让那里的劳动人民打倒资本家——管他是不是华裔的,万万不可让中国成了资本家及其资本的避难所,有损中国要"解放全人类"的光辉形象。

后来……

其实答复是有了。

1957年的反右斗争。

"华企"也成了"黑样板"。

饶彰风在党内的通报中被指责为：

——带着浓厚的资产阶级观点和感情去领导华南企业公司工作，在和资产阶级斗争中解除了思想武装。

而后进一步升级，定性为：

——犯有严重右倾投降主义、严重的地方主义和严重的反党活动性质的错误。

于是连降几级，下放到了偏远的县。

那时，卓炯、孙孺等好友没少去看望他。而他们的厄运，也已经开始。

难以想象，彰风为何死得那么惨！这位谦和、温厚、宽容的老实人，却不可见容于严酷的"阶级斗争"。

1970年9月13日，囚禁饶彰风的号子里传出几声惨叫，人便不知所终了。透过昏暗的铁窗，看云影山踪，听林涛风声，更似死囚的呼号……南岭山脉，似亿万年如斯地笼罩在这愁云惨雾之中——我永远忘不了在那里仅仅几天的印象。

就在饶彰风死去不久，他女儿饶海珠突然收到一位陌生人送来的纸条，上面正是她父亲的手迹："审查我的问题，总理都了解，每年交易会总理可能会来广州，你设法找到总理……"

这插入的一段故事无论如何该结束了。其实，在50年代的广东，仍有不少党的基层干部对华侨企业、商品经济、价值规律等正统的所谓"社会主义经济"持不同意见。这批干部也似饶彰风一样，在反右倾、"反党"问题上被打下来了。例如吴有恒同志，他从高位上被撵下来，只得放弃他从事的经济理论与实践，改行成了作家。从此，中国少了一名经济学家而多了一名著名作家。无论于他还是于国家，是不幸还是幸运，恐怕三言两语也道不尽、说不完。

如今，由于全球性的经济萧条，8000亿的游资又来到太平洋沿岸叩击门楣，我们还会像上次那样置之不理吗？

这样一段文字，未免太简约，太粗线条了。

就拿"水浸银行"一词来说，内地人恐怕很难理解。当然，如今他们也知道南方"以水为财"，"水"代表了财富。殊不知，南方人的"水"却有着多重含义，如"薪水"指的是工资，"磅水"，如今已通俗化为结算的意思，这固然与金钱一个意义。可"含心水"则是合心意，"醒水"即是警觉，"睇水"却是把风、放哨，"威水"竟是威风八面……可见，"水"字在粤语中何等多姿多彩。那么，"水浸银行"呢？其实英文的 bank 于我们而言有双重意义，一是堤岸，蓄住洪水的；二是银行，蓄住奖金的。因此，"水浸银行"是一语双关，很是生动、形象。

改革开放后，一直在大力引进外资，人们对此已习以为常了。可当时是如何把这些"外资"视为洪水猛兽的，今人就很难理解了。可这却是历史，一部千真万确的历史！

用今天的眼光看，建国之初与华侨合作的"华企"、"华建"，无疑是建国之后最早的引进外资（事实上，80年代的外资同样大部分为华资），所建立的"合资企业"，也就是说饶彰风、邓文钊等人，是新中国最早的合资企业的创立者，也是新中国经济改革的先行者。

饶彰风的罪名，当然不止上面提出的"投降"。做统战的，"右倾"、"投降"的指责是家常便饭。当年使他几乎一贬到底的，除了这"两企"外，还有另一个罪名，那便是"地方主义"。这"地方主义"总头目算是叶帅了，他被迫调离广东，留下一句"将帅无能，累及三军"，很是无奈。而后，陶铸来了，方方、林平，甚至"红旗20年不倒"坚守琼崖的冯伯驹将军也没逃得了，都成了"地方主义"的头子，有的直到90年代才平反，比刘少奇、潘汉年还晚。

2. "华企"惊涛

新中国成立后,经济建设逐渐受到重视,成为全国的工作重心,对此"华企"民族资产阶级作出了重要的贡献。

1949年全国解放后,党中央担心邓文钊在香港的处境危险,于是令他回广州居住,并且令他出任广东省商业厅副厅长一职,当时担任厅长的是朱竟之。

1950年,新中国诞生不久,美国为了遏制中国发展,在经济上对中国实行封锁禁运。然而这时中国正大力进行经济建设,急需大量的资金物资,美国的这种禁止政策无疑大大地阻碍了中国经济建设的进展。由于中国内地经受了长期的战争,更加重了经济建设的难度,中共中央仔细地分析局势,经过商议后,决定将这一紧迫的任务交由华南地区负责。

以广州为中心的华南地区地理位置靠海,广州自古以来就是国家对外经贸的窗口,这里曾经是海上丝绸之路的出发口,曾经是享誉全球的富商十三行的所在地,曾经是皇帝钦点的唯一的通商口岸,有着悠久的国内外经济贸易基础,且这一带的商人、华人较多,与港澳及海外华侨有着密切的联系。

华南地区相关部门接到上级的通知后,大家都提着十二分的精神,希望能将上级组织交代的任务尽快较好地完成。当时华南分局统战部和广东省商业厅商议,想成立一家公司专门用来吸引华侨和港澳同胞投资。对于这一提议,当时身为广东省商业厅副厅长的邓文钊大力支持。

关于成立这个公司,当时在商业厅工作的梁尚任回忆道,一天晚上,厅长朱竟之找到他,让他去邓文钊家,来到之后发现邓文钊家里已经聚集了好几个重要人物,原来朱竟之厅长是要他到邓文钊的家中商量成立"华企"的事情。那晚大家各抒己见,全面且客观地分析了国家的经济形势。尤其是邓文钊同志,他以前是学经济学的,再加上家族有经商的经验,因此他对于这次的讨论提出了十分中肯的意见。后来,经过长时间的商讨之后,与会人员一致同意由朱竟之动员商业厅下属八大专业公司以出资入股方式作为该公司（"华企"）的公方，而邓文钊由于熟悉港澳及海外的商界人士且具有良好的声誉，决定由他动员港澳地区工商界爱国人士及华侨以外汇入股作为私方，成立一家公私合营的华南企业股份有限公司。商讨中还确定了"华企"的宗旨，即吸引海外资金回国办实业，同时以投资者能获利的实例，增强海外爱国人士参加新中国经济建设的信心，从而进一步巩固爱国统一战线。新中国刚刚建立，经济基础底子薄，单靠中国内地本土力量难以恢复中国经济发展，因此急需各方支持与帮助。坚持统一战线精神，团结民族资产阶级的力量，促进国家经济建设，是新中国初期的首要任务。

"华企"是新中国成立以来第一家中外合资、公私合营的企业，是全新的尝试。为了尽快地将华企创办起来，华南地区派邓文钊去北京将他们的这一想法告诉中央。邓文钊欣然接受了任务，亲自跑到北京去找廖承志。到达北京，邓文钊不顾一路奔波劳累，一到站便急忙前往廖承志家。

"文钊，哈哈，你来了，一路辛苦了。你要不要先回住处洗洗，休息一下啊？"

"承志兄，不用那么客气，我来就是为了给你汇报工作的，还是先把工作的事情完成吧，不急于休息，呵呵！"

"哈哈，文钊你还是老样子啊，好，你说吧！"

"我们华南分局统战部和广东省商业厅建立一个公私合营的企业，由广东省商业厅厅长朱竟之同志代表公方号召国内的公司入股，而我则负责港澳和海外的商界人士入股，共同创办一个公司，为国家经济发展筹集资金。我们在会上已经讨论出具体的实施方案及人员配置安排，这是我们的具体情况。"说罢，邓文钊从随身携带的公文包里拿出一份他来京之前花几个晚上认真准备的有关成立华企的详细规划书。廖承志接过规划书，仔细地阅读起来。

"好啊，这个想法很好啊，也很可行。你代我同华南地区的其他同志说，你们的这个公私合营企业的想法非常好啊。谢谢大家啊！只是这个工作实施起来有很多的困难，尤其是你所负责的港澳及海外华侨的部分，还是件不容易的事吧。"

"承志兄，这你算是说对了一半，的确，要说服港澳同胞及海外华侨们入股国内的企业，在国内进行商业贸易不是件易事，不过，我有信心可以说服他们。"

"嗯，好，要的就是你这句话和这份自信。我相信你一定可以把事情做好的！"

"承志兄，'华企'创办的具体事情就交给我们华南地区的同志们去办吧，请你代我们向中央反映，希望可以得到中央的许可，这样我们也才好放开拳脚去做事啊！"

"好的，这件事你就放心吧，包在我身上了。"

没过多久，邓文钊就从廖承志那儿得到中央许可创办"华企"的通知，并且获得15年的经营权。听到这个好消息，邓文钊心中乐开了花，事不宜迟，他立马带着这个好消息及中央领导们对他们的寄望坐车回广州。

回到广州后，邓文钊等人马上开始进行紧张有序的工作。

朱竟之等人作为公方号召属下的八家公司入股建立"华企"并不很难，稍微沟通一下，就可以马上处理好。可是私方这边邓文钊的任务相对而言就不是三言两语可以搞定的了。对于"华企"，大部分的港澳同胞及海外华侨人士都存在着质疑，对这个公私合营的企业不抱有希望，凭着多年的海外经商经验，他们觉得在国内是做不起来的。可是邓文钊却坚信华企的创办一定可以实现一种共赢的局面，他相信"华企"既可以为国家经济发展筹集到资金，同时也可以为入股的各个商界人士赚取到利益。就因为这个信念，邓文钊没有放弃，他积极联系以前香港工商界的好友，以自己的人格为担保，同时向各位港澳同胞及华侨人士客观分析"华企"的美好前景，一点一点地打消他们心中的疑虑，争取得到他们的支持。他将创办"华企"的想法及产公司的经营模式及宗旨详细地介绍给香港工商俱乐部的积极分子，陈祖沛、黄长水、王宽城、陈君冷等人都很支持邓文钊的工作。后来，邓文钊凭着他的执著精神，还得到澳门好友何贤、马万祺，泰国的蚁美厚，美洲的司徒美堂的支持。

在邓文钊及"华企"全体员工的努力下，第一期募集到的股金就达到人民币100亿元（旧币），其中华侨和港澳同胞的投资超过港币100万元。在第一届股东大会上，邓文钊众望所归地被选为董事长，蚁美厚、黄长水、陈君冷、陈鸣为副董事长，陈祖沛为执行董事兼工业部经理。

"华企"为邓文钊提供了一个施展才华的广阔舞台。他本身是学经济学的，但由于以前一直忙于帮助廖承志、宋庆龄等安排的政治工作，而很少发挥其特长，因而在经济方面少有所为。但是，他丝毫没有"英雄无用武之地"的感觉，因为从一开始他就一直受到中央的重视，而中央也一直关注他并给予他革命工作上的重任。如今新中国成立了，国家当前所面临的重要问题是经济发展的问题，这就为邓文钊发挥他的专长提供了机会，真正能实现他在学生时代所希望的将所学用于发展国家事业的初衷。现在时候到了，加上又受到领导的重视，"只许成功，不许失败"。他相信凭着自己在国外所学的经济学知识及实践，自己可以将"华企"经营得有声有色。"华企"开业不久就取得了良好成绩，不仅为中国内地经济的发展提供了雄厚的资金支持，而且使港澳及海外投资的商界人士获得一定的收益。

　　其实，一个企业组织是否成功不仅仅取决于外在的条件，更重要的在于其内在的运作机制和精神支持力量，而这种精神上的凝聚力可以说是核心。邓文钊在一定程度上是"华企"的精神领袖，在他的带领下"华企"上下同心协力。邓文钊为人一直诚恳热情，他身为"华企"董事长，有气量，善于用人，深得企业上下的支持。正所谓团结就是力量，正是有了如此具有凝聚力的集体，"华企"才能取得骄人的成绩。

　　"华企"在早期从事进出口业务，为国家提供了大量的物资。尤其在抗美援朝时期，给军队提供了急需的战略物质，这在一定程度上进一步打破了美英对中国实施的禁运政策。当时"华企"通过与香港工商界爱国人士的友好合作，从香港抢运了大量物资回内地，支援祖国建设。1951年抢运交通器材，仅轮胎一项就进口5000套；1952年抢运西药和供志愿军用的手表。据当时"华企"秘书长蔡演雄回忆：

> 　　当时"华企"进口的物资，多数是港英严禁出口的，而我们是为了抗美援朝前线冒着很大风险偷运进口的。港英当局配合美国实行禁运，如果被他们抓到，一是物资全部没收，二是罚款，三是入狱，所以当时都是通过相熟的商人朋友进行。这一点国营公司是无法办到的。贸易部的工作由邓文钊分管。他每天必到公司贸易部指挥大小进口事宜。尤其是1952年朝鲜战争最激烈的时候，前线非常需要医药，香港的存货都被

收购精光。邓文钊心急如焚，总是亲自打电话给香港的朋友帮忙想办法。

面对当时的难题，在邓文钊及"华企"上下员工的共同努力之下，"华企"仅一年之内就进口了30万支油剂盘尼西林和60万支肺针，这不仅有力地支援了前线，而且帮助政府打击了趁药物短缺囤积居奇的国内奸商。

此外，邓文钊作为"华企"的领头人，凭着其敏锐的商业眼光和强烈的社会责任感，积极发现问题，解决问题。经过一段时间的经营，他和其他股东都认为仅仅靠进出口业务还不能完全解决国家发展经济的资金问题，于是他们积极发展其他业务，提出"华企""以商为主，以工为副，以商带工"的方针。"华企"以商业贸易为主，同时还在华南地区投资了十余家工厂，包括针织厂、糖厂、松香厂、木薯加工厂等等。这些工厂特别是那些农产品加工厂，直接使成千上万的农民受益，不仅给当地的农民带来大量的就业岗位，同时也带动了当地的农业经济发展，并且促进了城乡交流，有利于农民生活水平的提高。当时出口的土特产为国家创汇约2000万元，这个数目在当时可不是一个小数。

此外，"华企"还投资一些大型基建项目，如北京的新侨饭店、广州的南方大厦等。新中国刚成立时，北京的高级饭店极为缺乏，这非常不便于港澳同胞来京观光。为了满足港澳同胞的需求，同时也为了提升北京自身的形象，更好地招待外宾，1951年6月，在北京成立了新侨饭店建业筹备机构，邓文钊被推选为筹备委员会主任委员。虽然这次出资主要是由副主任委员王宽诚负责，但是，由于邓文钊本人对华侨比较熟悉，且建造新侨饭店的初衷也是为了方便归国华侨来京有个符合他们习惯的地方入住，因此邓文钊很自然地成为其中的负责人之一。

其实，此项工程的建设并非一帆风顺。其间碰到三反运动，工程曾一度陷于停顿，但是三反之后又立马恢复了工程建设，最终历时三年才将新侨饭店修建好，可谓好事多磨。

仅1951年，他们进口的交通器材，就占了全国进口额的70%多。1952年，更是为国家抢运了数目相当可观的大小五金、橡胶、西药、科学仪器等物资。此外，"华企"还代办出口，为国家争取外汇，缓解内需；赊销原材料，帮助国营公司稳定物价。"华企"带动了中国国民经济的发展。

"华企"注册资本中有70%是侨胞以外汇投入,资金全部到位,获得15年的经营权利,还获得种种优待,如它可以跨国(地区)跨行业多元化经营,它还可以自主进出口贸易,以进引出,以出养进,外汇自行平衡,以较低的外汇成本为国家创汇,为企业获得高收益。体制上它比国企更易于与市场经济接轨,填补了国企的空白。不足五年,从零开始,由小而大,它成为具有跨国经营能力的国际化大型公司。"华企"的所有经营活动,从今天的观点来看,都符合邓小平同志提出的"三个有利于"标准。

3. 邓饶：风云变幻

"华企"用事实说话，积极发挥了它的作用，为中国经济的恢复作出了应有的贡献，而"华企"的成功运营也少不了饶彰风等中共党员的帮助与支持。

"华企"按党的爱国统一战线政策以及优待侨资政策行事，以香港澳门两地爱国同胞为主要对象，动员他们归国投资，兴办实业，参加新中国的经济建设，从其成立之初就一直秉持着"商业为主，工业为辅，以商养工，逐步转向工业"的方针，这是无数个"华企"管理者凭着自身的商业素养及社会责任感而得出的结论。"华企"创办的工厂逐渐诞生在南粤大地上：广州南方针织厂、广宁华南松香厂、东莞生粉厂……

然而，在"华企"的经营中，由于是公私合营，里面的员工既有共产党员又有民主党派人士，更有无党派爱国人士，这样多元混杂的组合自然会导致矛盾的产生，因而，解决内部各种矛盾成为"华企"经营中的一个附带任务。毕竟"华企"发挥其积极作用的一个前提条件便是"华企"上下员工齐心协力，团结一致，而要做到这一点就必须要有凝聚力、向心力。为此，邓文钊与饶彰风做了很多工作。

在民主党派的安排上，由于新中国刚刚成立不久，党内外一些人对民主党派的定位存在着一些模糊甚至错误的认识。为此，彰风指出："民主党派在中国都是新型的政党，不是资本主义社会中只是代表某一阶层的政党，也不是国民党时代的官僚政客的集团……在共同纲领之下，各民主党派和中共都是一家人。"

饶彰风还明确指出："共产党员中有许多人对民主党派的认识不清楚，有人说民主党派是可有可无的，于是有些民主党派人员参加政权工作是有职、有权、无责，有些是有职、无权、有责，这是不适当的。各民主党派参加到政府的工作部门，也应是有职、有权、有责才对。"

在40年后的今天听来，这番话仍不失为真知灼见，可见当时彰风的远见。彰风一方面不断地纠正党员们对民主党派人士的陈旧观念和偏见。另一方面，彰风也积极与各民主党派人士交流谈话，了解他们的意愿，根据每人的情况及工作的需求逐个安排。

那时，在广州民主党派、进步人士约有四五百人。彰风夜以继日，找他们谈话，了解他们的意愿，征询他们的想法，力争做到知人善任，一一安排好他们的工作。前全国政协副主席胡愈之，在80年代初回忆道："彰风能与华侨中的工商界、文化界联络得很好，使他们帮我们共产党的忙……他做统战部长几年，广东华侨，包括工商界、文化界，有很多人回来。有的还把子女送回来上大学。"

在与民主人士、华侨和港澳同胞的接触中，彰风从来不摆官架子，说话也从不带官腔，而且真诚待人，尊重对方，很自然地彰风成为广大统战对象的"知心朋友"，广大民主人士、华侨和港澳同胞都愿意将自己的看法与彰风进行交流，同时也愿意聆听彰风的建议。印尼的进步华侨、巨港橡胶厂经理薛雨清谈到饶彰风给他的印象时曾说道："他平易近人，没有官气，对人充满着很纯正的感情。"这不是夸张抑或奉承，彰风的确在华侨的心中有着很高的地位。薛雨清自己的亲身经历就足以证明他不是乱说的。在修建华侨大厦的过程中，薛雨清突然感染风寒，当时身体十分虚弱，同伴们都劝他在家中安静休养，可为了能与彰风一起工作——因为在饶彰风的领导下，大家工作得十分愉快，很起劲——因此即使生了病，薛雨清也不愿一人呆在床上，而是天天坚守在工作现场，就算不能亲自参加，他也要感受那种愉快的工作氛围。

彰风已经同广大民主人士和爱国华侨们建立了深厚的友谊，对于那些对革命有过贡献的党外人士，他总是给予保护。彰风经常启发和教育统战部的干部，让他们要深入了解民主人士和爱国人士的历史特点，要肯定他们对革命的贡献，要客观全面地看待，而不能仅仅凭着主观喜好判断。

在执行政策上，饶彰风也敢于挑担子。一位原国民党军官，曾帮助过中国共产党，土改时地方上要把他揪回去，却被彰风给顶了回去。有位工商界人士被怀疑贪污，也是彰风出来说了话："有什么根据说人家贪污？他把自己的钱都拿出来支援国家建设，生活很节俭。不要运动一来就这也怀疑那也怀疑。"

1953年至1956年，全国上下一度掀起了干部审查运动，由于广东省解放前与国民党政权有着特殊的关系，加上海外关系也比较多，因此自然成为这次干部审查的重点。

干部审查，简称审干，是纯洁和净化党组织的一种方式，常以整党、整风等运动形式出现，在革命和建设时期都曾使用过。而1953年底开始的审干工作与其他历次审干最大的不同在于，它没有采取运动方式突击进行。

在全国解放后，干部队伍迅速扩大，干部成分较过去任何时期都复杂。虽然经过清理中层、内层、三反、整党和各种社会民主改革运动，我党已对大部分新干部有了初步的了解，并处理了干部中最突出的问题，但建国初期的工作任务十分紧迫，干部调动频繁，各级领导机关还没有来得及对全部干部逐个进行细致的审查，因此党对大部分新干部的真实情况还未能全面掌握。"一五"计划开始后，我党认为在新干部中历史不清、来历不明的分子依然占有相当大的数量，甚至还有少数反革命分子隐藏在党内；在老干部中也还有少数未经过审查，或虽经过审查但有些问题尚未弄清，或当时认为没有问题而后又发现了某些问题，有些领导干部还存在着麻痹思想，对于干部的使用只注重其业务能力，忽视了政治上的考察。基于这些情况，党中央决定，从1953年底开始，要在两三年内对全国进行一次细致的审查，以便进一步了解党的干部队伍，清除混入党政机关内的一切反革命分子、阶级异己分子、蜕化堕落分子，以保持干部队伍的纯洁，同时又要多方面了解和熟悉干部的思想品质、工作才能，以便有计划地培养干部，正确地使用干部，保证国家建设任务的顺利进行。为此，1953年11月24日，中央作出了关于审查干部的决定，此后干部审查工作在全国逐步展开。

广东省的干部审查工作，从1953年底开始，到1956年底结束，可以划分为三个阶段，每个阶段都有其工作重点，各阶段环环相扣，前一阶段是后一阶段的铺垫，整个过程呈现出由点到面逐步扩大的特点。由于这次干部审查工作不同于过去的任何运动，它是较长时间的、又是结合"一五"各项建设任务的有计划、分级分类地重点审查，主要靠调查研究实事求是地分析，为此，按照中央精神，广东省特意挑选了一定数量的政治上完全可靠、作风正派且具有一定工作能力的干部来做审干工作，其中也包括饶彰风。

在审干之风下，整个新中国弥漫着紧张的气氛，或多或少对于当时在华进行公私合营的"华企"的经营带来一定影响。邓文钊所领导的"华企"，真正做到了中央领导一开始所要求的那样："只许成功，不许失败"。由于经营管理得当，资金运转快，经济效益高，1952年年终结算时，股东红利达到27%，这是非常不错的成绩，职工也都分到了奖金，大大提高了职工的积极性。同时，也向广大海外侨胞证明了，投资国内实业并非坏事。之后，更多的海外工商界人士回国投资，一时间呈现出一片兴旺景象。邓文钊看到此种情景，满心喜悦，并且风趣地称那些联系投资的信函为"飞来凤"。中央有关方面也称赞"华企"，说它是"公私合营的样板"。然而，正当邓文钊等人还在为"华企"取得的业绩高兴、为将来进一步的发展计划设想之际，一个好端端的"华企"转眼之间却成了"千夫所指"的"批判对象"。

新中国成立初期，一切都还很不稳定，这也体现在中央的思想上。50年代初期，"左"倾思想不断干扰，使得中央的政策发生变化。1953年8月，已经营两年的"华企"突然莫名地被人扣上"经营方向有问题"的大帽子，遭受审查。这个消息犹如晴天霹雳，"华企"所有员工以及与之有关的人士都被吓了一跳。一年检查之后，得出的结果更是让人义愤填膺，"华企"被认定为"公私合营的黑典型"，并作为"反面教材"通报全中南区。这个当年曾被中央称为"样板"的华企突然间却成了"黑典型"，这是怎样一个360度的大转弯啊？不仅如此，"华企"员工也都受到相应的处分，为"华企"出过力的职工挨整，甚至被降职，曾支持过"华企"的统战部和商业厅负责人也受了处分。"华企"则被并入了华侨投资公司，这就相当于对它宣判死刑，"华企"已经是名存实亡了。

明明是获得15年经营权的"华企"，却在短短几年内就"夭折"了，原本期待有着更多更好发展前景的"华企"，顷刻间荡然无存——事情的发展充满了戏剧色彩。

经过检查后，"华企"已经变得惨不忍睹，在"华企"任职的员工也纷纷遭到程度不一的惩处。虽然邓文钊在此次事件中保留了副董事长的头衔，但是失去了经营管理的实权，只不过是一个名存实亡的名号而已。对此，邓文钊很长时间都想不通，不是为他自己，而是为"华企"的事业，为那些团结一致的职工。他就是弄不明白这么好的一个企业，这么一个为国家建设作出过突出贡献的企业，这么一批爱国的员工，怎么到后来却落得如此惨痛的下场。他曾坦率地向有关领导申诉、辩护，表示反对检查结果，但是这一切都没有用。在"左"的思潮下，任何人都无能为力，再加上邓文钊当时本身势单力薄，反抗只不过是徒劳之举。

"华企"事件的结论邓文钊是一直不认可的，但直至他死的那一刻也没有实现对"华企"事件的申诉。尽管心中充满不满与困惑，邓文钊依然相信党，相信政府，因此，他还是严格地要求自己做好自己的工作，并且尽全力使自己的思想适应党的要求。

时间流逝，很多东西都会慢慢地淡去，被人忘记，然而，"华企"事件并没有因为时间的流逝、时代的发展而被人所遗忘。虽然邓文钊在世时未能为"华企"讨回"公道"，但是1980年，在他辞世九年之后，党中央清理冤假错案，"华企"的冤案终于得以平反。平反时的结论是："'华企'的功绩是显著的。该公司在促进城乡互助，内外交流，恢复和发展国民经济，支援抗美援朝等方面，都作出了很多贡献。同时，在宣传公私合营企业的优越性，争取华侨和港澳同胞回来投资，参加祖国社会主义建设，扩大革命的爱国统一战线方面也起了积极的作用。"

报告还提出了对"华企"有关人员所受的错误处理进行改正、平反、恢复名誉的意见。后经省委及中央纪检委批准同意，通报执行，并于1981年6月19日在《南方日报》作了公开报道。

附　录

党的"十五大"肯定了股份制在国民经济中的地位和作用。它使人们想起，约50年前廖承志同志支持创办的"华企"。党的"十五大"指出："股份制是现代企业的一种资本组织形式，有利于所有权和经营权的分离，有利于提高企业和资本的运作效率，资本主义可以用，社会主义也可以用。不能笼统地说股份制是公有还是私有，关键看控股权掌握在谁手中。"目前城乡大量出现的多种多样的股份合作制经济，是改革中的新事物，要支持和引导，不断总结经验，使之逐步完善。早在广东解放初期，广东一些同志和从海外

肝胆相照——邓文钊与饶彰风合传

归来参加祖国建设的一批热心的企业家、工商界人士在股份制方面作出了勇敢有益的尝试。他们利用广东毗邻港澳、华侨众多的优势，主动吸引侨商的海外资金，结合国内公私资金而创办了我国首家华侨股份合作企业——广州华南企业股份有限公司（简称"华企"）。它得到时任中央华侨事务委员会负责人廖承志同志的支持，经周恩来总理认可，获批准在政务院注册立案后开始经营，为恢复经济、发展经济起了开拓性的历史作用。实践证明，它姓社不姓资。由于历史的原因，1955年"华企"被指责为走资本主义道路而中途停业，成了历史的亡灵。党的十一届三中全会平反冤假错案，"华企"问题得到平反。"十五大"肯定了股份制的经济形式。应该说这就从实际上为"华企"彻底恢复了名誉。由此反思，当年"华企"成功的经验是什么？它对我们今天学习"十五大"精神又有哪些有益的启示？

带着这些问题，一位记者在广州麓湖旁的一座公寓里拜访了原"华企"创办人之一、董事梁明先生。我们觉得颇有价值，特引录于下：

梁明先生今年80岁。从他满头的白发，可看出他经历了岁月的沧桑。果然，在交谈中得悉，他早年投身革命，参加了共产党。在党的领导下，他为革命做了许多工作，至今，对革命事业仍一往情深。谈起"华企"，梁老声音洪亮，神采奕奕。

记者（下称问）：梁老，请您谈谈"华企"情况。好吗？

梁明（下称答）：好。50年代初，广州解放不久，我在党组织安排下（尚未公开党员身份），于广州六二三路开设了嘉华贸易商行，从事进出口业务。随后，协助邓文钊先生，在饶彰风（华南分局统战部副部长）指导下，创办华南企业股份有限公司。该公司主动吸引侨商的海外资金，并与广东省商业厅属下的八大专业贸易公司联营，组成法人持股、独立自主经营的股份有限公司。由于它拥有充足的自备自由外汇，又有国企的人民币配套资金注入，财雄势大，有直接从外洋接大订单、做大生意的能力，因此客似云来，货如轮转，生意做得火红，羡煞同行，群起效尤，带动了他们积极投入经营，搞活经济，"华企"起了开拓历史前进道路的作用，一时传为佳话。

问：邓文钊先生是海内外著名爱国人士，共产党的挚友，请谈谈有关他的情况。

答："华企"的董事长为邓文钊先生（以下简称邓老），广东五华县人

下篇 3. 邓饶：风云变幻

（五华县志中有邓老及其长兄邓文田先生的合传）。邓老是我国早期的英国留学生，毕业于著名的剑桥大学，学成后回到香港，受聘于英商大英银行，后又出任华比银行的华人经理，是金融界的老前辈，其父为知名的建筑商，以经营地产业发家致富，父子两代人为香港华人社会的殷商，为世所重。邓老思想开明，有强烈的爱国心。当侵华日军占领东三省后，发动"七七"事变，又大举进兵华北，其后华中数省相继沦于敌手，上海、南京亦告失守。蒋介石政权退守武汉，在敌人诱降之下，国民党中的亲日派暗中策划和谈，中华民族已到了存亡关头。当时香港已成为孤悬海外的危城，成为日军南进计划攻占的战略目标，香港社会中的上层华人，争前恐后逃亡海外，托庇洋人，以求苟全。但邓老鄙视此种懦夫行为，他坚信中国共产党人抗日到底的主张，他坚持留在香港，决心与全国抗战军民共克国难。在中国共产党人廖承志的直接领导下，投身于抗日救亡的实践活动中去。1938年，宋庆龄女士在香港组织起"保卫中国同盟"这一国际抗日团体，参加者有外国作家记者，如爱泼斯坦、希尔达·塞尔温·克拉克、诺曼·法朗士等，此外有宋庆龄、何香凝、廖承志、廖梦醒等人。邓老是该盟的中央委员，兼任司库的实际职务，该盟的联络处就设在邓老家中，邓老出钱又出力，主持收集国际友人捐助八路军的药品物资，并自备汽车，直送延安，交到八路军手里。邓老忘我工作，自愿无偿劳动，乐此不倦，直至日军攻占九龙，维多利亚港已兵临城下，邓老才在炮火声中在东江游击队抢救下撤离香港，经东江游击区，投奔重庆八路军办事处，继续从事抗日活动，直至日军投降。后来，邓老重返香港，更加坚定地跟随共产党。由于蒋介石坚持独裁统治，阴谋独吞抗日胜利成果，策动内战，共产党人为打破其对民主声音的封锁，决定在香港复办《华商报》，邓老得悉后慨然一力承担，使《华商报》得以复办。该报高举爱国和平民主的旗帜，宣传党的政策主张，受到海内外欢迎。邓老还在许涤新、饶彰风等共产党人带领下，利用其良好的社会关系，在香港工商界中展开爱国统一战线工作，把他们团结在香港工商俱乐部这一爱国团体里。当华北解放区连成一片，天津港对外开放，欢迎海内外商人到解放区做生意时，很多人不明白共产党的政策，都持观望态度。香港工商俱乐部的民建会成员陈祖沛先生自告奋勇，带头自行包船，亲自押运，满载一些解放区紧缺物资，冒险通过台湾海峡，直航天津港，支援解放区的经济建设，又换购回香港紧缺的土特产，一往一回，两蒙其利。由此可见邓老的群众工作做得十分出色。当叶剑英参谋长带着南下大军解放华南时，曾通知廖承志同志早日设法筹集军粮，此任务紧急而重大，交由邓老承办。邓老联合了在香港的泰国华侨领袖蚁美厚先生，派出邓重行同志（《华商报》的督印人）秘密到泰国订购了大批出口米，自行租船，自雇船主（领航人）分批运回香港，转口广州。此外，当海南岛战役打响之后，解放军刚解放海口市6天，就有一海轮从泰国直航海口，将大米供应给解放军。党每次交下的任何任务，邓老总是能出色地完成。

问：邓老确实值得我们崇敬。那么，邓老是怎样回内地创办"华企"的呢？

答：1949年广州解放，邓老即应广东省人民政府的邀请，从香港回穗定居，担任广东省商业厅副厅长的职务，在中共中央华南分局统战部副部长饶彰风同志的直接领导下，大力开展海外的统一战线工作，争取海外侨胞归心祖国，参加社会主义新中国的经济建设。刚解放的广东百废待兴，为了迅速恢复和发展经济，在广东省商业厅朱竟之、李健行二位厅长的安排下，由邓老带头联合了民建会的领导人物黄长水、陈祖沛、陈君冷、王宽城，农工民主党领导成员钟毓梅，致公党领导人陈其尤，归国华侨领袖蚁美厚、刘森庆、刘家棋，澳门商界领袖何贤、马万棋，无党派爱国人士何善衡、庄承宗、陈国泉、李毓林（即李成）、李昆山等人共同发起，以社会集资、公开招股的办法，组建华南企业股份有限公司，在中央华侨事务委员会负责人廖承志的赞成和帮助下，并请示周恩来总理，获得批准，于政务院注册立案，取得独立经济法人资格。

问："华企"作为一家华侨股份合作企业，有哪些主要合作成员？在经营上有什么特点，在发展经济方面起了什么作用呢？

答："华企"按党的爱国统一战线政策，以及优待侨资政策行事，以香港澳门两地爱国同胞为主要对象，动员他们归国投资，兴办实业，参加新中国的经济建设工作。"华企"成立后，邓文钊出任董事长，蚁美厚、黄长水、陈君冷为副董事长，董事会成员有陈祖沛、王宽成、钟沃梅、刘森庆、刘家棋、李成（李毓林）、李昆生（以上是香港商人）、何贤、马万棋（以上是澳门商人）。股东计有何善衡、许廉甫、陈国泉、庄承宗、吴怀庭（后来退股），我（梁明）以嘉华贸易商行全权代表的资格，将嘉华商行的全部产权折价五万元（新人民币）投入，取得相应股权，成为"华企"的创立股东之一，于首届股东大会中被选为董事……

问："华企"在分配方面体现了什么原则呢？

答："华企"在利润分配上，也体现了其社会主义性质的特点，"华企"的税后纯利润的分配如下：55%作为股东分红总额按年度发放。因"华企"是集资企业，如没有相当的分红是难以吸收资本的。20%作为董监事及总经理、高职称专业人士的特别酬劳金。此项用以吸收能人为我所用，重奖之下才能创重大成绩。20%作为职工福利及奖励金。解决职工后顾之忧，才能使职工有归属感，稳定职工队伍。5%作为公益金。取之于社会，自应反馈给社会做公益事业，体现社会主义企业的属性。以上分配原则体现了公私兼顾、劳资两利的社会主义分配原则，这是"华企"的首创精神。

谈到这里，梁老的神情变得凝重起来，他在沉思中缓缓地说：从"华企"的创立宗旨和目的及其经营上的所作所为来看，它姓社，不姓资，但由于历史的种种误会，1955年"华企"在私营工商业社会主义改造运动中，被误解为走资本主义的黑样板，被点名批评。帽子一扣上，它只能自认晦气，终于中途停业，机体被肢解，资财被瓜分，成了历史的亡灵。幸而党的十一届三中全会后，借中央有错必纠的政策，经复查后终于宣告平反，名誉得以恢复，使我们这些幸存者在精神上得到一大解脱。但由于政策未能落实，至今仍未能发还其享有的经营权利，时至今日，党的"十五大"已经召开了，江泽民主席在"十五大"的讲话中明确指示，股份制可以应用于国企改革中去，是公有制的一种实现形式。"华企"的成功经验就是一个活生生的例子。因此，我今天谈这些，并非发思古之幽情，只是想提醒人们注意，再不要受困于姓社姓资的形而上学的争论，早日从"以左为正"的思想误区中走出来。我相信"华企"人于50年代能做出成绩来，90年代的明白人自当做出大成绩（非不能也，是不为也）。马克思曾说过，历史事件常常会出现两次，如果第一次是以悲剧的形式出现，那它第二次出现时就会以喜剧的形式出现，它是符合"否定之否定"的辩证法规律的（合理必然存在，存在必然合理）。

接着，梁老把他纷繁的思绪归纳后，指出：引进侨资，结合国内公私资金而组成的企业股份有限公司，经国务院侨务办公室廖承志同志亲自请求，经周恩来总理认可，获得特别批准，于国务院注册立案，取得法人资格，并获得15年的经营权利，它依法受到保护，投资安全有保证，所以特别容易于海外招集资金，有国际信誉。如起用"华企"公司的招牌，重新注入资金，重整机构，恢复营业，则省时又不用太费劲，就可成事了。可以说，得来全不费工夫。现在香港回归祖国已一年多，澳门回归指日可待，及时恢复"华企"的合法经营权，马上到港澳地区构筑穗港澳合作新格局，将大有可为。这既有经济效益，政治上也有积极影响，此举符合时代需求，符合国策，符合人心要求。资金、物资、人事条件（当年"华企"董事会领导成员陈祖沛、马万棋先生尚健在）均具备，又有业务基础，因此提出恢复"华企"经营权是有合理性的。

最后，记者对梁老提供这一段宝贵的历史资料表示感谢。

4. 饶彰风：仗义执言

在长期的统战工作中，饶彰风信任这些民主人士，就如同民主人士信任他一般。俗话说"患难见真情"，正是在一个个灾难中，形成了他与民主人士之间肝胆相照的真挚情谊，他与邓文钊之间的友谊就是一个缩影。

新中国成立了，中华大地从此开启新的篇章，充满新希望，然而，新中国还面临着很多挑战。

20世纪50年代，中国大地风风火火地开展整风运动，1957年开始进行反右派运动。

反右派斗争中，当时部分同志提议把爱国人士邓文钊等五人划为右派，原因自然很简单，邓文钊是资本家，出身于资产阶级家庭，因此政治背景不纯。正当邓文钊成为批判的对象时，出现了一个不同的声音。饶彰风不顾个人的得失，以革命利益为重，坚持真理，坚持党的政策，挺身而出为他们五人辩护。他认真地介绍了邓文钊等五人过去对革命的贡献。饶彰风特别指出，邓文钊是香港知名的爱国人士、我们党的好朋友。抗日战争时期，邓文钊曾将自己的房子让出来作为八路军办事处，帮助我党创办《华商报》，且邓家"红屋"是同志间见面进行沟通的场地。解放战争时期，他曾协助我党做了大量的团结工商界人士的工作；建国初期，他担任华南企业股份有限公司的经理，对团结工商界起到很好的作用。

"邓文钊所做的一切，大家都是有目共睹的，怎么能这么草率地将其划入右派呢？况且自古以来就有'英雄不论出处'的说法，我们现在仅仅凭着一个家庭背景就仓促划定对方为右派分子？这样的判断是不是太没说服力，也太过于主观化了吧？"彰风强烈地表达了自己的反对意见，积极维护邓文钊等爱国民主人士。

彰风还反复与省委统战部整风办公室主任沟通，他认为对于邓文钊等人的问题要认真深入地核实研究，如果他们有错，批评教育即可，划入右派就有点严重了。

"主任，我知道现在咱们刚刚成立新中国，一切都还没有稳定下来，在精神上的确需要增强阶级意识。但是，咱们也不能不根据客观事实说话吧，这不就跟我们的初衷相违背了。"

省委统战部整风办主任没有出声，微微抬起头看了看饶彰风，等着他继续说下去。

"邓文钊等五位民主人士，之前工作上和我有过密切合作，且私下我们也有往来，对于他们我还是了解的。他们的出身的确是资本家，甚至有可能在某些时候思想上表现得也不是很端正，但是比起他们在革命时期为国家、为人民所作出的贡献，那就真的是芝麻绿豆大的小事了，没有必要把他们划入右派中吧！"

饶彰风一口气说了一大通，他明白现在再不将事情说清楚，那就没时间了，因为社会的舆论是非常可怕的。饶彰风秉持着"一切从实际出发"、"具体问题具体分析"的办事态度，坚持着"团结—批评—团结"的中央对于统一战线中各个联盟之间处理矛盾的办事原则，而这一原则的根本出发点和最终落脚点便是"团结"。

主任看着饶彰风说得头头是道，有理有据，实在也找不出什么地方可以反驳。于是，他笑了一下，说道："彰风同志，你也别急，我们现在不是也还没给邓文钊等人最终定案嘛。谢谢你这一番话，让我们对问题有了更进一步认识，放心吧，我们知道怎么做了。"

"'没有最终定案'，要是已经定案那不就早没戏了？"饶彰风心想着，"'我们知道怎么做了'这又是什么意思呢？"但是，他相信，事实胜于雄辩，邓文钊等人的贡献是有历史证明的，有目共睹的。

后来在彰风的极力辩护下，邓文钊等人最终没有被划为右派分子。可是，事情却并没有因此而结束，又为另一件风波埋下了隐患。饶彰风是凭着良心去反映情况的，可是他毕竟"违背"了其他人的意愿，无形中已经与他人结下了梁子。也许饶彰风自己并没有意识到问题的严重性，因为他觉得现在已经是新社会了，敌人已经打退回巢，还会有什么危险呢？可是危险往往无处不在，就如同平静海面下的汹涌波涛，不是没有而是没有到爆发的时候。

下篇 4. 饶彰风：仗义执言

彰风的正义之举让邓文钊等人感到一阵阵温暖，尽管面临着严峻的形势，但是他们心中依然坚信党，一如既往支持党的政策。

"华企"惊涛之后，邓文钊虽然对于党中央最终对"华企"的判决不满，但是这并没有影响到他对党中央的信仰。他依然积极响应党的号召，更加严格要求自己，提高自身的思想觉悟意识。

回顾抗战时期到新中国成立，邓文钊像一名党员一样发挥着先锋作用，他以自己为例，同时以客观事实为例，让更多的工商界人士认识到社会主义的好处，认识到他们在社会主义社会会得到更好的发展。同时，他还积极地进行自我反省，曾给中央写了一封很长的思想汇报类的信，字字句句都充满着真诚，明显表现出他极高的思想境界。

在全国人大一届四次大会上，邓文钊曾十分坦诚地对自己的思想作了一番剖析。他说：

> 我出生于一个买办资产阶级家庭，因向往英国的民主政治而前往英国留学深造，希望能增长学问知识，从而能够寻找到祖国为何贫弱及中国人命运为何这样悲惨的原因。但是几年中，我所得到的只是帝国主义的种族歧视，思想上更加彷徨苦恼。但我也有一些收获，就是从社会生活实践中，看到了资本主义国家所谓民主政治的面貌和它的实质。尽管英国是以民主自称的国家，以上下议院作为民主形式，但议员里没有一个真正的工人阶级代表，议员所拥有的、所代表的都是资产阶级的利益。社会上贫富悬殊，工人受着残酷剥削，所谓在朝在野的两党制，也不过是维护资产阶级专政的一种方法。我留学回国后，目睹国民党反动派政府腐败无能，思想日益苦闷，后来经何香凝主任和廖承志同志的帮助，才认识到只有实行抗日，贯彻"民主、团结、进步"的口号，才能解放危亡的中国。这使我提高了觉悟，找到了正确的方向，并积极支持和参加保卫中国同盟的工作。虽然是这样，但由于自己是一个长期受资本主义教育的知识分子，加以自己的阶级本质关系，在日军占领香港时思想又动摇起来，又感觉到中国人的前途仍是黯淡的。后来在党的帮助下，我和一批民主人士逃出了香港，经过抗日游击根据地，亲眼目睹中国共产党真诚为人民服务的精神和艰苦抗日的事实，以及党对知识分子无微

不至的关怀和照顾。当时在游击区物资供应极端困难的情况下，我们还时常不断地得到猪肉和香烟的供给，而党员是没有的，甚至有的还要吃树皮。这使我非常感动。相信在座有不少代表曾在此时与党同历艰苦，这些事实是不会忘怀的。经过这一次革命的锻炼后，我对党有了进一步的认识，觉得中国共产党的确是"先天下之忧而忧，后天下之乐而乐"的政党，更增强了跟共产党走的决心。但我的决心是否坚定不移呢？广州解放后，我仍在香港，领导上劝我回广州参加工作，我思想上又有犹豫顾虑。后来我负责华南企业公司时，仍时常暴露出资本主义的经营思想。得到党的帮助后，思想认识才有了提高。20年来，在思想改造过程中，我在犹豫不定的心情中走过崎岖不平、迂回曲折的道路。历次痛苦的思想斗争，正说明了"脱胎换骨"的过程，也说明了资产阶级两面性的存在。这些事实也说明了知识分子思想改造的艰巨复杂性。

在会上，邓文钊强烈地表达了自己愿意继续改造资产阶级思想，更好地走革命的道路的决心，然而，就在此时，轰动一时的反右运动越来越猛烈，而他也被卷入其中。

与饶彰风一样，同为客家人的邓文钊也是一个身具强烈社会责任感和爱国情怀的人，在他眼中只有社会、民族、国家，考虑一切都从国家民族利益出发，因此，在一切环境下，必定是有一说一，从来不含糊也不装腔。这种品质本难能可贵，本应当提倡，可是，很多时候真话、真情反而会让一个人陷于危险之中。饶彰风如此，邓文钊也是如此。

20世纪50年代发生的席卷整个中国的反右运动已经在中国漫长的历史上留下深深的印记。当时随着反右运动的兴起，社会上也掀起一种"四大"的说法，那便是"大鸣、大放、大字报、大辩论"。这几个词是20世纪50年代后期出现的新词，是政治运动的产物，反右派斗争之后开始在社会上流行起来。"四大"当中的"大鸣大放"意思便是鼓励干部群众敢于说话，说真话，各抒己见。全国各地都进行着各种"大鸣大放"活动。在广州，广东省统战部召开民主人士开座谈会，请大家发表意见。深知当下全国上下都在进行"大鸣大放"活动，邓文钊便积极响应，并应邀参与会议。在会上他中肯地、客观地提出了两点：一是提出"争名于朝，争利于市"，建议政府抓经济，注意企业利润；二是提出经济领域要有内行领导。这两点对于邓文钊来说是他的肺腑之言，可是他这两条意见却被其他人认为是与党唱对台戏，仍然带有较强的资产阶级意识。而与邓文钊一同参加会议的另一位从香港回内地参加建设的省工商联副主委陈祖沛所发表的言论遭到统战部领导小组更激烈的反对。陈祖沛是邓文钊在香港的好友，同样也是一位工商界的爱国民主人士，邓文钊在创建"华企"为国家经济建设筹集资金时曾得到陈祖沛的大力支持。陈祖沛此次作为香港的代表参加会议，发表了自己的看法，可是统战部领导小组的人却认为陈的言论有反党嫌疑，决定批判他。但并不是所有人都同意，其中饶彰风就持不同意见，反对对曾经为国家建设出过力的爱国民主人士作不客观的批判。于是统战部中便出现了两种截然不同的态度。支持批判陈祖沛的统战部领导为了实施这一想法，首先找到邓文钊等其他相关民主人士进行谈话，希望说服他们，得到他们的支持。可是，对于批判陈祖沛这件事，邓文钊是支持饶彰风的。邓文钊在与统战部相关领导人员的谈话中列举了很多陈祖沛在国家进行抗日战争及社会主义建设时期所作的贡献。邓文钊提到："陈沛祖在新中国成立前后一直都积极地配合党中央的各项工作，比如说前段时期兴建的'华企'，他就十分支持，大力入股'华企'，为国家经济的资金筹集作出了很大的贡献……"

邓文钊没有顾及个人的处境已是十分危险，却依然为陈祖沛辩护，就如饶彰风全心全力为他仗义执言。

可是过去的这些功绩在当时的领导人看来仿佛都失去了功效，再加上当时那种社会氛围，只要政治出身带有资产阶级色彩，便很容易被盯上。这也导致饶彰风在为邓文钊等辩护后，先是受到了党内通报批评，后来又逐步升级，1958年被定性为：犯有严重右倾投降主义、严重的地方主义和严重的反党活动性质的错误。

饶彰风被撤职、降级，下放到连平。对于组织上的处罚，彰风并不害怕，他心中坦荡荡。

连平，是个偏僻的山区，来到这里，置身于乡亲父老之中，穿梭于峰峦沟壑之间，彰风的胸襟反而更为开阔。自己这么多年来一直在为国家的革命事业、建设事业奔波忙碌，如今倒是可以好好放松一下紧张的神经，感受自然的气息。每每走在连平山区，彰风就想：革命的道路不正如这连平山区的山路坎坷曲折嘛,然而,不管路多么崎岖难行,他总归是向前进的,总归会走到山顶,总归会看到那明媚的阳光。

撤职、降级、下放,对于常人来说,这是多大的委屈与打击,可是被降为县委书记的饶彰风,对个人的得失荣辱不以为意,反而全身心地投入了改变贫困、战胜灾荒的战斗中。

山区自然风景能陶冶性情,因此彰风闲时乐于漫步山间。山区群众那拼搏的精神感染了彰风。新中国成立后,连平山区也如火如荼大干起来,在这一片朝气蓬勃的氛围中,彰风内心中如火的热情再次燃烧起来。

发生灾情,彰风带头节省口粮,支援灾区人民;亲自去生产队,种地插秧,与群众一同为提高农作物产量而努力;彰风发动连平山区人民因地制宜,大量种植白菜、大蒜、冬菇、松香;开办小型工厂;建立各种福利事业……连平山区焕然一新!

而后,他又历任省科委副主任,省文教办副主任、主任,广州外国语学院党委书记兼院长等职务,投身于科技文教事业当中。

不管身处何方,彰风都会积极利用一切机会为社会、为人民、为国家服务。

在反右斗争中,邓文钊遭遇不公,由于仗义执言,饶彰风也受到不公正待遇,但是他们却依然没有放弃自己心中的信念。

5. 香港行

新中国成立后，党中央考虑到邓文钊在香港的安全问题，便将其全家迁往广州安居，之后邓文钊便没有主动回过香港。尽管期间他的妻子曾多次提出要搬回香港生活，可是他都没有这么做。60年代，要不是因为需要处理邓家财产事宜，他也许还不会主动向中央申请回香港。

时过境迁，当年兴旺繁荣的许多香港大家族都一一中落。它们旧式的管理经营方式已不能适应新形势的需要，很自然地一个接一个走向下坡路，自然邓家也不例外。

其实，邓家家产是邓文钊祖母曾灶娇遗留下来的。曾灶娇去世后，邓家产业分别由邓文钊、邓文田及他们的寡嫂邓胡氏继承，但是他们三人并没有分家，三个人同是遗产的"承办人"。在邓文钊留英学习期间，他的"承办人"地位由其舅父周熙年暂代，后来邓文钊回国后，其"承办人"地位又转由族兄代替。这种遗产"承办"的方式非常不利于产业的发展，因为无论哪方想动用部分资产都会受到其他方面的限制。邓文钊此次回香港，就是希望打破这种局面。抵达香港后他立马与兄、嫂商量，首先将他们"承办人"的身份取消，取而代之，恢复三人遗产"受益人"的法律地位。邓文钊的律师、好友余平仲为此帮了很大的忙。可是，问题并没有最终解决。虽然他们三人已争回自身受益人的合法地位，但三人依旧没有分家。他们就如同股东一样，邓家的每栋房屋三人各拥有一定比例的所有权。按照当时英国的法律，每栋房屋的处理都要三家一致同意了才能行动。这样一来，相互牵制，造成许多困难。

对此邓文钊深有体会。他回到香港处理邓家产业事宜，一是希望能把遗产的问题顺利解决，二则希望将自己所有的份额投入到内地，帮助内地的经济建设发展。在他与兄、嫂还未分家时，他曾将自己的想法告诉兄、嫂，可是得到的却是反对意见。

邓文钊回到香港家中，看着这个曾经生他养他的地方，百感交集。就是在这里他目睹了祖母的惨死，在这里他认识了廖氏兄妹，在这里，他与妻子何捷书共结连理，也是在这里，他作出留洋求学的决定。好好地怀旧一番之后，邓文钊找到邓文田及胡氏，在大厅里将自己对邓家资产的一些想法告诉他们：

"二哥、大嫂，现在香港的形势已经发生了翻天覆地的变化，我们不能死守着资产，如果不发展的话，迟早会衰退的。现在新中国刚刚成立，内地正进行着大建设，我觉得这是一个十分好的机会，我们可以把一部分资产投入到内地市场上，说不定会给我们带来更大的收获。"

"文钊，你也说了现在形势变化了，内地的局势也不稳定，而且新中国刚刚建立，基础薄弱，我们这样投入进去说不准立马就会亏本。这不等于是自找死路吗？我是不会答应你的做法的。"

"二哥，从目前及长远的形势来看，内地的确是一个有着相当发展前景的市场啊，我们不能因为眼前的小利益而忽视了今后的大发展啊。"

邓文田没有作声，只是默默地低着头喝着茶。邓文钊见这样子，心中明白邓文田是万万不会支持自己的，于是他也便不再说了。

邓文钊十分了解邓文田的性格，他是一个吃不得一点小亏的人，况且他现在拿着资产酗酒玩乐，活得逍遥自在，自然是不会赞同投资内地市场；而且对于一个没有明确保障的风险投资，邓文田是万万不会做的。而嫂子胡氏自己没有什么主见，自然很多时候也看邓文田做事，既然邓文田不答应，她也便跟着反对。为了可以放开手脚去进行投资，支援祖国的建设事业，邓文钊意识到这种家族式的经营方式必须停止，否则最后的结果只会导致大家死在同一条绳上。邓文钊仔细想了想，这样去求他们投资是行不通了，于是只好争取三家分开，利用自己手头上的一部分资产投资内地市场。在邓文钊看来，虽然内地市场现在还没有起色，但是机会是大大存在的。只要有机会就要去发展，哪怕吃点小亏也无所谓。

在邓文钊回港之前，原本显赫一时的邓家在邓文田的挥霍下已经只剩下少得可怜的产业。邓文钊回来之后，还设法保住了一些资产。可是他所想保留的"红屋"由于当时没有条件冲破阻碍，最终卖掉了。

虽然邓家产业最终还是衰落了，被其他新起的家族所取代，但是邓文钊并没有耿耿于怀,他对剩下的一点产业心满意足。人生在世变数太多,很难说清楚将来是什么样,懂得满足才是最好的选择。不论怎样,邓文钊此次回港最终还是解决了邓家长期存在的遗产问题。

此次邓文钊香港行,除了解决自己家族产业问题,他身上还背负着另一项重要的任务——统战工作。

一直以来,邓文钊都是作为统战工作的对象投身于革命及建设事业中。在与饶彰风等人的交往中,邓文钊深深地感受到了中央党组织的真心实意,明白了党的精神。党组织也变得愈来愈信任他,对其委以重任。

回港前,1962年,邓文钊在其儿子的陪同下,来到北京找到廖承志,商量去香港的事情。廖承志对此十分理解,同意他返回香港,同时还提出回到香港后,让邓文钊在处理家产事宜的同时,可以用副省长的身份做一些统战工作,多多联系他在香港的那些老朋友,多做思想工作,鼓励他们、团结他们,发动他们多为祖国做点事。将这项任务指派给来自香港的邓文钊,自然是再合适不过了,毕竟邓家在香港是一个老望族,且邓文钊本人在香港也有很好的人脉关系。

廖承志还十分诚恳地对邓文钊说,对于香港朋友,如果能让他们百分之百地都为祖国做事那是最好的结果,但是做不到百分之百,做到百分之五十,百分之二或者百分之十,都是可以的。只要能争取到一个、团结到一个,就发展他,星星之火,可以燎原,有了这么一点火苗,熊熊大火迟早是会燃烧起来的。

新中国刚刚成立,各方面还很薄弱,急需团结一切可以团结的力量来共同发展。因此,当时党中央对统战工作是十分重视的。要团结他们,就必须从里到外地让他们了解实情,消除各种误解,清楚祖国的现状。邓文钊是这一工作的最佳负责人。其实,当邓文钊接到廖承志给他的任务时,心中十分愉快,党交给他任务,说明他还是受到党的重视和关注的。

廖承志在北京时已经将香港之行的任务说得十分清楚了。邓文钊到了香港后,一面办理家族产业的事情,一面四处积极与他的好友们联系。他以广东省副省长的身份接触了很多平日里不愿与内地发生关系的人士,并且与老朋友重温故旧。遇到香港知名人士,邓文钊并没有以命令式的口吻传达中央指示,而是从社会历史发展现状、从经济效益等方面一一分析,而后再委婉地向对方说出中央的政策:"国家现在十分重视发展国民经济,十分欢迎咱们港澳及海外同胞回内地投资,也下达了十分宽松的政策。只要英国人不做对中国不利的事,不让国民党进行颠覆活动,香港维持现状是有可能的。我知道你们大家还是心有疑虑,但是这可是十分难得的发展机会,从长远来看还是十分有利的。"经过邓文钊的解说,很多香港知名人士都积极投入到国民经济建设中。

此次长达两个月的香港行,邓文钊表现得非常活跃,他积极接触了不少上层人士,大大地促进了对港澳同胞、爱国华侨的统战工作。

香港对于邓文钊来说不仅仅是个地名,更是承载他童年、少年时光的幸福家园,但是,他更明白中国是万家之家,只有"大家"发展起来了,才能幸福千万家。可惜,他却未能等到香港回归之日,在上世纪70年代撒手人寰。

6. 亲友们

其实，有不少人认为邓文钊香港之行是不会再回来了。

同样，在香港，也有不少人劝他不要回内地了。是呀，"华企"奇冤，反右惊魂，多少挚友遭难，自己也九死一生，检讨来检讨去，以致精神失常，连副省长也一度被撤了。

可是，他还是回来了。

也许，不为别的，只为那些相濡以沫的亲人、至交。

人是一切社会关系的总和。这一马克思主义的基本论述已经道出了人的本质特征，因此，人无法离开社会而独自存在，人总是在各种社会关系中发挥着自己的作用。这无形中强调了一种集体精神力量，而这也正是中国革命取得最终胜利所遵行的一条准则，这也是为何中央一直强调要坚持统一战线，不论是革命进行中，还是革命胜利后，或新中国建设中，都一直没有动摇这一准则。

饶彰风与邓文钊二人是统战中的典型人物，且两人在中国革命及新中国建设中的历史功绩是显而易见的，这必然少不了他们的亲人朋友的支持。

无论是邓文钊还是饶彰风，他们都不是孤军奋战，而是在许多志同道合的亲友们的相伴中，共同作战。

邓文钊生性喜欢广交朋友，而他一生中也的确深交了很多朋友。在他的朋友中既有国内的朋友也有国际友人，且各行各业都有，他对自己的朋友们全部真诚相待。问及邓文钊的朋友对他的评价，没有人不说他是个好人的。

第一位当是廖承志——他的姻亲，也一直是饶彰风的直接上级。

肝胆相照——邓文钊与饶彰风合传

廖承志：邓文钊的姻亲、饶彰风的上级

由于与何家之女何捷书结为夫妻，邓文钊便时常接触廖氏姐弟，慢慢地相互之间便结下很好的友情。廖承志可以说是邓文钊一生中最重要的友人之一，他既是邓文钊革命道路的引导者，也是日常生活中的好友。廖承志与邓文钊之间的情谊一直持续到老。廖承志曾这样评价邓文钊说："人生在世，总难免酒、色、财、气四个字。酒、色、财三字，文钊还好，还算清白，算是难得的。"可见评价之高。因为对于资产阶级家庭出身的邓文钊，能做到不嫖、不赌、不饮、不吹，这在香港是很少见的。更甚者，邓文钊几乎没有私家车，平常的娱乐也仅仅限于打桥牌、骑自行车等运动而已，就连跳交际舞他也不如其妻。

廖氏一家对于邓文钊的影响是深远的，尤其是在他革命的道路上，更是给予他无限的帮助与鼓励。青年时期，年纪小小的廖氏姐弟已经跟随母亲何香凝走南闯北地四处革命，他们的视野要比其他同龄人更开阔，看问题也要更深远。正是有了这份不一样的经历，当邓文钊认识了廖氏姐弟后，完全被他们的革命激情和经历所吸引了。从青年时代起邓文钊也想象着什么时候自己也和廖氏姐弟一样意气风发。之后在去英国留学的过程中，何香凝又给予邓文钊精神上的支持与关心。何香凝扫除邓文钊心中的担忧，积极鼓励他出国学习，在伦敦学习期间又亲自前去看望邓文钊夫妇，进一步对邓文钊的思想进行教育，加深其对革命事业的向往及对国家对人民的责任感。也正因有了这前期的接触与交往，邓文钊在后来的革命工作中一直表现得十分出色。

邓文钊喜欢广结朋友，他的朋友中有共产党、国民党、中国人和外国人。由于常年负责统战工作和海外联络工作，他所认识的朋友形形色色，涵盖当时的左、中、右派。然而，正是由于他认识了这么些形形色色的人物，邓文钊在工作中能够较好地解决各种问题。如果认识的人面儿不宽的话，在当时那种复杂的社会环境下，很多事都很难解决。

邓文钊交朋友不看对方的出身背景，而是强调投缘。他对人诚恳热情，一视同仁，所以，他的朋友都愿意在他危险时刻或遇到问题之时出面帮助解决。

对朋友，邓文钊是没得说的，好得很；而对家人，他也同样十分关心、爱护。在生活上，邓文钊忠于他的妻子何捷书。婚后，邓文钊十分关心何家的人，有时更胜过关心邓家的人。

当年，邓何两家门当户对，喜结连理。邓文钊从此对婚姻家庭忠心不二。何捷书虽然是何家的千金，但是没有受过什么教育，在学识上与邓文钊是有很大差距的，可是她是一位持家的好手。由于深深受到姑妈何香凝的思想影响，她一直以来扮演着邓文钊身后强大的后盾，"后勤"工作做得非常好。正因为这样，邓文钊在外工作才没有后顾之忧。

何捷书十分支持邓文钊的工作，也很理解他工作的艰辛；而邓文钊在生活上也总是顺从何捷书。就这样，男主外、女主内的典型传统家庭，达到一个和睦的境界。

邓文钊自从娶了何捷书后，一直很关注何家人的事情，常常帮助何家亲人，为他们做事。可以说，他在何家人眼中是一个好丈夫、好女婿。

人们常说物以类聚，人以群分，要想了解一个人，可以从他身边的朋友入手。当时那个年代和邓文钊、饶彰风所接触的人，都是如廖公一样为着祖国、人民，为着正义、民主而不断努力奋斗的战士，是时代让他们成为当时的勇者。也正是因为有了这么一群勇往直前、不惧艰险的群体，中国革命必将走向胜利，新中国的建设也必将蒸蒸日上。

让我们追溯一下历史。

廖承志（1908—1983 年），曾用名何柳华。广东惠阳县（现惠城区）陈江人。中国无产阶级革命家、杰出的社会活动家、党和国家的优秀领导人。身为国民党元老之子，却毅然加入了共产党，最终成长为党和国家的优秀领导人。他经历了七次牢狱之灾，却更加乐观豁达。他为世界和平事业，为中日邦交正常化作出了特殊的贡献。他对海外侨胞感情深厚，赢得了他们的尊敬和爱戴。他为港澳回归殚精竭虑，他魂系宝岛，情动两岸。

廖承志出身于一个革命家庭，其父母亲便是有名的廖仲恺、何香凝夫妇，岳父是经亨颐，姐姐是廖梦醒，妹妹是廖光凤。而他的长子廖晖，曾任中共第十四、十五、十六届中央委员，现为全国政协副主席，曾任国务院港澳事务办公室主任。

1908 年 9 月 25 日，廖承志生于日本东京大久保。出生时，父母亲希望其长大后继承革命先辈的志向，为中国的独立自由而奋斗，因而给他起名"承志"。青少年时代，跟随父母为革命奔走广州、上海和日本。少年时期其父廖仲恺为革命事业而牺牲，于是年少的廖承志与姐妹一同随母亲何香凝奔走于各地。就是在这一路的奔波中,年纪轻轻的廖承志受到革命启蒙,从小便具有浓厚的爱国主义意识及革命意识。而这小时候的革命熏陶和经历,也为他日后走上革命的道路做好了铺垫。

廖承志把实现祖国的统一大业作为自己毕生追求的事业。新中国成立后,中国实现了长足的发展,但是大一统的任务还未完成。1982年7月廖承志发表致蒋经国先生的信,殷切期望台湾当局捐弃前嫌,以国家民族利益为重,实现祖国统一大业,在国内外产生了深远的影响。

廖承志学识渊博,通晓五国语言,擅长诗词、书画、戏剧,才华横溢。1983年6月6日,在六届全国人大第一次会议上,他被提名为国家副主席候选人,正当党和人民将对其委以重任时,他却不幸于1983年6月10日因病在北京与世长辞。

对于邓文钊而言,廖承志是他的革命启蒙导师,从廖承志那里邓文钊知道了弹丸之地香港之外更为广阔的天地,知道了民族的危亡、人民的疾苦、国家的危难,知道了革命;长大成年后,在很多时候邓文钊更是受到廖承志的帮助与引导。而对于饶彰风而言,廖承志无疑是其很好的革命伙伴、革命同志,自他入党后廖承志一直是他的直接领导。

陈祖沛:商界挚友,患难之交

除了拥有廖承志这种类似革命精神导师的朋友,邓文钊还有很多商界或其他领域的知名人士朋友。因为邓文钊的专业是经济学,所以他同样认识香港工商界的很多上层人物。正因为这样,在革命过程中,很多时候都是靠邓文钊请各位香港友人出手帮忙。陈祖沛便是其中之一。然而陈祖沛在反右斗争中跳楼自杀、死而复生的惨烈遭遇,让他精神失常了八个月。

陈祖沛,1916年农历六月初八生,广东新会人。其祖父曾任清朝末年的直隶知州,父亲陈韵楼曾考取秀才,后来到广州格致书院(岭南大学前身)读书,考取半公费留学生,东渡日本修读中学课程,毕业回国后,在广东农学院当助教,几年后携眷再次东渡日本,留学于著名的东京高等工业学校。当时孙中山、陈少白在日本向旅日华侨宣传革命,陈韵楼等四人在孙中山的教育影响下,一起加入了同盟会。陈韵楼对政治不感兴趣,他本着"实业救国"的思想和抱负,锐意经商。也许是遗传了祖上的经商基因,陈祖沛少时就表现出出众的商业天赋。他长期在香港、广州、天津、上海、青岛、汉口、长沙、重庆等地经商，任香港大成行总经理。虽然是个地道的商人，但是心中却充溢着满满的爱国热情和社会责任感，曾组织物资支援华北解放区，资助香港《华商报》。1949年加入中国民主建国会。后参与创办华南企业股份有限公司。历任全国工商联常委，广东省工商联副主任委员、主任委员，广东省第四、五届政协副主席，广东省第七届人大常委会副主任，是第二至第五届全国政协委员、第七届全国政协常委。

陈祖沛与众多爱国民主人士一样，也有着一颗爱国之心。1947年，国民党大军进攻解放区时，陈祖沛在长沙工作，一日突然接到香港《华商报》总编辑刘思慕的来信，信上说报刊经济告急，陈祖沛二话没说，立马就电汇20000港元。那时《华商报》已经成功复刊，成了中国共产党领导下的民主力量在香港的喉舌，其复刊经费由周恩来指示中共上海市委张执一负责筹集，但仍然存在很大困难。陈祖沛不仅自己积极捐款，还发动身旁的爱国民主人士共同筹款。后来《华商报》在报载鸣谢中说陈宅捐款是当时救报运动中个人捐款较大的一笔。可正因为这样，反而招来国民党当局对陈祖沛的注意和忌恨。国民党当局派人搜查陈祖沛在汉口的大成行分行，追查他的去向，并且在长沙捣毁陈家的大成米机，打伤车间主任，掠走全部谷米。之后，陈祖沛便不再到国民党的势力范围内活动。他回到香港后，收到刘思慕的通知，相约去《华商报》报社座谈。就在参与座谈会那天，陈祖沛第一次见到了邓文钊，虽然他们二人从未见过面，但是刘思慕在之前就已经向陈祖沛介绍过《华商报》的督印人是邓文钊，并将邓文钊的经历简单介绍给了陈祖沛，说邓文钊是一个富家子弟，从英国剑桥大学毕业回港，是比利时华比银行的华人经理，为党的事业出了很多力。因此，尽管陈祖沛与邓文钊素未谋面，但是当陈祖沛第一眼见到邓文钊时，就感觉特别亲切，大家是一见如故。以前对于邓文钊的认识只是听闻，但经过亲身接触后，陈祖沛发现传言果真不假。邓文钊完全没有一点富家子弟的傲慢，反而为人坦率、豪放、仗义。后来成立了香港华侨工商俱乐部，陈祖沛成为其中的骨干分子，而邓文钊也常常出席俱乐部晚餐会，二人之间的来往便多了起来，时常一起畅谈，在很多问题上两人常常会形成共识。就这样，二人慢慢成为至交，陈祖沛跟其他人一样很亲切地称呼邓文钊为"钊哥"，情同手足。

肝胆相照——邓文钊与饶彰风合传

1950年5月，以黄长水为团长，陈君冷、莫应溎、马万祺为副团长，陈祖沛为总务主任的港澳工商界赴东北观光团到东北各地参观，聆听了朱德、陈云同志的教诲，爱国主义思想有了深厚的根基。观光团在参观后返回北京时，受到中央人民政府朱德副主席、政务院陈云副总理等国家领导人的接见。他们热情地介绍了新中国成立后的大好形势及经济建设构想，对海外侨胞、港澳同胞寄予厚望，一再强调欢迎港澳实业家回大陆投资办工业。新中国的诞生，党的召唤，使陈祖沛的爱国之心早已飞回大陆了。返港后，他立即召集总行和分行经理开会，统一思想，通过两项重大决定：一是三年内只发股息，不分红利，集中力量办工业；二是总行由香港迁至天津。这些决定充分体现了他对新中国的热爱之情，当即受到党政领导赞扬。

1950年10月，中共中央作出了抗美援朝、保家卫国的战略决策，全国各族人民积极响应，努力开展支援前线的活动。此时陈祖沛在香港，由于他早在解放战争时期就经常受到中共在港的工商统战工作负责人许涤新和饶彰风，以及中共在港出版的《华商报》总编辑刘思慕的影响，因此政治觉悟高，自然十分支持与配合中央的一切活动。

解放战争捷报频传，使得进步人士十分高兴，沈钧儒准备复办《新生周刊》，以报道解放的大好形势。陈祖沛二话不说应允捐助开办费10000港元，另外每年再拨给经费5000港元。陈祖沛还支持进步文化事业和福利事业，先后捐款给《文汇报》、《周末报》、凤凰电影厂、千家驹主办的《经济通讯》、新中中学、六一幼儿园以及慰劳南下解放大军等。

陈祖沛曾说："共产党把工商界当成真朋友，我们只要好好地跟着共产党干，一定会有光明的前途。"就凭这份坚持与信任，1946年至1951年，陈祖沛捐献给革命事业的款项达十多万港元。抗美援朝时期他毅然作出了捐献三架战斗机支援志愿军的决定。陈祖沛以大成行总经理的身份亲自起草了一封信，主要内容如下："中国以往长期受外国欺凌与奴役，幸得共产党领导人民群众斗争才得到翻身，并且推翻了旧政权，建立了新政权。现美帝通过侵略朝鲜，企图扼杀新中国于摇篮，广大人民群众同仇敌忾，有钱出钱，有力出力。为此，我提议大成行捐献三架战斗机，共计人民币45亿元。其中企业（含总行、各分行及工厂）两架，另一架从职员（总经理至见习生均含在内，但工厂生产工人不在内）1951年的奖金中提取半数，如仍不足，则由总经理本人补足。如同意，请在信中签名。"信发出后不久，得到来自天津、广州、青岛、上海、重庆、长沙、汉口以及香港各行正副经理和广大职员的签名响应。一位姓阮的职员曾背后煽动大家抗交款项，认为捐献属资方之事，与职员无关。初时有些职员动摇，但多数职员反对，结果款项如期如数入库。捐献数以天津总行最多，为15亿，广州分行次之，为5亿。

事后有人请陈祖沛谈一下大成行捐献三架战斗机的情况。他分析说，战斗机是由苏联提供的，每架作价人民币15亿元，企业承担两架共30亿元，这是能够完成的。1951年，大成行包括当年先后创办的天津大成五金机械厂、广州皮革厂、青岛榨油厂、上海针织厂、重庆涪陵食品厂，以及恢复和发展了的长沙米机在内，资产总数为港币1700万元，全部转回大陆折合人民币为630亿元，捐款仅为企业资产总数的5%左右，是不成问题的。支援抗美援朝，应当做到有钱出钱，有力出力，尽公民的一份责任。至于经理及职员个人，由于大成行当时业务兴旺，企业为了保障员工的生活，免受通货膨胀之苦，按折实单位计算薪金，而折实单位的数值是按生活的必需品价格计算的。中上层职员的月薪可买粗米10—18担（或丝苗米7—13担），比大学教授的月薪约8—13担还高。在他们获得的企业年度奖金（大学教授没有企业年度奖金）中拿出一半捐献出来买战斗机，以支援志愿军，亦是有足够能力的，所以绝大多数人都乐于解囊。

1952年"五反"运动开展，在未经查核账目的情况下，大成行要交付"补税款"200亿元（旧人民币），即使倾其国内各个分行的现金，也不足此数。陈祖沛被广州市公安局扣押一个多月，只好命香港分行汇100万港元回来凑足200亿"补税款"。后来总结评定天津大成总行为守法户，依政策，包括各分行在内都不用补税款和罚款。陈祖沛于汉口的大成分行在"五反"运动中也成为当地的重点打击对象。"五反"运动中某些过"左"的做法，让陈祖沛受到第一次严重打击。即使如此，自从接受公私合营之后，陈祖沛仍有信心活跃市场经济，在国际贸易上大显身手。不料到1957年，陈祖沛当时任广东省工商联专职副主任，又被戴上"工商界右派集团总头目"的帽子。他以死明志，跳楼自杀，虽被抢救过来，却给饶彰风、尤其是邓文钊极大的刺激。

陈祖沛自被划为右派分子后，随即被革去广东省工商联专职副主任职务，到1979年才得以平反和恢复职务。当祖国改革开放的春风乍起时，陈祖沛尽释前嫌，为打开国门，不惜以残病之躯为动员更多朋友支持社会主义现代化建设而奔走呼号，直至去世。而这些，无论是邓文钊还是饶彰风都不可能知道了。

爱泼斯坦——邓文钊和饶彰风共同的国际友人

在与邓文钊和饶彰风交往的友人当中，除了众多商界好友和同胞，还有很多国际友人，爱泼斯坦便是其中十分重要的一位。

伊斯雷尔·爱泼斯坦，又名艾培，1915年出生于波兰，自幼随父母定居中国。1931年起在《京津泰晤士报》做新闻工作。1937年任美国联合社记者。1939年在香港参加宋庆龄发起组织的保卫中国同盟，负责宣传工作。抗日战争期间，他努力向世界人民报道中国共产党领导人、解放区和中国人民的英勇斗争。日本投降后，他在美国积极参加反对干涉中国内政的斗争。1951年应宋庆龄之邀，来中国参与《中国建设》杂志创刊工作。1957年加入中国籍。1964年加入中国共产党。

爱泼斯坦本身是犹太人，犹太人是与中国客家人一样在世界古代史上有着悠久迁徙史的族群。也许正因为身上流淌着这非比寻常的族群的血液，内心深处印刻着一段特殊的祖辈经历故事，所以爱泼斯坦有一种更为广阔、宽容的姿态。

1920年，天津海河北岸的意大利租界马可·波罗路，搬来了一户姓爱泼斯坦的犹太人，一对年轻夫妇，一个独生子。父亲拉沙尔在一家公司做会计，母亲松亚是位助产士，自生了儿子小爱泼斯坦之后便不再外出工作，留在家里料理家务。这一家人迁徙之路充满艰难困苦。他们原来生活在波兰华沙，因为参加犹太人劳动联盟，反抗沙皇的残酷统治，拉沙尔坐过沙皇的监狱，松亚被流放到西伯利亚。第一次世界大战爆发，拉沙尔被公司派往日本开展太平洋方面的业务。德军逼近华沙，松亚抱着襁褓之中的小伊斯雷尔万里寻夫，通过横穿西伯利亚的铁路，乘船跨海到达日本。两年以后，一家人迁居中国的哈尔滨。

到了哈尔滨，他们仍然没能逃脱沙俄反犹太主义的魔掌。那时，沙皇的白俄军队被新生的苏维埃打败，大批逃往哈尔滨，排犹的恐怖活动波及到哈尔滨。青天白日之下，一个犹太青年记者在哈尔滨街头被白俄军官追赶射杀；法国犹太族钢琴家西蒙·卡洛培被绑架，凶手将他的耳朵割下来送到他有钱的父亲那里勒索赎金。爱泼斯坦一家只得南下，离开哈尔滨来到天津，一住便是18年。

1992年，时隔72年之后，爱泼斯坦出席了美国哈佛大学举行的"在中国的犹太人"研讨会，这位在中国生活了近80年并已加入中国国籍的犹太人对世界说："在犹太人的经历中，像中国这样没有土生土长的反犹主义以及犹太问题的国家，是不多见的。"这便道出其为何会在中国大地上生活那么长时间，甚至成为中国公民。

伊斯雷尔从小就接受了父母关于民族平等的教育。父亲拉沙尔对中国民众充满同情。90年代初，一位学术界的朋友告诉爱泼斯坦，当年美国驻天津领事馆密销的文件中有一份报告，说拉沙尔·爱泼斯坦在当地犹太人中进行募捐活动，以援助西北地区饥饿的中国人，这项活动受到了一些人的敌视。那时，许多在中国的西方人普遍认为"犹太人等于布尔什维克"。父母经常告诫小伊斯雷尔："我们犹太人是受歧视的，我们决不能再歧视任何人。"十岁时，有一次他看到街上有几个外国小孩在殴打一个中国孩子，他毫不犹豫地挺身而出，帮助那个受欺负的中国孩子。

爱泼斯坦虽然不是中国人，但是作为一个和平正义的人士，他从一开始就十分支持和肯定孙中山夫妇的革命事业，作为一名国际代表为中国革命事业出一份力。邓文钊与爱泼斯坦是在宋庆龄创办中国保盟会的时候认识的，两人在工作上有一定的往来。爱泼斯坦对邓文钊的评价是："虽然在香港出生，在英国剑桥大学留学，在一间外国银行当经理，但他是一个十足的爱国者，对祖国和中国人民的事业坚贞不移。"邓文钊一直与爱泼斯坦保持着联系，即使后来爱泼斯坦回美国后，他们之间也保持着通信联系。邓文钊是一个嗜书如命的人，他最喜欢阅读世界各国政治经济方面的新书。在抗战胜利后，他便积极与美国好友爱泼斯坦恢复联系，请求爱泼斯坦从美国"多寄一些全世界的好书"给他。如他的几封信中都写道："盼望你能寄些书籍给我，因为我渴望读到英文书。"喜欢读书也是邓文钊留给爱泼斯坦的一个深刻印象，而这种书友的关系，成为他们精神交流的纽带，也使得他们之间的友谊日益深厚。

1937年，中国爆发了全民族的抗日战争，随战局变化，爱泼斯坦作为美国合众社的驻华记者，先后到上海、南京、武汉、广州等地采访。特别是1938年4月，他奔赴前线采访著名的台儿庄战役。1939年，他在伦敦出版了第一本著作《人民之战》，向国外真实报道了中国人民奋起抗日的前两年的战绩。

爱泼斯坦还与斯诺一起投身于中国人民的抗日斗争，帮助爱国者和革命者离开敌占区到根据地去。斯诺有时到天津来找爱泼斯坦，让他协助寻找安全的住处以转移革命者。1937年5月，邓颖超从根据地经西安到北京西山治疗肺结核。7月，卢沟桥事变爆发，邓颖超以李太太的身份进城，住在地下党员张小梅家里。不久，斯诺亲自护送她来到已经沦陷了的天津，找到爱泼斯坦，协助她返回西安。爱泼斯坦安排她住进犹太人常住的泰来饭店，然后买了到烟台的船票，走海路从烟台上岸，安全抵达西安。1981年，年近八旬的邓颖超与爱泼斯坦笑谈那次天津之行，时隔44年，邓大姐对初见爱泼斯坦的情景记忆犹新。1938年9月，爱泼斯坦在广州爱国游行队伍中，第一次见到了仰慕已久的孙中山夫人宋庆龄，不久，应宋庆龄之邀参加了她在香港创建的保卫中国同盟的工作。这是宋庆龄邀请中外著名人士建立的国际性统一战线组织，主要从事战时的医疗救济工作和国际传播。爱泼斯坦在保盟中央委员会负责编辑出版英文半月刊《新闻通讯》，支持世界人民的反法西斯斗争，特别是向世界介绍中国人民抗战的真实情况，以争取国际社会对中国抗战的了解与援助。1944年，中国抗战进入第七个年头，这是十分艰难又显露胜利曙光的时刻。这年5月，中外记者团突破国民党的多年封锁访问陕北。爱泼斯坦作为美国《联合劳动新闻》、《纽约时报》、《时代》杂志的记者参加了记者团，深入延安及晋西北采访。他采访了毛泽东、朱德、周恩来等领导人，以及许许多多为抗战而奋斗的军民，写了十几篇通讯，在国外重要报刊上发表，向全世界报道了中国共产党领导中国人民抗战的真实情况。

1945年至1951年初，爱泼斯坦在美国担任《联合劳动新闻》总编辑，妻子邱茉莉主办进步月刊《聚焦远东》。他们夫妇不顾美国反动势力的迫害，积极投入反对美国干涉中国内政、增进美中两国人民友谊的进步活动中。

新中国成立不久，1951年他们应宋庆龄之邀回到中国，参与创办了对外英文刊物《中国建设》杂志（今更名为《今日中国》），任执行编辑，后于1979年被任命为杂志社的总编辑，至今还是刊物的名誉总编辑。几十年来，《今日中国》已发展成为有中、英、法、西、阿等多语种的综合性月刊，他为这本杂志的不断改进与发展倾注了大量心血。他在"文革"动乱期间也蒙受过冤屈，被囚禁狱中五年，但他没有动摇过对中国革命的坚定信念。1973

年年初，获平反回到工作岗位后，他依然满腔热情地投入中国的对外传播事业。作为记者，他仍然追踪与记录新中国和世界的变迁。

蚁美厚：危难见真情

在邓文钊和饶彰风共同为革命工作期间，自然少不了众多好友们的帮助，其中既包括海外民主爱国人士，也有坚贞的中共党员。蚁美厚便是其中有突出贡献的一位。

蚁美厚先生于1909年11月23日出生于广东省澄海县南畔洲一个贫农家庭。父亲是蚁仲居，母亲是陈乖。蚁美厚先生原名美扬，三兄弟中排行第二。由于贫困，全家常以番薯度日，寒冬腊月里年幼的美扬依然打着赤脚。

旧社会农村封建势力猖獗，美扬家不但受地主恶霸、土豪劣绅压榨，而且常遭乡间大姓、村里强房欺凌。有一次，美扬去田头送番薯汤给父亲解渴充饥，刚走到村前就被绰号"半流氓"的强房男孩按倒在地，痛打一番，扬长而去。母亲得悉美扬又挨揍了，不禁簌簌泪下。她看着美扬孱弱的身体，伸出颤抖的双手抚摸着他那红一块、青一块的鳞伤，悲切地说："儿啊！你今后出门可要留神，若见到那个'半流氓'或大姓欺人，就要赶快避开或跑回家，免得皮肉受苦，为娘心疼呵！"此后，母亲把家中鸡蛋储存起来，每周给小美扬煮两次鸡蛋粥吃，算是穷人家的上等补品了。

过去南畔洲以产菜头（萝卜）和菜籽闻名海内外，但由于南畔洲是个小村落，在旧社会南畔洲地里的菜头常被周围大乡的恶人拔走，农民不仅白流汗水，还倒贴了菜种和肥料，只得眼睁睁地蹲在菜园边痛哭，故俗云："南畔洲菜头——痛窟！"

至于土豪劣绅与贪官污吏横行霸道，鱼肉乡民，在旧社会是司空见惯的。童年时代的穷苦家境和辛酸遭遇，在小美扬的心灵上产生阵阵冲击，使他十分憎恨"弱肉强食"的恶势力，逐步形成勤奋、耿直和富于正义感的品格。

1922年冬，旅泰著名华侨领袖蚁光炎回故乡南畔洲省亲及办公益事业。在巡视私塾时，他要塾师介绍一个忠厚老实的学童给他的亡兄蚁允照做义子（蚁允照全家在1922年"八二"风灾中都被淹死）。塾师指着美扬说："这个孩子老实、厚道。"老华侨蚁光炎走到这个衣着朴素的穷孩子跟前，对他仔细端详，见其纯朴、憨直，心里已有几分喜欢；老华侨又通过各方面了解，证实美扬确实是个老实、厚道和聪颖的穷孩子，遂认为"孺子可教也"。经过同族长商量并向其家长征求意见，老华侨蚁光炎终于认领美扬为义侄，并对他说："好，从今天起，我就认你做义侄，给你起一个名字，就叫美厚吧。你在家乡努力再读几年书，课余劳动，多吃点苦，等你长大，再带你去泰国做牛（牛马精神、艰苦奋斗之意）。"

小小的美扬，睁着大大的眼睛，用劲地点头。

1925年春，年满16岁的美厚被接到泰国曼谷。叔父蚁光炎要义侄从学徒、勤杂做起，接受老华侨艰苦创业的传统教育和实际锻炼，白天工作是扫地、倒痰盂、跑腿、抄账和干粗活，晚上学泰文。当时，给美厚每月只发工资五铢，对此，美厚很不理解，觉得很奇怪，每天都干这么多活，为什么得到的报酬还这么低呢？可是叔父却对他笑着说："我初来暹罗当苦力，每月的工资只有两铢，你现在每月的工资比我初来暹罗还高出350保升呢，年轻人要多吃苦、多磨炼，日后才会有出息嘛！"蚁美厚这才明白当初叔父所说的"做牛"的全部含义。往后，蚁美厚跟着叔父慢慢学会经商办事，并参加中泰各种社交活动。

1936年，蚁光炎先生当选为泰国中华总商会主席，还兼任许多社团的重要职位，如泰华最高慈善机构——报德善堂董事长，曼谷华侨医院董事长，泰国潮州会馆常委兼财政，曼谷中华中学、新民学校、中声学校、树人学校、俊才夜校校董会主席等，公私事务十分繁忙。此时蚁美厚也开始成为叔父蚁光炎的重要助手，叔父让他掌管光兴利船务公司的财政，之后又让他担任光兴利船务公司经理。

1936年10月19日，中国新文化运动的伟大旗手鲁迅先生在上海病逝的噩耗传到曼谷侨社，椰风哀号，湄水翻泣。由泰华进步文教团体发起的悼念鲁迅先生大会，得到蚁美厚的叔父、泰国中华总商会主席蚁光炎的大力支持和各界的响应。悼念大会就在中华总商会的大礼堂光华堂召开，并且免收租金。大会主席团的成员有蚁光炎，还有泰华进步文教团体的代表许宜陶、许煜、许侠等。蚁美厚先生对召开悼念鲁迅先生大会也很关心，曾亲临会场协助检查准备工作。大会召开的当天，曼谷很多华侨社团都有负责人和代表前来参加，光华堂里座无虚席，走廊上也站满肃立的人群。大会的气氛既悲痛又热烈。当时会场有这样的挽联："大地有阿Q！何时灭狂人？"这充分表达了具有爱国正义感的泰国侨胞对"九一八"事变以来的不抵抗政策的愤懑和抨击。

抗日战争爆发后，蚁美厚先生即参加旅泰华侨各界抗日联合总会，积极向侨众和侨社上层分子宣传团结对敌、一致抗日的救国道理，协助蚁光炎主席在侨社中开展抗日救亡运动，并将其叔父募得的捐款和抗战物资设法送到在香港的廖承志的办事处。当时侨社中的抗日进步力量，也是通过蚁美厚先生同泰国中华总商会主席蚁光炎联系的。

对于国内来泰宣传抗日和募捐的人员，蚁美厚先生总是协助蚁光炎给予热情的接待，并为之提供交通和食宿的方便。例如，1938年初，国民党元老黄兴的夫人徐宗汉到泰国看望华侨和宣传抗战，就是由蚁光炎主席等亲自接到蚁宅居住，并派人陪她到各处同侨胞们开座谈会。蚁美厚先生也因此有更多的机会与黄兴夫人交谈，从而获得很多教益。

1938年春夏间，广东省军政长官余汉谋、吴铁城派丁培伦、丁培慈兄弟到南洋各地，向华侨传达广东的抗日情况，鼓励侨胞捐款购买飞机，也得到蚁光炎主席的响应和支持。丁培伦、丁培慈兄弟和随行记者梁若尘离开泰国时，蚁光炎语重心长地对他们说："希望祖国各方面团结抗战，不能对敌妥协投降。"

不知不觉中，蚁美厚先生在其叔父身边已工作很多年了，也正因为这样，蚁美厚受到了爱国主义的熏陶，为他日后继承叔父的爱国遗志打下思想基础。秉承着爱国精神，蚁美厚先生无时无刻不在发挥着自己的作用。

《暹京时报》（简称《时报》）于1937年11月1日创刊（1938年12月26日改为《暹京新时报》），李一新任社长，杨伟新任总编辑，朱梦熊任督印人，资金由李一新负责筹措。《时报》配合中国七七抗战，每天刊载抗日电讯，报纸销量很快增加到五六千份。从1938年3月7日起，《时报》改用黄兴夫人徐宗汉所书《暹京时报》报头，同日起每天在报纸头版左角刊出以中国抗战及国际时事为题材的漫画一幅，颇具特色。《时报》或《新时报》的经费发生困难时，屡次都能得到蚁美厚先生的资助。当时找蚁美厚先生帮忙的就是该报社长李一新，可说"有求必应"。通过这一事例，足见蚁美厚先生当年对宣传抗日救国之热心。

1938年秋，泰国爱国华侨领袖陈景川、廖公圃、郑子彬、蚁光炎、余子亮等人为宣传中泰文化、促进中泰亲善、团结华侨和宣传抗日，计划创办报馆。这时曾在祖国受过高等教育的李其雄先生，也认为要在远离祖国和错综复杂的环境中发动华侨抗日救国,非宣传不能成功。于是他就向陈景川、廖公圃、郑子彬、蚁光炎、余子亮五位爱国华侨领袖建议,并获得全力支持,在1938年10月1日创办《中国报》(它的姊妹报是《中原报》)于泰京曼谷演说街。而上述五位华侨领袖的代表人也就是《中国报》的五位股东,陈景川的代表人是其弟陈恒奎,廖公圃的代表人是其妻舅李其雄,郑子彬的代表人是其子郑午楼,蚁光炎的代表人是其侄蚁美厚,余子亮的代表人是其堂侄余卓桑。《中国报》就是以陈恒奎、李其雄、郑午楼、蚁美厚、余卓桑五位代表人为股东,由法律顾问陈绎如向泰国政府登记注册备案的。

《中国报》编辑部拥有一批名记者和资深的编辑人员,堪称阵容强大。社长初时是陈恒奎,不久改由李其雄担任,李其雄还兼任《中国报》的总编辑和督印人,他是《中国报》的实际负责人。

《中国报》每日出版报纸四大张,分为午版三大张,早版一大张,如遇重要战讯,则随时刊出号外。此外,每逢星期日,还出版16开本《中国周刊》。《中国报》出版后不久,增刊《中原报》一大张,以代替《中国报》早报,这种姐妹报是为适应泰华报纸的实际需要,以防万一发生意外,即可以另一报名顶替,继续出版。《中国报》在为正义呼吁,提醒侨胞警醒,宣传抗日救国等方面都做了大量工作,深受侨胞的赞扬。1939年8月,《中国报》和其他八家华文报皆被当地政府查封,仅有《中国报》的姐妹报《中原报》获准继续出版,这是当时硕果仅存的唯一一份华文报,同时也是泰国政府对华侨传达政令的唯一一份报纸。此报一直坚持到日军在曼谷登陆,才被迫停刊。

1939年11月21日晚11时,蚁美厚先生像往常一样,在曼谷素里翁路蚁宅等待叔父回家,准备向他汇报当天的业务和社团工作。突然从中央医院打来加急电话,说"蚁光炎主席遇刺身亡!"这一犹如晴天霹雳的噩耗,使蚁美厚心如刀割,悲痛欲绝。当蚁美厚得悉叔父蚁光炎是被日伪指使的凶手暗杀之后,默默地站在蚁光炎的遗像面前立誓:"阿厚坚决继承叔父的爱国遗志,踏着您老人家的血迹前进,继续从事和努力完成叔父未竟的各项事业,以慰叔父在天之灵!"

蚁光炎遇刺后,蚁美厚先生被选为泰国中华总商会常委,并兼任其他社团的职位(如泰华报德善堂董事、曼谷华侨医院董事、泰国潮州会馆执行委员、泰国澄海同乡会理事等)。蚁美厚先生一方面继续与侨社中的抗日进步力量保持密切的联系,从经济上支持中国共产党领导下的人民抗日武装力量,另一方面,努力协助泰国中华总商会主席张兰臣促进中泰友好、做好团结华侨工商业者的工作,并继续在侨社中开展抗日救亡运动。

泰华建救总会成立后,与国内宋庆龄领导的中国福利基金委员会,香港何香凝、彭泽民、蔡廷锴领导的华南救济协会,新加坡陈嘉庚领导的南侨总会取得联系,共同做"建救"工作。宋庆龄、何香凝、彭泽民等人都先后担任过泰华建救总会的名誉会长。

中国福利基金委员会主席宋庆龄曾于1946年9月18日致函泰华建救总会会长蚁美厚先生,原文如下:

径启者,抗利以来,抗战中所受创伤未愈,而天灾人祸,接踵而来,饥馑遍地,灾民盈野,敝会为筹募救济基金,曾在上海发起募捐运动,以所得全部捐款,在各灾区举办施粮、医疗及设立人民生产合作社之用,以期在实际施赈之外,更可防灾荒所致之疾病与死亡,并企图防止灾荒之再临。现合作社内,拟办种籽银行、肥料制造厂及农具制造厂等。现先在灾情最重之湖南及粤北创办,然后继续在其他灾区施行。然敝会所募究属有限,常有"杯水车薪"之叹!各地灾情,有增无减,虽在收割期中,灾荒依然如故;而今年收获,大约只足五个月粮食,五个月后,更不堪设想矣!素仰先生领导侨胞,德高望重,登高一呼,四方响应,尚希为祖国灾民呼吁,群策群力,共勤善举,而收宏效,无任企盼感激之至!

此致

蚁美厚先生

宋庆龄
1946年9月18日

泰华建救总会会长蚁美厚先生积极响应宋庆龄主席的号召,在侨界发动救国救乡义捐和福利基金义捐,把募捐到的大部分钱物,通过中国福利基金委员会和华南救济协会转到国内,为救济祖国难民和支援祖国的解放事业作出贡献。

在泰华建救总会成立的第一个年头中,救国救乡和福利基金义捐共得泰币100万铢,这在当时是一个颇大的数目。其中大约70%寄交宋庆龄领导的中国福利基金委员会和何香凝、彭泽民、蔡廷锴领导的华南救济协会。此外,还委托冯尔和先生转交南京蒋夫人宋美龄,捐助孤儿保育院国币500万元,捐助汕头存心善堂国币1000万元,汇给香港培侨学校港币1万元以救济失学儿童……在往后的几年中,泰华建救总会除将义捐所得继续汇寄各有关团体外,一部分捐款还用于泰国的社会福利事业。

泰华建救总会成立一周年前夕,一小撮别有用心的人到泰国中华总商会大吵大嚷,说什么"建救、建救,所建何国?所救何乡?"又说"建苏联的国,救延安的乡,建救汇款给苏联"。但当他们打开"建救"成立一年来的收支簿和各种单据一看,不禁目瞪口呆,原来"建救"不仅汇款给宋庆龄领导的中国福利基金委员会和何香凝、彭泽民、蔡廷锴领导的华南救济协会,以救济国内外难民,还托冯尔和先生带款转交宋美龄创办的战时孤儿保育院。此外,还捐助汕头存心善堂办慈善事业、汇款香港培侨学校救济失学儿童等等。经过这次吵吵嚷嚷的公开查账,反而更加提高了泰华建救总会在侨社的威信,使一小撮别有用心的人哑口无言。很清楚,泰华建救总会的目的在于团结侨社,促进中泰亲善,共同救济宗邦难民,并帮助建设新中国。

1949年11月底,蚁美厚奉命南下广州工作。当时广州解放伊始,粮食和各种日用品紧缺,群众生活困苦,加上国民党反动派的飞机又来轰炸,老百姓深感不安。

为了尽快稳定社会秩序,解决群众生活,中共华南分局负责同志叶剑英、方方等亲自找蚁美厚和邓文钊、朱竟之、伍治之商量,希望他们设法从国外组运七万吨大米和大批日用品来穗。几个月来,蚁美厚和邓文钊、魏孟昌等人为此奔波于港穗间,有几次险遭国民党反动派的飞机炸死。后来,蚁美厚终于通过泰京五福轮船公司董事长卢煟川、总经理陈振敬、副总经理苏永奎购运几批泰国米,投入广州市场,供应民食。

在这期间蚁美厚和邓文钊等还为解放大军进军海南岛筹备了一些军需品。1950年4月,海南刚解放,青黄不接,粮食匮乏,米价上涨,人心浮动,蚁美厚在叶剑英的授意下,立刻与泰京五福轮船公司联系,及时把大批泰国米运往海南岛应急。由此可见，解放初期蚁美厚在协助中共华南分局稳定广州和海南局势方面，是有所建树和贡献的。

新中国成立初期，东南亚某些国家有排华活动，许多难侨回国，亟待安置，这时蚁美厚担任全国救济总会委员兼广东救济分会副会长，积极配合中侨委进行接侨和安置工作。在新中国海运业尚未开展和受当时国际外交条件限制的情况下，蚁美厚再次通过卢飚川、陈振敬、苏永奎租用五福轮接运马来西亚和印尼的难侨，他们的船只成了解放后第一批驶进汕头港和海口的客轮。

1951年年初，广东省商业厅组织华侨投资成立一家义益行，由蚁美厚担任总经理，副总经理是魏孟昌，董事长是苏永奎。义益行在"华企"的指导和扶掖下，迅速开展各项业务活动。

为了配合国家恢复国民经济，并抵制反禁运、反封锁的行动，"华企"和义益行在其成立初期，专做进出口生意，实际上是以侨商、港商的名义从国外购买和运进被美帝封锁的禁运物资，也抢运新中国所急需的工业物资和军用物资，并在促进城乡互助、内外交流、恢复和发展国民经济方面发挥了一定的作用，先后由"华企"和义益行组运出口外销的土特产创汇几千万港元。在新中国成立初期国家缺乏外汇的情况下，这是一笔相当可观的钱。

为了国家经济建设，蚁美厚投其毕生精力，无怨无悔，从来不觉得自己所做算得了什么，反而时时感到自己应该做得更多，这份为国为民服务的"激情"该怎样形容呢！

可以提及的亲友还有很多，很多……

正是为了这一份真情，这一份挚爱，邓文钊还是从香港回来了。

他没有犹豫，也没有后悔，义无反顾。

终 曲

1. 非常岁月

饶彰风、邓文钊二人由于国家的需要、人民的需要，为着共同的革命事业而走到了一起，在长期的革命斗争中建立了深厚的友谊。然而，英雄人物的命运往往是跌宕起伏的。新中国建立后，饶彰风和邓文钊又都经历了一段非常岁月。

邓文钊是一个传奇的人物，是时代的弄潮儿，是革命精神的化身。

新中国刚刚成立后，邓文钊的生活一直不稳定，时常要接受这个"批判"或那个"斗争"。

当年有关部门的人既不听邓文钊所言，也不顾邓文钊所行——数十年投身于民族解放事业中，不惜毁家纾难——却一度要将邓文钊划为右派分子。幸亏饶彰风出面说话，才使得邓文钊免于此难。据《回忆饶彰风》一书的记录，当时饶彰风指出：

> 邓文钊是香港知名的爱国人士、我党的朋友，早在1938年就把自己在香港的住房让给廖承志作为八路军办事处用房。1941年，廖承志通过他，由他哥哥出面向港方当局登记创办《华商报》。1946年复办《华商报》时，又由他任督印人。解放战争时期，他协助我党在团结工商界方面做了大量工作。建国初期，他任华南企业股份有限公司经理，在抢运物资、吸引外资、平定物价和支援抗美援朝等方面，都起了积极作用。邓文钊担任广东省工商联主任，工作是积极的，对团结改造工商界、建设祖国，同样起了很大作用。1956年，他还两次向统战部要求派党员干部到工商联加强领导，怎能说他反对共产党的领导呢？

其实，当时邓文钊并没有意识到自己的危险处境，他心中所关心的是对陈祖沛批判的事情。但是，不论邓文钊怎么努力，也不论饶彰风如何为他们

终曲 1. 非常岁月

解释说明，最终陈祖沛还是被定为需要接受批判的对象。为了证明自己的清白，陈祖沛选择了一个最极端最直接也是最傻的方式——自杀，来作出最后的抵抗。陈祖沛坠楼昏迷时，邓文钊正好赶到现场，只见陈祖沛血淋淋地躺在地上，身下一摊鲜血逐渐向四周扩散。

邓文钊突然感到双眼发黑，双腿发软，整个人差点昏倒过去。自1927年在香港家中目睹祖母曾灶娇惨死的景象之后，邓文钊一直承受着精神上的折磨；如今，陈祖沛的惨死又一次使得他精神大受刺激，使其神经极不稳定。邓文钊回到家后便长期失眠，慢慢地发展成为精神分裂症，成天神志不清、胡言乱语，胡说自己活不了多久，常常叫嚷着要立遗嘱等，他的吵闹叫嚷使整个家不得安宁。那时，邓文钊的家人对此也束手无策。

邓文钊生病的消息很快传到北京廖承志那里。由于当时廖承志本人不能马上抽空看望邓文钊，于是在1957年秋天邓文钊发病时，便写信开导他，信的全文如下：

文钊：

听说你病了，甚念。你的信已收到了。

你应该首先努力恢复健康，以便以后为党、为人民、为社会主义服务。在这回反右斗争中，人人都受到教育，你也受到了教育，这是好的，应该的，对你今后是很好的事。你不应该因此就萌消极之念。你来信中说你没有；但我听来北京的朋友们告诉我，你在"准备后事"，"考虑遗产"，"准备遗嘱"，说你自己"好不了啦"，如何如何，这是万分要不得的消极念头。你被党培养教育了将近20年，怎有这样的想法？因此，这种想法便是你的病根。你必须把这种病根铲掉，你精神上健康起来，你的身体才能健康起来。

我们胖子总是有些毛病的。毛病之为物，你想它很重，它就真的重起来；你置之不理，视若无物（自然自己也要适当注意），它就没有什么，你又何必过分紧张？你的失眠，恐怕是与心理有关，心理和思想有关。你还是自己攻心为上，克服所有不健康的消极念头，解除一切包袱，你就会好的。

广东的同志也都是理解你的，不会忘掉你的过去和我们在一起的贡献。但是你有错误的地方也就必须检讨。这是大家都要做的。你要在党领导下,更加进步,再坚强一些,这才对。祝你康复!

承志
九月七日

邓文钊一病就是八个月,一直在中山大学附属医院高干病房里治疗休养。在邓文钊住院期间,廖承志还曾亲自来到中山医院探望邓文钊。

"文钊,你要好好养病,身体好了,才能更好地为国家为人民服务啊!千万不要放弃!国家、党和人民都还需要你。"

之后,廖承志还曾提议将邓文钊接到北京治疗,可是当时邓文钊的妻子何捷书反对,并要挟说要是邓文钊去北京了,她就回香港。廖承志没有办法,只得想方设法将邓文钊的儿子从北京调回广州,照顾邓文钊。

邓文钊在生病期间还要一直写检讨。由于邓文钊的中文很差,所以生病住院这一期间的检讨都是由他的儿子按照饶彰风的指点代写的,而以前所写的文稿几乎都是他口述,然后秘书代写。反右时期是饶彰风帮助他写的,可是这个时候饶彰风本人也自身难保,据邓文钊的儿子回忆,当时他受父命前去探望饶彰风时,看见曾生在其家中正安慰他。

由于受到饶彰风的保护,邓文钊在反右运动中相比其他香港爱国人士所受的磨难不是很严重。反右之后,邓文钊被撤去了广东省副省长和广东省工商联主任的职务。而且他的撤职是工商联以下一届不选他的方式进行的,看起来比较"体面";副省长之职是陶铸以邓文钊有病为理由要求人大不要再选他,不过还是让他保留省政协副主席的职务。相比其他香港爱国人士,邓文钊的遭遇好多了。

经过在医院的疗养,邓文钊病情稳定后便出院了。廖承志知道消息后,为了让邓文钊可以在一个较好的环境里继续养身体,便安排邓文钊跟自己一起去北戴河住了一个月。这期间,还是由邓文钊的儿子负责代写检讨。而何香凝、廖承志则对邓文钊给予无限的温暖,使他感到很安慰。回到北京后,廖承志还安排邓文钊与一些在京的其他老朋友见面,之后还安排邓文钊父子去东北参观,这一路上当地的群众都十分热心地招待邓文钊,让邓文钊感到

终曲　1. 非常岁月

非常温暖。在参观中,邓文钊感到自己仍受党的信任,他十分开心,也增强了他的自信心。后来他还加入了一个赴苏联东欧参观访问的华侨工商界代表团,访问了莫斯科、华沙(波兰)、索非亚(保加利亚)、布达佩斯(匈牙利)等城市,他们所到之处都受到很好的招待。

这次参观访问共用了两个月,整个旅程中邓文钊表现得十分洒脱、活跃,虽然旅途有点劳累,但是回国之后邓文钊整个人精神焕发,一扫之前在反右运动中的那种颓丧劲儿。

1961年,邓文钊恢复了副省长一职。这一时期是他一生最积极、活动也最多的时期。他接触了许多香港朋友,大讲爱国、团结。困难时期,中共邀请各界爱国人士举行"神仙会",请大家敞开思想,对各种问题各抒己见。这时,经过反右斗争,许多人都有了前车之鉴,这次都学乖了,不敢讲心里话,大都有一种"一朝被蛇咬,十年怕井绳"的感触。但邓文钊却不理会,仍坦诚地说出自己的观点,对一系列问题坦率地提出自己的看法。如认为拆钢窗、铁闸去大炼钢铁得不偿失;在机械化程度不够、物资条件尚未成熟时实行公社化,为时过早;自由市场不失为解决物资困难的一个办法;认为总路线"多快好省"的提法有矛盾,"多快"与"好省"很难并存;等等。那时,邓文钊还大力支援大跃进,曾经让他的儿子在香港买汽车运回广州。据邓文钊当时的秘书蓝坚回忆,邓文钊派他去和广州市负责人联系,表示想捐一批货车给市政府,但进口新车有困难,故只能买二手车。后来又与海关等有关部门联系,办理有关手续。三个月后,分两批从香港运到大中型二手汽车共十七八辆,捐给广州市。由于这是第一次国内以这种形式捐赠,且具有很大的意义,因而受到中央的肯定。此外,邓文钊还十分关心家乡的建设。据蓝坚回忆,1965年,五华县召开县人民代表大会,邓文钊以省政府领导人身份出席。作为邓氏家族他这一代人中第一个回乡的,他十分兴奋——多年来想回家乡看看的夙愿终于实现了。他将在香港购买的两辆载重汽车和一些化肥送给家乡,支援家乡建设。

摆脱了反右斗争的梦魇后,邓文钊原本以为可以静静地期待着社会主义新中国的到来,可是谁曾想却迎来了另一个非常岁月的磨难——"文化大革命"开始了。

1966年,正当国民经济的调整基本完成,国家开始执行第三个五年计划的时候，意识形态领域的批判运动逐渐发展成矛头指向党的领导层的政治运动。一场长达十年、给党和人民造成严重灾难的"文化大革命"爆发了。一开始，邓文钊以为这只是文化界的事，可是随着这场运动如火如荼地发展，出身于资产阶级家庭的邓文钊很快成为被斗争的重点对象之一。

那时，只要与资产阶级有点关系的人都不能逃脱被斗争的命运。当时的中国社会一片混乱，路上的行人光是听到"文化大革命"运动的那些口号声都不舒服。邓文钊遭到过几次抄家。所谓抄家，就是闯进被挂以资产阶级头衔人士的家中，将他们家中所收藏的字画、古董等等属于"四旧"的东西一一搜出来没收。第一次是广州华南师范学院高干子弟组成的红卫兵。一日清晨，邓文钊如往常一样坐在客厅看报，突然听见房外一阵阵急促的脚步声，接着便是吆喝声："开门！开门！开门！"邓文钊感到诧异，不知是谁一大清早前来。他打开门，一群戴红袖章的华南师范学院的高干子弟便涌进屋内，不打一声招呼，将邓文钊的家搜查个底朝天。邓文钊还没弄明白怎么回事，只听其中一名红卫兵说："你知道吗？现在全国上下实行'文化大革命'，对资产阶级嫌疑分子抄家检查。你最好配合我们的工作。"邓文钊一听顿时傻眼了，自己竟然成了"资产阶级"，他只觉得胸口一阵酸痛。红卫兵将整个房子从里到外搜查了好几遍，一无所获。但是红卫兵并没有就此罢休，抄家之后，红卫兵不准邓文钊睡在原来的卧室，要求他睡在阁楼，并且每天傍晚都会有红卫兵前来监督，让他把客厅的大小沙发搬到阁楼，第二天早晨再将沙发搬回客厅。另外，红卫兵还命令他打扫自家院子，以红卫兵的口吻来说，这是让邓文钊进行"劳动改造"。邓文钊本来身体就不是很好，看着他那颤抖的身躯，住在隔壁的一位香港的退休律师，曾因邓文钊劳动改造时的悲惨状而痛哭。第二次抄家是北京来的"联动"，他们抄家的对象本来是红线女家，只可惜当时邓文钊住在隔壁，抄家队就顺带一起将邓文钊的家也抄了，邓家的小汽车被开跑了。

不过那时华侨新村邻里之间关系十分要好，面对突来的抄家，华侨新村的居民们也十分有默契地想好了应对政策。大家组织起联防，一旦发现有红卫兵来了，便敲锣报信，邻居之间相互帮忙，这样日子也便好过一点；有时华侨新村的学生还自发与前来抄家的红卫兵理论。当时住在邓文钊家对面、

终曲　1. 非常岁月

临时由澳门调回来"学习"的香港人李承俊回忆这段历史时说道：

> 当时，"文化大革命"进行得如火如荼。邓文钊原是广东省副省长，主管侨务和海外工作，在劫难逃，被软禁在家里。他天天在客厅接受监督"学习"，傍晚在红卫兵的督促下，一个人将客厅的几张大小沙发搬到楼上，翌日早晨，又将这几张沙发搬回楼下客厅。
>
> 朋友善意劝我回避与邓文钊接近，以免增加他的麻烦。但邓文钊却主动同我打招呼。他对港澳朋友的近况关怀备至，并十分注意"文革"对港澳的影响。
>
> 我对他说，"文革"主要是整顿中共党政干部，没有理由牵连民主人士。邓文钊说，他跟随党工作数十年，即使不"洗澡"，也应"洗脸"。
>
> 我以"陶侃难偷一日闲"来比喻邓文钊的搬沙发。历史上晋代大将军陶侃曾驻节广州，日夕运瓦，爱惜光阴。邓文钊苦笑答道："我同陶侃将军相差十万八千里呢！"我又引述《孟子》道："天将降大任于斯人也，必先苦其心志，劳其筋骨。"邓文钊对我说，这个运动是个很大的运动，人人都要参与的。他不过是躬逢其"盛"而已，算不上是什么苦和劳。他还说自己虽然血压高，轻微劳动仍可胜任。他叮嘱我转告港澳朋友放心。
>
> 事后我才知道，邓文钊当时不仅血压高，而且心脏有毛病，不宜过度劳累。但他语气轻松，虽在逆境仍处之泰然，一切都以大局为重。

之后，邓文钊按照工宣队的要求到工商联办"学习班"，"清理阶级队伍"。来到这里的人士都要求交代问题，互相揭发。邓文钊进来之后，顿时感到沉闷，度日如年的生活开始了。起初有人揭发邓文钊爱收听国外广播，"是英国BBC特务"，有人揭发他讲过"江青拍的电影低级趣味"。在"学习班"里，邓文钊感到精神遭受到前所未有的猛烈冲击，思想受到强烈的批判。他自己也狠狠地批评自己，绞尽脑汁将自己这么多年来所做的一切事情批得一文不值，仿佛只有这么做才能减轻他身上的精神压力。

精神上的摧残已经让邓文钊招架不住了，尽管他比很多回大陆定居的民主人士都要幸运,没有挨斗,可是,"文化大革命"给他带来的精神上的创伤却在他的心头留下深深的伤痕,难以治愈。

在学习改造期间,邓文钊还被要求写检讨,这一时期他所写的检讨比反右时更为离谱,他把自己骂得狗血淋头。学习班的日子不仅给邓文钊的精神上带来很大的打击,同时也让他的身体受到沉重的冲击。在进入学习班之前,他的体重是144斤,从学习班出来后,他的体重就只剩下120斤了。然而,本以为回到家中可以轻松一下,调养下身心,可谁知道,回到家中迎接他的是另一个"精神炸弹"——廖承志被隔离审查了。邓文钊只能四处想办法打听廖承志的情况,并托朋友马万祺一家给廖承志送了很多药品。

1969年秋,邓文钊被"解放"了,同年他还被邀请参加国庆活动。这对于邓文钊来说是件非常荣幸的事情,并且可以和家人在一起,那是最为幸福不过的了。人一开心,胃口也好,邓文钊在这段时期饮食大增,因而他的体重也急速猛增,而体重这样增增减减,加剧了他的冠心病、血压高和风湿病。

1970年,邓文钊的儿子出差路过广州与邓文钊相聚。父子重逢,感慨万分,异常开心,又加之邓文钊知道自己可以再次为何香凝工作,就更为高兴了。当晚,全家吃"龙虎斗",这是一道十全大补菜式,可当时邓文钊的身体已十分虚弱,经受不住这么猛烈的大补。第二天,他在家中中风,从此昏迷不醒。

邓文钊的一生都在为中国的社会主义事业而奋斗,他始终坚信党,直到死的那一刻,他依然相信共产党是关心他的,对他还是很好的。他一直念念不忘、一直遗憾的是没能亲眼目睹社会主义新中国的繁荣。

1971年1月4日,邓文钊离开了人世,伴随着他的夫人何捷书的一句承诺,他安心地去了。

看着丈夫天天承受着病魔的折磨,何捷书心中不忍,她虽然对丈夫的事业没有太多的认识,但是她理解丈夫,她支持丈夫,她明白丈夫心中最放不下的是什么,她不希望丈夫再这样艰难地耗下去。1971年1月4日,她来到丈夫身边,大声对他说:"你所期望的社会主义新中国必定实现。安息吧,钊!"

邓文钊迷迷糊糊地听到她妻子的话语,仿佛一个听话的孩子,安静地睡去了。

多么感人,多么温馨的场景。

终曲 1. 非常岁月

邓文钊去世后,很多人都感到悲伤和惋惜,可是当时极左思潮泛滥,不可能为他举办追悼会。

1978年12月,中央召开了中共十一届三中全会,之后决定为在"文化大革命"中被冤枉的人士平反,其中就包括邓文钊。当年廖承志去美国做心脏搭桥手术路过香港时,亲自去探望何捷书,告诉她中央已经决定为邓文钊平反,并举行追悼会。

1980年7月10日,在广州举行了邓文钊追悼会,上千人前来参加。叶剑英、宋庆龄、赵紫阳、廖承志、胡厥文、胡子昂、杨尚昆等中央领导同志及中共广东省委、省人大、省政协、省人民政府、广州部队、省军区等都送去花圈。前来追悼的人表情都十分肃穆,但是又夹杂着喜悦。他们不仅是悼念故者,更是告知故者中国的新风貌。

中共广东省委第二书记、副省长杨尚昆主持追悼会,省委书记、省政协主席尹林平致悼词。悼词中肯定了邓文钊参加革命工作几十年来的重要事迹,肯定了他为我国民主革命、社会主义革命和社会主义建设事业作出的有益贡献。悼词中称呼邓文钊为"邓文钊同志",由此可见已经把他视为自己的一分子了。苍天有灵,逝者听到亲友们对他的悼念,会感到欣慰、满足。

追悼会不远之处,一群白鸽展翅飞向广袤的蓝空,它们是正义、和平的使者,它们将现世的福音带给已去的故人。

2. 人心自有丰碑在

1966"文化大革命"爆发，饶彰风经受了惨痛的批判。

1969年，林彪的"一号通令"下达，所有"牛鬼蛇神"都连夜一个不剩地被秘密押送走了。

饶彰风就此失踪。

实际上彰风已被秘密地抓捕关押起来，并且遭到残忍的毒打，直至死去。

吴有恒，一位过来人，饶彰风被关押时他也刚好同被关在一处。对于当时的过程他有着清晰的印象，他曾对人提到饶彰风不是在狱中病死的，而是被活活打死的。

1970年9月14日，粤北乐昌七里营劳改农场，整日阴霾不开，阴风惨惨，一阵阵的哀号与呻吟不时传出。铁门被"轰"地拉开了，一个"犯人"也就是吴有恒，被提了出来。

"该你打扫卫生了。"狱吏冷冷地说。

那个"犯人"默默地拿过扫帚，沿着号子的长廊打扫过去，没有灰尘，没有纸屑，只有一阵阵呛人的来苏药水气，夹杂着这些日子里已熟悉了的血腥味一起扑来。

突然，他看到常常被唤为"三号"的囚室的门敞开了——他知道，那里是一个特殊的"犯人"，特殊到一个人被关在一个单间，可见"级别"之高。

这个神秘的囚徒是谁呢？

趁看守不注意，他一闪身进了三号囚室，立刻，那浓浓的气味冲了过来，让他几乎要窒息了，药水气与血腥味竟是从这间囚室散发出去的！

他的心一沉⋯⋯

屋角的阴影里仿佛有什么在闪烁——在这已被看守细细清理过的囚室，莫非还能遗留下什么吗？他下意识地走了过去，先用脚把那个发光体踩住，回过头见没什么动静，这才一弯腰从鞋底处把那东西捏住，也来不及看，赶

终曲　2. 人心自有丰碑在

紧把那东西塞进了口袋。而后,又若无其事地回到过道,在空空如也的长廊中打扫着污渍、血渍……

这一天显得特别长。口袋里那小小的硬合金标志,究竟是什么东西?万一让看守发现,搜了出来,说不定同样会有杀身之祸,一时间,他觉得口袋里好像爬进了一团火。

终于,这个"犯人"完成了"任务",又被押送回了号子。等牢门"轰"地关上,他的手才插进了口袋。

那闪烁着微光的东西已在手心。一打开,竟是一枚校徽,上面"广州外国语学院"七个字历历在目。

这就是"三号"的遗物吗?

"犯人"的脑子一阵嗡响——没错,这只能是他,饶彰风!校徽正是他的,他临终扔下它,是想最后告诉来人自己是谁!

同号子的"囚犯"们,立即回想起三天前的一个深夜,即 9 月 11 日那天,夜气如磐,秋寒若刺,人们以为是看守们动了恻隐之心,竟用报纸把前后的窗户糊得严严实实,徐风不透。谁知,他们半夜仍被一阵阵拍桌声与喝骂声所惊醒。

传来声音的地方,正是"三号"。

窗糊上了,审讯的内容无法听到,尽管所有人都屏住了呼吸,大家的心几乎停止了跳动。

"呀……"终于传来了一声凄楚的惨叫,再伴随一阵隐约的痛苦的呻吟。

但很快,一切又归于了寂静。

"享受"单间待遇的吴有恒,在第二天一早攀到铁门边上,被看守猛喝一声:"不准向外看!"

他低下头,无意中见到了一双露出的脚——那是一个躺在担架上的人的脚,而这个人的头已用被单盖住了。

他当然认得这双脚,就在一同被押解往这个劳改场时见到过这双脚!

饶彰风的脚!

他差点叫出声来:是饶彰风!彰风死了!

死前那个晚上,人们都听见饶彰风的牢房里传出打人者的凶狠喝骂声、拍桌子声,直至饶彰风最后一声厉声惨叫。

正是第二天，狱方命吴有恒和李嘉人（中共广东省委委员、中山大学校长）进入饶彰风的牢房撒白石灰，这是一种消毒的土办法。此时，大家心里明白：饶彰风遇难了。

就在饶彰风不明不白死去的前夕，有天要他写一份证明一位同志是"叛徒"的材料，他答应了。谁知材料一交上去，"左派们"勃然大怒！材料竟是证明那位同志是个好同志，革命意志坚定，经受住了严酷的考验。

彰风从牢房中被拖了出来——

"你难道不明白我们要你写什么吗？"看守厉声问道。

彰风微微抬起头，蔑视地望了一眼，愤愤地说：

"我只能按照历史的本来面目去写！"

"你还顽固坚持反动立场！"

"我坚持党性原则。"

"好吧，我看你能坚持多久！"

早已不耐烦的看守一把将浑身是伤的彰风揪起，拉着他朝外走去。审判室外，早已准备好了一个活埋坑。饶彰风被一把推了进去。

"你说还是不说？"

土埋到了腰间。

"他是不是叛徒？"

土埋到了胸口，呼吸已经很困难了。

"说，他是叛徒！"

土埋到了脖子上，饶彰风终于昏过去了，他一直没有妥协。

当然，这时还不能让他死，还得留活口，看守又将他扒了出来——人只剩下了一口气。但没几天，他却不明不白地死了。

半年以后，在离乐昌百公里之遥的连平县外语学院干校，有两人找到了饶彰风的妻子何秋明。他们把旁边的人，包括干校的头也都撵走了，进行了极为秘密的谈话。

"我们同你谈的话，不准告诉别人，对你的儿女也不要讲，如果泄漏出去，后果自负！"

"到底是什么事？"

终曲 2. 人心自有丰碑在

"你要同饶彰风划清界限，不要同情他！他已经死了！"

"他……什么时候死的？是怎么样死的？"

"他死了六个月了，葬在粤北，你要同他划清界限，要以党员的组织原则保证不准对人讲这件事！"

他们一再警告，不准何秋明哭，不准何秋明告诉任何人，不准何秋明有任何悲痛露出，必须照常劳动，必须照常排队吃饭，如果胆敢把饶彰风的死讯传出去，将严厉处置她！

何秋明心如刀绞，只能紧咬牙关，泪水往肚里咽。

没几年，满腔悲愤的她相随去了，她对儿女也没敢说。其实儿女早知道了，一直想瞒住母亲。这是怎样一种割心的隐怀与亲情呀！

"左派们"为了掩盖其草菅人命的罪行，捏造了一个又一个的谎言：

心脏病复发抢救无效！

已宣布解放他了，在盛饭时突然栽倒。

全身各处并无锐器损伤痕迹。

……

几年后，在打倒"四人帮"的前夕，他的子女来到乐昌，在郊外公路旁庙子岭的山坳里为他迁遗骨回广州火化时，棺材打开了，所有的人惊住了：

右锁骨被打断，左锁骨更吓人，肋骨碎了，一片凌乱。尤其是头颅骨上，有一个半边带有齿印、半边稍光滑点的小洞。这小小的身躯是经受了多么痛苦的折磨与摧残啊！但也只能这么火化了。

这里地处粤北，已近湘粤边界，武水从崇山峻岭间流过，中国最大的运输动脉京广线也从这里穿过，倏忽消失在莽莽大山之间。

每天，拉响了长笛的列车南来北往；岁岁，武水翻腾着浪花直下北江。

笔者到过这个地方，在那场史无前例的"文革"大浩劫中，我是被通缉的"黑笔杆子"，乘月黑风高的寒夜越窗而逃，流亡到了老家，又同小姨惠茜一道，来到这森冷灰暗的乐昌城外，去探望正在受审查的舅公——谁都不知道我是个逃亡者，不然我也算自投罗网。

舅公当然知道我与文学的缘分，悄声地告诉我："这里也有不少老作家，可惜不能见到，像吴有恒，写《山乡风云录》的；还有我们过去的头，当过报纸老总的饶彰风……"

早经受过隔离、关押之累的我,自然深知其间森严的监规,不觉问上一句"你怎么知道的?"

"怎么不知道,嗅都嗅得出,多少年的同事了。"舅公不胜唏嘘。

多年后,我读到吴有恒的《记饶彰风》一文,亦有异曲同工之妙。文中记叙了这么一件往事:

当吴有恒被押到乐昌时,一个"犯人"先他下车。押解吴有恒的人该是为保密缘故,喝令他低下头,不准看这人的脸,让那"犯人"从他身边经过。

事后,押解的人审问吴有恒:"刚才那人,你看见了吗?"

吴有恒答曰:"我低着头,见其行过。未见其人,但见其脚。"

对方又问:"你知道他是谁?"

答曰:"知道,饶彰风。"

审讯者大骂:"胡扯!你未见其人,只见其脚,怎就知道他是谁?"

吴有恒怆然道:"我同他几十年的朋友,只见其脚,也认得是他。"

审问者哑口无言了。

这些"左派们"自然不懂得人与人的患难交情是什么。然而,经磨历劫的这几代人,那种相濡以沫的生死与共,那种在崇高的献身精神辉映下的情同手足,却是可以录入一个世纪最悲壮的史剧当中以昭示后人的。

舅公与吴有恒作答的简单一句话,在我却有千钧分量——我这么譬喻也太轻了,因为这句话本身所凝结的一切并非任何东西所能计量的。

后来,却也算是缘分了。我被下放到与粤北山区紧紧相连的湘东山区,就在一个著名的劳改农场近侧,20世纪30年代中央第一任文委书记、前上海市常务副市长潘汉年就在那儿度过了最后的岁月。因为一面之缘,80年代初,我完成了没人敢写的《潘汉年传》,在写到潘汉年三四十年代出生入死、往返于沪港之间时,我又一次接触到了饶彰风的名字。我知道他转战粤北与粤东,又曾被派往东南亚,知道他同潘汉年、夏衍等一道,在敌特眼皮子底下将沈钧儒、李济深、郭沫若、柳亚子等数百名知名人士护送出港,赴北平参加新的政治协商会议。

可是,就是这么一位为中国共产主义事业奋斗一生的优秀党员,一个耗尽毕生精力于革命的战士，最后却得到一个悲剧的结局。

他 1970 年 9 月含冤而死，终年 57 岁。

年逾古稀一直抱病在床的胡希明老人、饶彰风当年的生死之交，竟没了老人的平和心态，拍案而起，提笔直书如下气冲斗牛的诗篇：

> 廿年多少心凝血，
> 黑狱长埋壮士魂。
> 猛忆风波亭畔事，
> 宝刀纵利未诛秦。

1982 年 9 月，广东省委统战部为饶彰风举行了逝世十二周年纪念会，省委书记、省长刘田夫在会上作了《忠诚的战士，优秀的党员》的讲话，他在讲话中激动地说："人心自有丰碑在！"

中共中央统战部长李维汉送来了挽联：

> 已明是非善恶
> 毋忘赤胆忠肝

九泉之下的彰风，当是无憾了！

而在那"左"的年代，邓文钊当然是"资产阶级"了，哪怕冠以"红色资本家"，也仍是资产阶级，以致土改之际，小小的乡村干部都可来到已是副省长的邓文钊办公室，要他交付"退赔款"5000 元。可他无偿支持革命，又何止这个数的千百倍呢？但这个数字背后，分明揭示的是：你永远摆脱不了资产阶级的大尾巴，再"红"也没用！于是，这也便预示了自此以后十多年的厄运："两企"被查，省长被掳，"文革"失去自由，最后终死于非命——那一杯悲情之酒，当搅起他多少愁绪、多少惨烈的回忆？

在弥留之际，两人可否还记得太平洋事变之际，香港那永标史册的"抢救文化人"的国际大事件，可否想到转移到韶关有可能的邂逅——关于这一点，后人也无法得知了。

当然，抗战胜利后，为复办《华商报》两人相濡以沫，同舟共济，尤其是又一次"大营救"——从香港转移数以百计的社会名人北上参加新政协、策应资源委员会等一系列起义……而今，这些人的命运又如何呢？先是有一批成了"右派"而后又成了"右倾"，接着是"文革"——更早的还有"地方主义"反党集团，方方书记、林平政委全进去了；连抗战时期的省委书记李大林，也因有"此人不可重用"一语，被派到内蒙古一所师范学校任个副职，后来也算平了反，但仍不允许再回广东，直到90岁才总算放行，回来没几天他就与世长辞了。

还有"两企"中出资的实业家们——有几个能安安稳稳度过一个又一个的"运动"呢？

在那极"左"横行的年代，正义何在？公理何在？

苍天在叩问，历史在叩问，人民在叩问！

历史发展的规律是不可逆转的，好在历史是由人民书写的。历经磨难之后，祖国终于迎来了拨乱反正、改革开放的春天！邓文钊与饶彰风以及许多蒙冤的人，可以瞑目了。

　　湛湛江水兮上有枫
　　魂兮归来哀江南

这是饶彰风挚友乔冠华的挽联，也是我们所有人的呼号：魂兮归来！

后　记

　　中国革命战争时期，毛泽东根据当时国内外的情况，客观仔细地分析中国的战争形势，提出了"反对关门主义，坚持统一战线"的主张，并且将统一战线与武装斗争、党的建设一起视为保障中国革命胜利的三大法宝。毛泽东指出："坚持关门主义策略的人们所主张的，就是一套幼稚病。革命的道路，同世界上一切事物活动的道路一样，总是曲折的，不是笔直的。革命和反革命的阵线可能变动，也同世界上一切事物的可能变动一样。日本帝国主义决定要变全中国为它的殖民地，和中国革命的现时力量还有严重的弱点，这两个基本事实就是党的新策略即广泛的统一战线的出发点。组织千千万万的民众，调动浩浩荡荡的革命军，是今天的革命向反革命进攻的需要。只有这样的力量，才能把日本帝国主义和汉奸卖国贼打垮，这是有目共见的真理。因此，只有统一战线的策略才是马克思列宁主义的策略。"

　　统一战线是我党的三大法宝之一，建立和谐社会更需要推动统一战线工作，选取历史上统一战线上的典型范例，加以深入研究，无疑是颇具现实意义的。因此，撰写本书一是为了让更多的人们了解我党统一战线的历史，加强民族凝聚力，对于全世界中华儿女的团结发挥积极的作用；二是为了促进中国统战工作在新世纪、新阶段、新形式下的发展，进一步推进社会主义现代化建设。正如邓小平同志曾指出的："统一战线是建设社会主义现代化的一个重要法宝。"

　　本书主要围绕饶彰风和邓文钊二人的历史命运展开，他们一个是我党地下战线的著名统战干部，一位是著名的爱国民主人士，书中叙述了他们在抗日战争、解放战争及新中国成立初期同舟共济的感人经历，如兴办《华商报》、文化人大营救、帮助民主人士北上参加政协，以及创建"华企"等事件，这一切表现出二人与中国的革命事业和中华民族的解放事业荣辱与共、肝胆相照的高风亮节，进而通过铁的事实可以看出统一战线思想在他们身上的形象体现，这对于进一步学习和研究统一战线理论，以及在新世纪、新阶段更好地做好统战工作都具有重要意义。

从统战思想角度来说，统战思想具有悠久的历史，从马克思、恩格斯到列宁的统一战线思想，从毛泽东、邓小平、江泽民，到胡锦涛、习近平总书记等党和国家领导人关于统战工作的论述及其实践，一直在党的工作中占据着重要的地位。本书所记述的两位主人公饶彰风和邓文钊，是生活在抗日战争至解放后的历史人物，饶彰风作为优秀的共产党员，在那时积极响应毛泽东的统战精神，在统战工作中做出光辉的成就，同时他的工作表现并不是机械化、教条式地遵照毛泽东思想中的统战精神，而是做到"具体问题具体分析"，坚持实事求是的原则，正确真诚地对待爱国民主人士，通过实践论证并实现了毛泽东的统战思想。

对于当今社会，我们反思、回顾历史是十分必要的，尤其是现在经济全球化迅速发展，文化多元并存，中国虽然已经取得了长足的发展，并且在世界舞台上获得了显著的地位，但是，中国经济基础依然薄弱，中国依然处于向现代化的转型期，而要实现这一点就必须依靠统一战线，争取各个民主党派和海外爱国民主人士的大力支持。把全世界的华人力量团结起来，为中华民族的伟大复兴贡献力量，本书所叙述的故事正好可以为今日的统战工作提供经验。

虽然现在已经进入新世纪，统一战线却一直还是我党重要的工作任务之一，党的十七大明确指出："促进政党关系、民族关系、宗教关系、阶层关系、海内外同胞关系的和谐，对于增进团结、凝聚力量具有不可替代的作用。"可见，在新时期，党的统战工作具有新的特点与需求，为了更好地进行统战工作，在当今复杂的环境下继续坚持中共统战思想的优良传统，从而推动祖国和平统一大业进一步向前发展，有必要对此进行说明与宣传，本书的创作在一定程度上符合这一需求。

后记

此书得以完成，首先应感谢原《华商报》的陈风老同志，是他最早提供了相关资料，还有广东外语外贸大学的罗可群教授，他参与了《饶彰风传》的撰写。此外，书中还提到的众多在世或已不在世的邓、饶二人的同事与挚友，都曾在采访中予以大力帮助，在此一并致以衷心的感谢！

且引黄秋耘、李文俦为饶彰风写的挽联：

> 大快人心，二十载功罪是非，一朝尽白
> 坚持党性，一千日酷刑炼狱，晚节犹存

吴仲的悼诗：

> 沧桑十载几浮沉，
> 历史无情更有情。
> 鼠蝎沉沦鸿鹄起，
> 从来公道在人心。

诚哉此言。

图书在版编目（CIP）数据

肝胆相照——邓文钊与饶彰风合传 / 谭元亨，敖叶湘琼著．
—北京：中央编译出版社，2013.3
ISBN 978-7-5117-1607-1

Ⅰ．①肝…

Ⅱ．①谭… ②敖…

Ⅲ．①邓文钊（1908～1971）- 传记
　　②饶彰风（1913.5～1970）- 传记

Ⅳ．① K827=7

中国版本图书馆 CIP 数据核字（2013）第 036945 号

肝胆相照——邓文钊与饶彰风合传

出 版 人	刘明清
出版统筹	谭　洁
责任编辑	李小燕
责任印制	尹　珺
出版发行	中央编译出版社
地　　址	北京西城区车公庄大街乙 5 号鸿儒大厦 B 座（100044）
电　　话	（010）52612345（总编室）　（010）52612340（编辑室） （010）66161011（团购部）　（010）52612332（网络销售） （010）66130345（发行部）　（010）66509618（读者服务部）
网　　址	www.cctphome.com
经　　销	全国新华书店
印　　刷	北京瑞哲印刷厂
开　　本	787 毫米 × 960 毫米　1/16
字　　数	230 千字
印　　张	14.5
版　　次	2013 年 3 月第 1 版第 1 次印刷
定　　价	58.00 元

本社常年法律顾问：北京市吴栾赵阎律师事务所律师　闫军　梁勤

凡有印装质量问题，本社负责调换，电话：（010）66509618